ちくま学芸文庫

# 増補　文明史のなかの明治憲法

## この国のかたちと西洋体験

瀧井一博



筑摩書房

目次

序　章　西洋体験としての明治憲法成立史　011

第一章　岩倉使節団の憲法体験——万国公法から憲法へ　027

1　旅立ち　027
2　珍道中　035
3　視察の情景　045
4　岩倉使節団の国制論　066

第二章　伊藤博文の滞欧憲法調査——憲法から国制へ　107

1　伊藤の再渡欧——明治一四年の政変　107
2　ベルリンの憂鬱——議会制度への暗雲　123
3　起死回生のウィーン——国制への開眼　137
4　その後の調査　161

第三章　山県有朋の欧米巡遊——もうひとつの「憲法」調査　177
1　明治憲法が成立したとき　177
2　山県有朋の欧州視察　200
3　もうひとつの「憲法」調査　227
終　章　外から見た明治憲法　245
1　国際的に認知された明治憲法　245
2　明治憲法の求心力と遠心力——伊藤と山県　254
補章①　大久保利通と立憲君主制への道　267
1　大久保の天皇観　267
2　立憲君主に向けて　278
3　君主としての可視化　287
補章②　日本憲法史における伊藤博文の遺産　297
1　日本の憲法文化？——大日本帝国憲法と日本国憲法をつなぐもの　297

2　伊藤の憲法観――「一片の紙切れ」　300
3　明治憲法の成立――伊藤の国家デザイン　310
4　進化する「憲法」――国民による政治へ　322
5　伊藤博文の遺産　331

あとがき　346
文庫版あとがき　351
人名索引　i

## 凡例

一．文献の引用はできるだけ原文通りにしたが、読み易さを考慮して句読点を適宜補ったほか、異体字・合字を開くなどの修整をおこなった。

二．引用文中、〔 〕内は本書筆者による補筆である。

## 史料・文献略記

伊藤博文関係文書研究会編『伊藤博文関係文書（全九巻）』（塙書房、一九七三〜八一年）：『伊藤文書』

稲田正次『明治憲法成立史（上・下）』（有斐閣、一九六〇〜六二年）：稲田『成立史』

井上毅伝記編纂委員会編『井上毅伝　史料編（全六巻）』（国学院大学図書館、一九六九〜七七年）：『井上毅伝』

金子堅太郎（大淵和憲校注）『欧米議院制度取調巡回記』（信山社、二〇〇一年）：金子『巡回記』

久米邦武（田中彰校注）『米欧回覧実記（全五巻）』（岩波書店、一九七七〜八二年）：『実記』

久米桂一郎他編『久米博士九十年回顧録』下巻（宗高書房、一九八五年（初出一九三四年））：『久米回顧録』

国立国会図書館憲政資料室蔵『伊藤博文関係文書』：『伊藤文書（憲政資料室）』

国立国会図書館憲政資料室蔵『井上馨関係文書』：『井上馨文書』

清水伸『明治憲法制定史（上）——独墺における伊藤博文の憲法調査』（原書房、一九七一年）：清水『制定史』

春畝公追頌会編『伊藤博文伝（上・中・下）』（原書房、一九七二年（初出一九四三年））：『伊藤伝』
東京大学史料編纂所編『保古飛呂比　佐佐木高行日記』第五巻（東京大学出版会、一九七四年）：『保古飛呂比』
東京大学法学部附属近代日本法政史料センター所蔵『中山寛六郎関係文書』：『中山文書』
徳富蘇峰『公爵山県有朋伝（上・中・下）』（原書房、一九六九年（初出一九三三年））：『山県伝』
日本史籍協会編『大久保利通文書（全十巻）』（東京大学出版会、一九七三年（初出一九二八年））：『大久保文書』
日本史籍協会編『木戸孝允日記（全三巻）』（東京大学出版会、一九八五年（初出一九三三年））：『木戸日記』
日本史籍協会編『木戸孝允文書（全八巻）』（東京大学出版会、一九八六年（初出一九二九年））：『木戸文書』
平塚篤編『伊藤博文秘録』（原書房、一九八二年（初出一九二九年））：『秘録』
同編『続伊藤博文秘録』（原書房、一九八二年（初出一九二九年））：『続秘録』

# 増補　文明史のなかの明治憲法

# 序章　西洋体験としての明治憲法成立史

「真似にも程があろうに」

明治二二（一八八九）年初頭、新渡戸稲造《にとべいなぞう》はベルリンにいた。この年の二月一一日、大日本帝国憲法、すなわち明治憲法が発布されている。日本で、そして東アジアではじめてとなるこの近代的憲法典の成立を新渡戸はベルリンの地で迎えた。

憲法発布に先立つとある日、現地のドイツ人宅に招待された彼は、他のドイツ人の客と発布間近の日本憲法について、つぎのような問答をくりひろげたという。

「貴君の国で愈々《いよいよ》憲法が発布になるそうだ」
「ハイなるそうです」
「然るに日本の憲法が独逸《ドイツ》の憲法其儘《そのまま》とは奇態だ」
「イヤ其儘と申すことは無い筈です、少し違つて居ませう」
「イヤ違つて居りませぬ」

「違う」、「違わない」の水掛け論は食事の最中に延々とつづいた。ドイツの客人はさらにしつこくつぎのように語を継いできた。

「日本国は歴史を異にし地形を異にし人種を異にして居りながら、独逸の憲法其儘とはどうも変だ、真似にも程があらうに」

「イヤさう云ふことはどうしても無い筈ですが」

「イヤ確かにそれに違ひありませぬ」

ここで新渡戸は機転を利かせて、つぎのように切り返した。

「それは成程《なるほど》大体に於ては変つたことは無いでせう、そう歴史が違ひ人種や地理が違ふと云つて悉く《ことごと》違つた物を拵《こしら》へたなら憲法と云ふ名を附することも出来ないでせう、憲法と云ふ以上は治者被治者の権利義務を掲ぐるのであるから、大体の点に於て何の国でも類似するは当然、真逆正反対になるやうな変り物は無からうと思ひます」

しかし頑固なドイツ人は引き下がらない。

「イヤ似て居るにも程がある、日本のは丸で独逸の憲法をすき写したやうなものとは驚く」

とここに及んで、新渡戸も理をつくした応答を投げだし、感情的に応酬しはじめた。

「そうですか、果してさうならば独逸の憲法が亜米利加《アメリカ》憲法の模倣であるが如きものでせう……独逸の憲法では『大統領』と云ふ字を『帝王』と云ふ字に代へ『共和国』を『帝国』と直ほし、『コングレス』を『ライヒタッグ』と訳した位で、亜米利加憲法其の儘を写した丈《だ》けである、日本も独逸風に似たと云はば詰《つま》り亜米利加手本を両国で習つたやうなもので、二つ似るのは一向怪むに足らぬことぢやありませぬか」

「そんなことはない、独逸は帝国である、亜米利加は共和政治で大変違ひます」

「それは今云ふた通り名が唯違ふ丈けで、憲法に権利義務を明記するに於ては左程変つたことは無い、亜米利加憲法を御覧になりましたか」

「イヤ亜米利加憲法は見たことは無い(1)」

云々

新渡戸とて、アメリカ憲法とドイツ憲法の比較についてさして定見があったわけではない。執拗なドイツ人に対して、売り言葉に買い言葉で応じたまでである。宴席にふさわしくない無粋ないさかいといってしまえばそれまでだが、しかし右の口論には明治憲法の性格を考えるにあたっての興味深い論点が隠されているといえなくもない。

## ドイツ憲法の受け売りというイメージ

そのひとつは、ドイツ憲法の受け売りに過ぎないという明治憲法のイメージである。今日でも、明治憲法とはドイツ流の欽定憲法主義を基調として、強力かつ広範な天皇大権を定めた外見的立憲主義の憲法であるという評価は、一般に流布しているし、学界でも根強い。わが国の戦後歴史学の旗手のひとりであった家永三郎《いえながさぶろう》氏は、明治憲法の制定を概括し、それが「儒教的ドイツ的保守主義を以て国民思想の統制を企て」、国民の側から提示された様々な憲法構想に一顧も与えることなく、「僅か数人の官僚とドイツ人顧問との間で極秘裡にその草案の起草が進められ」、「明治二十二年二月にいたり、天下り式に突然国民の前に公表された」もの、と述べられ、その特性を「明治初年以来の近代憲法思想の受容・同化の大勢に対する反動の産物」と断言される(2)。

確かに家永氏が説くように、明治政府が自由民権運動という国内の反政府運動と対峙するなかで、憲法制定のモデルをドイツ（プロイセン）に求めていたことは、当時からの世評であり、また政府部内の確固とした指針でもあった。明治憲法の影の起草者井上毅《いのうえこわし》は、大隈重信《おおくましげのぶ》らのイギリス流政党政治の信奉者たちを政府から追い落としたいわゆる明治一四年の政変の後、「専ラ孛国〔プロイセン〕ノ学ヲ勧奨シ、……英学ノ直往無前ノ勢ヲ暗消セシムベシ(3)」と来るべき憲法の制定への備えを提言している。憲法成立後の日本の憲法学界も、専らドイツ憲法学の継受に尽力していたことはよく知られている。明治憲法にドイツの影響が色濃く刻印されていたことは、疑いのない事実である。冒頭のドイツ人の明治憲法評は、このような明治憲法にまつわるイメージが、すでに発布前から国際的にも流布していたことを物語っている。

### 「ナショナルな法典編纂の時代」

他方で、新渡戸とドイツ人のやり取りに内包されているもうひとつの論点とは、ドイツ憲法の真似事という明治憲法に対する風評への新渡戸の反発をどう評価するかという点にかかっている。はたして、それは後発国の青年知識人が、精一杯に背伸びして見せた反骨心の表れであって、血気にはやって言い放った暴論に過ぎないのであろうか。だが、新渡戸の論法には、そうやって片付けてしまうには惜しい憲法史的な含蓄がはらまれているように思われる。

何よりも、憲法という名を冠する以上、「治者被治者の権利義務を掲ぐる」のであるから、実質において大きな違いのあるはずがないというその主張である。ここでの新渡戸の発言を奇をてらった放言として片付けることは必ずしも妥当ではない。むしろそこには、立憲主義というものの正統的な理解が示されている、といってもよいのである。近代立憲主義の幕を切って落とした一七八九年のフランス人権宣言は、その第一六条につぎのように掲げている。

権利の保障が確保されず、権力の分立が決定されていない社会はすべて、憲法をもつものではない。

ここには、近代立憲主義のメルクマールが端的に表明されている。すなわち、国民の権利が定められ、国家権力の分割と制約がなされていること、それなくしては憲法にもとづいた国家体制とはみなしえないとの政治的宣言である。

この理念にもとづき、一八世紀末以降、西洋諸国では憲法の制定がなされていった。共和制か君主制かという政体上の違いはあっても、立憲主義を採用している以上、統治の原理に大きな差異はない。専制主義を排し、国民の権利を保障するという大原則をおよそ立憲国家なるものはすべからく共有しているべきなのである。新渡戸の説くところは、この点、正鵠《せいこく》を射たものといってさしつかえない。

では、新渡戸にからむドイツ人のほうが、偏狭かつ無知蒙昧なへ理屈をこねているということなのだろうか。そう論断することにも慎重でなければならない。

当時、近代立憲主義の時代の幕を切って落としたアメリカとフランスの二大革命から一〇〇年という月日が過ぎていた。この間、ヨーロッパの政治は立憲主義という普遍的原理のみを掲げて展開されていたのではない。一九世紀という時代は何よりもナショナリズムの時代であった。ナポレオン戦争の波及に伴って、西欧各国において国民意識の覚醒が進み、政治や経済といった公共性のあらゆる局面で国民国家化が進展した時代である。

法についても例外ではない。戦後ドイツを代表する著名な法制史家ヘルムート・コーイングは、法史における一九世紀を「ナショナルな法典編纂の時代」と呼んでいる。コーイングによれば、この時代は古代ローマ法の継受を通じて旧来のヨーロッパがひとつの法的統一体を形作っていた時代とは一線を画し、国民国家単位での法形成が成し遂げられたという意味で、ヨーロッパ法史上、きわめて特異な時期とされる。この時代を彩るのが、各国が独自に編纂制定した各種の法典である。Code Civil やＢＧＢ（Bürgerliches Gesetzbuch）といった近代を代表する編纂法典が、フランス民法典やドイツ民法典と通称されるように、今や法はその国の名を冠した法典のかたちでわれわれの前に現れることとなったのである。(4)

この点は憲法についてもあてはまる。一九世紀を通じて、ヨーロッパの諸国で憲法が制定されていった。それは国民の政治的解放のシンボルとなっていたことが指摘できる。それは何も、かつての専制主義や絶対主義を排し、国民の政治的地位の向上がそこで保障されたからというにとどまらない。ナショナリズムの台頭する時代思潮のなかで、憲法は国民の政治的独立を国内的のみならず国外的にも宣明する政治的文書だったのである。

そのことを念頭に置いて新渡戸とドイツ人の口論をふりかえってみると、別の興味深い論点が浮かび上がってくる。新渡戸に食ってかかるドイツ人の言いがかりの奥に秘められているのは、ドイツ憲法を引き写した日本憲法に対する揶揄のみならず、日本がドイツ憲法を範としたことの優越感であろう。そして新渡戸のほうも、何とか日本憲法の独自性を弁証しようと躍起になっていると見えなくもない。二人のやり取りは、当の憲法の正文が明らかでない状況で戦わされた低次元の政治談義に過ぎないのであろうが、そこには当時の教養層に広く浸透していたナショナリスティックな憲法理解や国民的憲法への憧憬の念を垣間見ることも可能なのである。

## constitutionという言葉の微妙な味わい

ところで、「憲法」とはそもそも何なのか。われわれが「憲法」と聞いたとき、思い浮かべるのは、大日本帝国憲法や日本国憲法、アメリカ合衆国憲法といった法典化された国家の基本法であろう。新渡戸とドイツ人の応酬も、そのような法的文書のあり方をめぐって戦わされている。だが、このような理解は、憲法の原語である constitution の原義に照らしたとき、じつはきわめて一面的なものなのである。

試みに英語の辞書を引いてみてもらいたい。そこには、constitutionという言葉が、日本語の憲法のほか、事物の成り立ちや構造という意味を有していることが記載されているであろう。したがって、国家のconstitutionというとき、そこにはわれわれが通常考える憲法のほか、その国の全体的な統治の仕組みや組織構成というものが考慮されるべきなのである。

この点を指して、行政改革会議（一九九六〜九八年）や司法制度改革審議会（一九九九〜二〇〇一年）の重要メンバーとして、昨今の諸々の重要な国制改革の陣頭指揮にあたられた憲法学者の佐藤幸治氏は、constitutionが明治期に「憲法」と訳され、その訳語が定着した結果、「『憲法』というとまず憲法典が思い浮かべられ、constitutionが本来もっていた微妙な味わいが失われることにな」ったとして、つぎのように述べられている。

一般には憲法といえば法典とその文言をどうするかの問題として受けとめる傾向を強め、自らの姿・かたちを日常言語・日常用語で語り、改善していく努力を弱めてしまったように思えるのです。つまり、この国の現状をどのように認識し、あるべき国の姿をどのように描くか、現状とあるべき姿との間にギャップがあるとすれば、それは何故か、どのようにしてそのギャップを埋めることができるか、という問題が重要であり、法典とその文言を変えるかどうかはいわば出口の問題であるはずなのに、いつの間にか入口の問題となってしまったように思えるのです。

このように語られた後、佐藤氏は国際政治学者高坂正堯氏の「憲法と拙《つたな》く訳されているconstitution」の訳語としては、「司馬遼太郎氏の〝国のかたち〟がもっとも適切だと私は思う」[5]との言葉を引かれ、「その気持ちは私にもよくわかるような気がします」と述懐されている。

佐藤氏のいうように、constitution を狭義の憲法と解し、そこから法典化された単一の政治文書のみを観念するのでは、この語に本来託されている「微妙な味わい」が見失われてしまうことになるであろう。constitution には、「国のかたち」、すなわちその国の全体的な統治のあり方や仕組みという制度の側面、そしてそれを構想し決断して運営する実践政治の側面が含意されているとみるべきなのである。本書は、明治の constitution の形成過程をテーマとしている。その際、問題とされているのは、「憲法」にとどまらず、それを基軸としながら構築された明治国家の「かたち」(本書では明治国制という語を用いる)であることを特に強調しておきたい。

## 紀元前のローマと明治の日本

以上のように、本書の関心は、憲法を中心とする明治国制がいかに形成されていったかというものであるが、この課題にここではつぎのような視角を設定してアプローチを試みたい。それは、当時の国家指導者たちの西洋体験といういわば異文化接触の観点である。

一九世紀とは、東アジア諸国にとって、ウェスタン・インパクトの時代であった。東漸する西洋文明の衝撃に突き動かされ、日本も開国を遂げ、明治新政府のもとで文明開化に邁進する。憲法の制定もそのような脈絡のなかで把握できる。だが、立憲制度というすぐれて西欧的な政治システムをはたして明治の指導者たちは、何のためらいもなく受容したのであろうか。むしろそれは、欧米との文明的対峙のなかで熟慮のうえ決せられ、慎重に推し進められてきた国家運営上の大計だったのではないだろうか。

そのように考えると、立憲制度という意味での明治国制の成立は、西欧の文明原理との邂逅と交渉、その受容と同化という一連のプロセスとして考えることができよう。本書が、西洋体験という視座を設定するのは、この点を重視するからである。

実際、明治前半期は、西欧思想の日本人による学習とわが国への継受が急ピッチで推進された時代であった。伊藤博文《いとうひろぶみ》の憲法の師であり、また、明治中期において「シュタイン詣で」と称される流行現象を招いたウィーン大学の国家学教授ローレンツ・フォン・シュタイン（Lorenz von Stein, 1815–1890）は、つぎのように記している。

現在、極東の島国から、単なる若い学生たちばかりでなく、ひとかどの大人たちもがここ欧州へと赴き、この地のことを、この地の制度のことを、そしてこの地の法のことを学ぼうとしている。一体、われわれのなかのいかなるファクターが、彼らをそのように駆り立てているのであろうか。このような事態と比肩しうることは、世界史上、ほとんど一例しか見当たらない。(6)

こう述べて、シュタインが引き合いに出すのは、紀元前五世紀の半ば、王政から共和政に移行したばかりのローマが、ギリシャに使節団を派遣し、国制の調査をおこなったとの史伝である。新興国ローマが、先進国ギリシャから文明国のエッセンスを学び取り、その成果をもとに、かの十二表法が策定されたという。リヴィウスの『ローマ史』第三巻によれば、スプリウス・ポストゥミウス・アルブス、アウルス・マンリウス、プブリウス・スルピキウス・カメリヌスという三名の使節がアテネに派遣され、有名なソロンの法のほか、ギリシャの他の国々の制度、習俗、法を調べるよう命ぜられたという。(7)

このローマによる使節団派遣が史実であるかは疑問視されている。シュタインもそのことには触れている。(8)だが、それにもかかわらず、この歴史譚が今日でもなお語り継がれているのは、ひとえにその魅力的な世界史的プロットに理由があるといえよう。三名のローマ人は古典古代の文明の灯火をギリシャから授かり、ローマへとその火を持ち帰った。文明の灯りはその地でいよいよ輝きを増し、ギリシャからローマへと世界史の主役は交替し、やがて偉大なるローマ帝国が出現することになる。歴史家のイマジネーションを駆り立てる史話である。リヴィウスがことの詳細を伝えてくれていないのが、何とも恨めしい。

それはともかく、シュタインは、かつてギリシャとローマとの間でおこなわれた（と伝えられる）文明の継承に類比する事態が今、洋の東西を隔てた二つの民族の間で展開されている、と述べている。ここでかつてのローマになぞらえられ、今日のギリシャとしてのヨーロッパに調査団を派遣し、文明の国制を摂取しようとしていると紹介されているのが、他ならぬ明治の日本なのである。ローマはギリシャの国制を学んで、十二表法を作った。日本がヨーロッパの国制の調査を通じて作るべきもの、それは憲法である。

そこで本書も、このようなシュタインのことばに導かれて、明治憲法成立史を西欧文明の摂取という観点から、言葉を換えれば、立憲制度という文明の国制を求める旅の記録として描いてみたいと考える。ローマ人はギリシャへ三名の調査委員を派遣した。われわれが考察するのは、明治国家による三つの西洋調査団である。すなわち、明治四（一八七一）年発遣の岩倉《いわくら》遣外使節団、明治一五（一八八二）年の伊藤博文による滞欧憲法調査、そして明治二一（一八八八）年の山県有朋《やまがたありとも》による欧州視察である。

## 明治国制を世界史的視座に位置づける

以上のように、本書では明治期のわが国における憲法を中心とした立憲制度の形成を、日本の国内史の視点からではなく、国際的文化接触の視点、すなわち西欧文明の東アジアへの進出という事態を踏まえた比較文明史の観点から捉え直すことが試みられる。従来、明治憲法史は〈自由民権運動〉対〈専制主義的藩閥政府〉との間の権力闘争を主軸として論述されてきた。そのようななか、先述の家永氏の評価にみられるように、明治憲法には進歩的な民衆思想を弾圧して上から押しつけられた保守反動的な強権国家の産物というイメージが固着している。だが、そのような方法的視角からは、当時の国際社会の動向を踏まえた世界史的見地から日本史を把握するという観点が抜け落ちてしまうであろう。一九世紀とは、先に記したように、ウェスタン・インパクトとナショナリズムの時代であった。欧米を中心とする世界システムの体系内に他の文明圏が組み込まれていく時代であったといってよい。それはまた、西欧の所産である国民国家の制度と精神が国際社会に浸透していく時代のはじまりでもあった。対岸の中華帝国・清国が西欧諸国に侵食されていくさまをつぶさに眺め、日本は欧米にならった国づくりを決断する。その際に、日本の国制改革の具体的目標として眼前に現れてきたもの、それが憲法だった。一九世紀とは、当の西洋において、憲法の時代でもあった。アメリカとフランスでの二大革命をきっかけとして、西洋諸国は憲法を政治の中心に据え、立憲主義を掲げることになる。憲法は文明国のシンボルとしても作用していたのである。

立憲主義の採用は、したがって、明治日本の深刻な国家目標であった。立憲政治を確立して文明国として自立し、もって不平等条約を改正して全き意味で国際社会の一員となること。このような国家的願望において、藩閥政府と在野の民権家たちとの間に径庭《けいてい》はなかった。むしろ、政権を実際に運営し、西洋諸国と現実の交渉の場にあった政府の指導者たちのほうこそ、その意識は強烈であったといってもよいのである。岩倉使節団に参加した木戸《きど》孝允《たかよし》や大久保《おおくぼ》利通《としみち》、そして後年の伊藤と山県といった明治を代表する政治家たちは、欧米への派遣によって西洋文明の只中に身を置くことを通じて、立憲制度の採用についていかなるヴィジョンを描いたのであろうか。われわれが以下の論述でみていきたいのは、そのことである。

幕末、そして先の敗戦につづく「第三の開国」が叫ばれ、「この国のかたち」を問い直す声のもと、行財政ならびに司法制度の大がかりな改革が進展中である。[9] そのようななか、わが国の立憲制度黎明期における先人の思想と行動を国際的な視野から見直すことは、明治維新と戦後改革にならぶかという大きな国制的変容の渦中にある現代日本の歴史的文明的位置を測定する意義をもちうるであろう。そのことを頭の片隅におきながら、以下、われわれは、明治の国家指導者による直接的な西洋体験を個別具体的に検討していくことにしよう。そうすることで、彼らの西洋文明観と憲法観、立憲国家への構想が一体的に捉えられ、明治国制を世界史的視座に位置づける足がかりが得られるはずである。

註

(1)「帰雁の蘆」、『新渡戸稲造全集』第六巻(教文館、一九六九年)、四七頁以下。
(2) 家永三郎『日本近代憲法思想史研究』(岩波書店、一九六七年)、七八~七九頁。
(3)「人心教導意見案」、『井上毅伝』第一巻(国学院大学図書館、一九八六年)、二五一頁。
(4) 参照、コーイング(佐々木有司編訳)『ヨーロッパ法史論』(創文社、一九八〇年)、同(上山安敏監訳)『ヨーロッパ法文化の流れ』(ミネルヴァ書房、一九八三年)。
(5) 佐藤幸治『憲法とその〝物語〟性』(有斐閣、二〇〇三年)、一一八~一一九頁。同『日本国憲法と「法の支配」』(有斐閣、二〇〇二年)、一九一頁以下も参照。
(6) シュタイン(拙訳)「日本帝国史および法史の研究」、『*JURISPRUDENTIA* 国際比較法制研究』第四号(ミネルヴァ書房、一九九五年)、五九頁。
(7) リーウィウス(鈴木一州訳)「ローマ市建設以来の歴史(Ⅸ)」、『論集(神戸大学教養部紀要)』第三三号(一九八四年)、一三〇頁。船田享二『ローマ法』第一巻(岩波書店、一九六八年)、一一六頁も参照。
(8) 例えば、塩野七生『ローマ人の物語』第一巻(新潮社、一九九二年)、八八頁以下。
(9) この点については、一連の改革の中心にあった佐藤幸治氏の前掲著作を参照。

# 第一章　岩倉使節団の憲法体験——万国公法から憲法へ

## 1　旅立ち

### 特異な文明意識

明治四年一一月一二日（陰暦。西暦一八七一年一二月二三日。使節派遣中の明治五年一二月三日に陽暦に改暦）、横浜の空は晴れていた。この日の昼前、横浜港に停泊していた蒸気船「アメリカ丸」に、天皇からの特命を帯びた全権大使岩倉具視《いわくらともみ》、その副使木戸孝允、大久保利通、伊藤博文、山口尚芳《やまぐちますか》をはじめとする一行が乗船を開始した。世に名高い岩倉遣外使節団の出立である。団員数は四六名を数え、彼らと同時につきしたがっていった留学生などをあわせると一〇〇名に達するという偉容である(1)。

以後、この一行は明治六（一八七三）年九月に帰国するまで一年半以上もの間、欧米諸国を歴訪し、列国の元首や指導者と面会すると同時に、彼の地の文物を視察して回ることになる。岩倉、木戸、大久保という当時の日本のトップ・リーダーが一挙にかくも長期にわたって日本を留守にするとは、なるほどただごとではない。使節は一体いかなる目的で派遣されたのだろうか。

木戸孝允

　使節団派遣の目的として、通常挙げられるのは、①列国への聘問、②明年に迫った条約改正交渉の延期願い、③欧米文明の視察、である。だが、これらの目的のさらに奥には、当時の明治政府の特異な文明意識があった。この点を指摘された高橋秀直氏の研究[2]を参考に、まず一行の派遣の目的を確認することにしよう。

　岩倉使節団の基本方針を定めたとされる「事由書」と呼ばれる文書がある。それは使節派遣の使命として、「我政体更新ニ由テ更ニ和親ヲ篤スル為メ聘問ノ礼ヲ修」すること、そして「条約改正ニヨリ我政府ノ目的ト期望スル処トヲ各国政府ニ報告商議スル」ことを挙げている。しかし重点は何よりも条約改正にあった。事由書は条約改正の課題と方針をつぎのように定めている。

　従前ノ条約ヲ改正セントセハ、列国公法ニ拠ラサルヘカラス。列国公法ニ拠ル我国律民律貿易律刑法律税法律等公法ト相反スルモノ之ヲ変革改正セサルヘカラス。之ヲ変革改正スルニ其方法処置ヲ考案セサル可カラス。[3]

条約改正は「列国公法」に則ってなされるべきであり、そのためにはまず「列国公法」にしたがったかたちで国内の法改革がなされなければならないとされている。その国内改革のための「方法処置」の「考案」の旅、それが使節の目的であった。

### 「憲法＝国制」調査のための派遣

では、この目的の達成のために、彼らはいかなる方法で臨もうとしたのだろうか。先に引用した事由書の一節は、日本政府の希望するところを「各国政府ニ報告商議スル」と述べていた。そこにあるのは、欧米諸国に日本の現状と課題を包み隠さず報告し、彼らから国家改革の指針と手法を引き出そうという姿勢である。事由書はつぎのようにつづけている。

大久保利通

此ノ報告ト商議ハ、彼ヨリ論セントスル事件ヲ我ヨリ先発シ、彼ヨリ求ル処ヲ我ヨリ彼ニ求ル所以ナレハ、議論モ伸ル処有ニ必ス我論説ヲ至当ナル事トシ、之ニ同意シ相当ノ目的ト考案トヲ与フヘシ。其目的ト考案ヲ採リ、商量合議セハ、其事ヲ実地ニ施行スル時限ヲ（大凡三年ヲ目的トス）延ルノ談判ヲ整へ

了ルモ亦至難ノ事ニアラサルヘシ。(4)

欧米諸国が日本に望むことを彼らに先んじてこちらから向こうに問いかけ、率先して彼らの意向に沿うかたちで改革を進める意志を告げる。そうすれば、建設的に議論は進展し、こちらの期待する改革のノウハウも伝授されるであろうし、また今のままでは明らかに準備不足の条約改正交渉の延期も受け入れられるであろう、と楽天的に綴られている。このことは、使節が持参した列国政府宛の天皇の国書にも、実際に明記されていた。

於是我国ノ事情ヲ貴国政府ニ詢リ、其考案ヲ得テ以テ現今将来施設スヘキ方略ヲ商量セシメ、使臣帰国ノ上条約改正ノ議ニ及ヒ、朕カ期望予図スル所ヲ達セント欲ス。(5)

この部分を指して、前掲の高橋論文は当時の政府の意図を、「明年の改正交渉の延期・列国と協議の上での今後の国内改革方針の決定↓使節団帰国後の実施↓条約改正交渉の開始」と説明されている。(6) 換言すれば、使節一行の任務とは、日本の今後のあり方について、欧米先進諸国から虚心坦懐に教えを乞い、そのうえで国家としての制度改革の指針を決定し、条約改正のための基盤作りをおこなうというものだったといえよう。この意味で、岩倉使節団とは、紛れもなく、「憲法=国制」調査のための派遣団であった。

## 「万国公法」は唯一の拠り所

だが、それにしても奇異に映るのは、ここに示されている無邪気といってもよい西洋諸国への依存心である。

本来、国と国との外交とはお互いの腹と腹の探りあいであり、そこで支配しているのは、権力と権勢欲どうしの冷徹な駆け引きとつばぜり合いのはずである。しかしこの時の使節一行や明治政府のなかには、そのような意識は微塵も感じられず、まさに「あたかも生徒が教師に対するように、欧米諸国の善意への期待が存在していた」（高橋秀直）。このことを明瞭に物語っているのが、すでに引用するところのあった「列国公法」への信頼である。「列国公法」とは、当時「万国公法」とも呼ばれていた。国際法のことである。しかし、今日のわれわれが考えるような、主権国家間の法的取り決めを基礎とする国際社会のルールという定義を越えて、当時その言葉は新時代のスローガンのように唱えられていたことに注意する必要がある。それは西洋文明そのものとして、つまりは明治の日本がめざすべき国家目標として語られていたのである。そのような「万国公法」に対する素朴な信頼の念を、先の事由書のなかから拾っておこう。

地球上ニ国シテ独立不羈《どくりつふき》ノ威柄ヲ備ヘ、列国ト相聯幷比肩シテ昂低平均ノ権力ヲ誤ラス、能ク交際ノ誼ヲ保全シ、貿易ノ利ヲ斉一ニスルモノ列国公法アッテ能ク強弱ノ勢ヲ制圧シ、衆寡ノ力ヲ抑裁シ、天利人道ノ公義ヲ補弼《ほひつ》スルニ由レリ。是以テ国ト国ト対等ノ権利ヲ存スルハ乃チ列国公法ノ存スルニ此レ由ルト云ヘシ。(7)

地球上の国々が独立して互いに干渉せず、平和に交際し通商をおこなうことができるのは、「列国公法」＝「万国公法」があるからで、それによって各国はみな対等の権利を保持し、どこか特定の強国が力による覇権をふるうようなことは防がれているという趣旨のことが説かれている。西洋列強主導の国際政治の舞台上に突然放りだされた感のある日本にとって、「万国公法」は唯一の拠り所であったことがうかがえる。

江戸幕府の鎖国政策のもと、日本は永らく独自の基準でもって対外関係を規律してきた。とはいっても、その周囲の東アジア世界では、中国を中心とする華夷秩序と呼ばれる独特の国際秩序が妥当していた。周辺諸国は、有徳な専制者たる中国皇帝に朝貢することとの見返りに、各々の領域の支配を委任されているという、中国による世界統治のイメージである。いわゆる朝貢システムと呼ばれるものであるが、それが日本を取り巻く東アジアの基本的な世界秩序像であった。(8)

幕末にペリーの砲艦外交に屈し、開国をして欧米を主体とする新たな国際秩序のパラダイムへの参入を余儀なくされた日本であるが、その結果として当時の人びとの脳裏に、ふたたび大国による徳治とその傘下に寄り添う小国群という旧来の秩序像が頭をもたげたのかもしれない。使節団派遣のころ、日本は自分たちを庇護してくれる新しい徳の存在を信じて疑わなかったのである。他の国から「凌辱侵犯ヲ受ケサル道」、それは「列国公法」に則って政治外交を執りおこなうこと、とあくまで信じられていた。

かくして、万国公法はこれまでの中華に代わって、新時代の徳を体現するものとして立ち現れてきたわけである。この時の日本の課題は、この「万国公法」が要請する徳にいかに自身を同化させるか、ということに求められる。先の事由書もこの点を明言してはばからない。

反顧シテ平均ヲ得サルノ理ヲ推究スレハ、我国体政俗ノ異ナルヨリ、列国公法ヲ以テ他邦ヲ待シ、普通ノ公義ト公権トヲ以テ他民ヲ処スル能ハサルヨリ如此キ不平均ヲ生セシ所以ニシテ、之ヲ正理ニ照シテ不当ノ事ト認ルトキハ勉強シテ平均ナラシムルノ方略ヲ考究シ、其国体政俗ヲ変革改正セサルヘカラス。(9)

今日本が列国から対等の扱いを受けていないのは、自分たちがまだ万国公法をもって他国と接するためのじゅうぶんな準備を有していないからであること、そして万国公法に適った地位を享受するために、わが国の「国体政俗ヲ変革改正」しなければならないことが、一点の曇りもなく書き留められている。そこに認められるのは万国公法への全幅の信頼の精神である。

## ヨーロッパの文明基準

では、万国公法が体現している徳とは、いかなるものなのか。一言でいえば、それは「文明」と呼ばれるものであった。実際この当時の国際法は、「文明国基準」というものを設定し、その適用にあずかる国を選別していた。ここでの文明とは、ヨーロッパ文明に他ならない。すなわち、万国公法の適用という恩恵を受けるためには、ヨーロッパ文明によって認知された文明国であることを要したのである。(10)

当時のある著名な国際法の教科書は、人類を「文明化された人類」、「野蛮な人類」、「未開の人類」、の三種に分けたうえで、国際法学者が直接の対象としなければならないのは、文明化された人類のみであり、「国際法は、未開の人類に対して、あるいは野蛮な人類に対してすら適用されてはならない」とはっきり記している。(11)この著者によれば、第一の文明化された人類に属するのが「ヨーロッパのすべての国家」であり、第二の野蛮な人類とは、「トルコ、ヨーロッパの属国とならなかったアジアの古い歴史ある国家、ペルシャや中央アジアのいくつかの国家、中国、タイ、日本」であり、残余は未開の人類に括られる。

このようなヨーロッパ中心主義の文明秩序像のもと、国際法にしたがうのはヨーロッパ文明を継承する国々のみとされ、それ以外の国家が国際法の適用を受け、欧米諸国と平等な取り扱いを受けるためには、「何事かをなさねばならない」と求められる。[12]それが、ヨーロッパの文明基準に則った国づくりを意味することは、いわずとも明らかであろう。

使節団派遣の意味も、この歴史的文脈のなかで把握されなければならない。岩倉使節団の視察旅行はしばしば、「この国のかたち」を探し求める旅と形容されるが、[13]その「かたち」とはヨーロッパ文明に承認されうるものでなければならないという要請が強く働いていたことには注意する必要がある。

## 2 珍道中

### 西欧文明のまなざし

このような歴史的背景のなかで、岩倉一行の旅ははじまった。明治国家による西欧文明への本格的な船出である。本章冒頭で記したように、明治四（一八七一）年一一月一二日のことであった。午前一〇時、一九発もの祝砲が撃たれるなか、まず全権大使の岩倉が艀《はしけ》舟《ぶね》に乗って乗船を開始した。その光景を描いた山口蓬春《やまぐちほうしゅん》の筆になる絵がある（図）。岩倉の両隣には副使の木戸と大久保が随っている。岩倉が衣冠姿であるのに対して、木戸と大久保は洋装のいでたちである。大使岩倉が日本の高官として、伝統的な装いをしていると

「岩倉大使欧米派遣」(山口蓬春筆、聖徳記念絵画館蔵)

ころに、王政復古を遂げた維新政府の欧米に対する気概を認めるべきかもしれない。実際、使節一行の派遣式に先立っては、神祇省にて遣外使祭が挙行され、一行の道中の無事と成功が神前にて祈禱されていた。政治は「文明」基準とは異質な「祭りごと＝政」の範疇にまだあったのであり、右のような岩倉と木戸・大久保の間のコントラストも、文明と復古の間を往還する維新政府のヤヌスの相貌を現している。

しかし、使節一行の旅は疑いもなく、このような古き慣わしを新しい文明の作法によって覆い隠していくことを意図するものであった。横浜を発してまもなくの一一月二二日、岩倉は随行の面々を集めてつぎのように訓示している。

文明礼儀ノ風ハ平常ノ動作ニ著ルレハ、瑣小ノ謹マサルヨリ大体ヲ辱シムルコト多シ。外国人ニ接スルノ際ニハ尤此意ヲ存セサルヘカラス。殊ニ今度使節一行理事諸員ハ各省ノ選ニシテ留学生モ華族多キニ居ル。皆国ノ儀表模範トモナルヘキ人ノミニテ外国人モ船内ニ嘱目シテ国光ヲ観ントス。左レハ一人ノ言行モ其関係甚タ軽カラサルコトハ、固ヨリ諸君ノ瞭知スル所ナリ。(14)

文明や礼節の程度というものは、平常の身のこなしに現れるものであり、些細な粗相が全体の恥となることも多い。外国人と接するにはこの点にもっとも注意しなければならない。特にこの使節団は各省から選ばれた理事官、留学生、華族、というようにわが国の模範となるべき人びとからなっており、船内の外国人も日本の文化的程度を知ろうと目を光らせている。そうしてみると、たった一人の言動とはいえ、使節団全体の、いやそれどころか日本の体面を左右するものであることを肝に銘じておかなければならない——。

全権大使としてこの大がかりな団体を統率しなければならない岩倉の緊張感が伝わってくる。この目的のために、岩倉は一行の内部にいくつかの組合を作り、お互いを監視する体制を取ることを命じている。

過敏ともいえる措置であるが、じつはこのような訓戒は、当の岩倉自身が授かっていたものでもあった。出発前に岩倉に渡された「大使職任の心得」という文書がある。そのなかには、この職務は日本の主義主張を伝え、その利益をもたらし、名誉を世界に広めることにも、またその逆に、わが国の立場を損ない、禍害を招き、恥辱を被ることにも直結するものであるから、片言隻句、一挙手一投足に細心の注意を払うように、との先の岩倉の訓示と軌を一にする内容が書き連ねてある。「大使ノ行住坐臥トモ各国人民ノ触目スル処」、すなわち大使の立居振舞は各国の国民が直に目にするところであり、彼らはその姿を通じて日本の「国柄」を推し量るであろうから、というわけである(15)。

このように、岩倉が使節団に与えた訓戒は、岩倉自身が自己に課さなければならなかった紀律を使節全体にまで波及させたものに他ならない。

使節団の欧米視察とは、逆に彼らが、否、日本国そのものが西欧文明のまなざしにつねにさらされるということでもあったのである。

### 弛緩した団員の雰囲気

さて、このような強い緊張感とともに切って落とされた一行の船路であったが、岩倉ら首脳部の張り詰めた神経状態とは裏腹に、団員全体の雰囲気はむしろ弛緩したものであった。そのコントラストは乗船のときにすでに露わとなっていた。岩倉らが先述のように祝砲の撃ち放たれるなか、厳かに乗船した一方で、後続の面々は、我勝ちにと何とも見苦しいかたちで船に乗り込もうとしたという。

随員の一人であった佐佐木《ささき》高行《たかゆき》は、その光景を指して、大使副使の姿は立派であるが、理事官をはじめとするその他の団員たちは、「我レ先ニト争フテ乗船、其混雑実ニ可笑、亦可憂ナリ、外国人ナドノ見ル処ニテハ、如何ニモ可恥コト、、吾輩モ聊カ不平ナキ能ハズ」[16]、と嘆いている。道中のあらゆる外国人が投げかける〝文明のまなざし〟を強く意識するように命を帯びた使節団トップにしてみれば、何とも先の思いやられる旅のはじまりであったであろう。畢竟、船旅のなかで一行にはテーブルマナーや身だしなみといった西洋流の行儀作法の習得が課されることになる。

だが、団員たちは幕末の騒乱を経てきた猛者《もさ》ぞろいである。鬼ヶ島に出かける桃太郎に自らを擬す者さえいた[17]。彼ら全員がおいそれと洋風になじんでいったとは思えない。事実、甲板の上では、紀律と放埒のせめぎ合いから、奇天烈なエピソードが生み落とされていくこととなる。そのいくつかを紹介しておきたい。

### 「ビステキ」を芋刺しに

随員のなかに平賀《ひらが》義質《よしただ》という人物がいた。筑前福岡藩藩士の出で、維新前夜の一八六七(慶応三)年に藩命を帯び、アメリカに遊学したという経歴の持ち主だった。司法担当理事官佐佐木高行の随員として使節団に加わっていたが、洋行帰りの風を吹かせて他の者からは煙たがられていたらしい。その平賀が、岩倉に取り入り、テーブルマナーの作法書を団員たちに配布して、食卓の行儀作法を指南するという一幕があった。一行の「行儀作法が甚だ乱雑で、西洋人の侮蔑を招く」との憂慮から著されたその作法書には、「給仕《ボーイ》には低声に命ぜよ」とか、「ソップ〔スープ〕には匙音や吸ふ音をさせるな」といったことが書かれていたらしい。維新なったとはいえ、騒擾の声いまだ鳴り止まぬ世相のなかから派遣された一同である。なかには幕末に攘夷運動に身をやつし、その弊風から脱しえていない者も多い。使節団の性格に鑑みて、このような指南書の配布は、当然必要なものであったといえよう。

これに対する一行の反応はどうであっただろうか。平賀の手になる作法書が各自に回されたとき、書記官をはじめとする、すでに西洋について見聞きしていた者たちは、「御念の入つた物と一笑に附した」そうだが、大方の団員たちは「笑つたり怒つたり」であったという。そしてその翌朝、食堂ではとんでもない光景が目にされた。久米《くめ》邦武《くにたけ》の後年の回顧から引用してみよう。

余が前にゐた岡内〔岡内重俊《おかうちしげとし》〕は、其の朝から、ソップを吸ふのには態と匙音をさせ、皿を両手に持つて音を立て、ギューと吸ひ込みては舌打し、給仕には大声で指揮語の如く命じた。端に在る村田《むらた》新八《しんぱち》は、ニヤ〳〵笑うて見てゐたが、米国風の大ビステキが出ると、右手にフォークを持つて、芋刺にし、口辺に持ち行いて喰ひ切つた。(18)

このほかにも、「様々な不行儀が演ぜられた」という。あからさまな平賀への「見せつけ」(久米)である。だが、ここに見られるのは、洋行経験者に対する単なる大人気ない反発に過ぎないのであろうか。前述のように、時の政府は文明開化を標榜していたとはいえ、攘夷の蛮勇が荒れ狂った時代は去って久しくはない。一行のなかには、「頑固論」といわれながら、そのような旧時代の精神をとどめた者も多かった。食堂で無作法を演じた輩の胸中には、平賀個人への当てこすりの念のみならず、攘夷に奔走した時代の名残から来る、「文明何するものぞ」という客気《かっき》が脈打っていたとも考えられる。

## ボタン事件

テーブルマナーのつぎには身だしなみの話題を取り上げよう。ここでも久米が興味深い回想を残してくれている。題して、「伊藤副使の糞演説」という。聞こえのいい題目ではないが、文明の世界へと乗りだした新生日本にとって「切実な話」だったらしい。まずは久米の話を聞こう。

横浜を乗り出した翌朝辺から、船の便所に黒いボタンが瘡痂《かさぶた》のやうに落ちて、其の数が段々と増し、終には小便所の前に放矢した者があり、その上に置いた紙が日本製で日本人の放矢と推定され、船長から注意を促して来たから、伊藤副使は使節一行を甲板上に会集し、日本の体面を汚す行為のないやうに演説したが、之を「伊藤の糞演説」と皆が言い囃した[19]。

船が出帆した直後から、トイレに黒いボタンが散乱するという奇観が生じ、しかもその数は増えつづけ、ついには「小便所の前に放矢した者」すら出るという事態になった。やがて日本人の仕業ということが判明し、伊藤博文が団員たちを船上に集め、説教したというのである。トイレ絡みの珍騒動ということで、「クソ演説」と命名されたのであろうが、じつはその背景には風俗の激変を原因とする深い事情があった。そのことを久米はつぎのように説明している。

西洋人がボタンをつける所を東洋人は紐で結ぶ。大使一行中で、便所の縮尻はボタンの心得がないからである。その頃洋服は流行しがけで、元来器用な日本人は、洋服仕立は上等に出来たが、ボタンの緩急が巧くゆかず、殊にズボンのボタンは嵌《は》め外《はずし》が具合よくない、其の比、或る大官が大礼服のズボンのボタンを締めずに元旦の年賀に謁見を済し、帰つて服を脱ぐ時心付き、恥ぢ入つた話もある。咄嗟《とつさ》の間に、勝手がわるく、怺《こら》へかねてボタンを捻ぢ切つたり、便所へ飛び入りきらずに放矢するので、当人はどんなに苦しく切なかつたか推量すると、笑ふ訳にはゆかぬ。[20]

ボタン事件の真相とは、洋風の服装にまだ身体がついていけなかったことに起因する椿事だったのである。洋装に慣れていなかった日本人たちは、ボタンの付け外しの勝手がままならず、用を焦るあまりにそれを引きちぎった結果、トイレにボタンが散乱するという事態を招いたのである。今日から見てみれば、なるほど笑いを誘うような光景でしかないが、当事者たちは窮屈な洋服に身体を縛られ、不便なことときわまりなかった。また、このようなことで出港早々船長から注意を受けなければならなかった使節団のトップの面々は、汗顔ものであったであろう。文明のまなざしにくれぐれも注意せよと下命されていた一行にとっては、「笑ふ訳にはゆかぬ」事態だったのである。

その果てになされた伊藤の説教であるが、それが「クソ演説」と命名されたことの所以は、単にトイレとの引っ掛けだけだったであろうか。どうも伊藤は、文明通を鼻にかけ、副使の役割以上に使節団を引っ張り、それどころかかき回していた節がある。「クソ」という罵詈には、そのような伊藤の存在に対する一行の少なからぬ部分の苦々しい思いが代弁されているように思われる。

伊藤がらみの船中での椿事がもうひとつある。つぎにそれを紹介しよう。

## 裁判ごっこ

使節団に二等書記官として参加した長野《ながの》桂次郎《けいじろう》は、万延元（一八六〇）年の江戸幕府による遣米使節団の一員でもあった。この時長野はトミーの愛称でアメリカの人びとから親しまれ、その名を冠したポルカも作曲されるほどだった(21)。滞米中特にアメリカ女性の人気の的だった長野は、あちらの男女の社交術を教える名目で、同船の日本人女子にダンスの手ほどきと称して戯れようとした。しかしその女子留学生は、長野のこの行為に取り乱し、大久保に訴え出るという騒ぎとなった。

この騒動の処置を大久保より相談されたのが伊藤であった。彼は、船上で模擬裁判を開き、自ら裁判官となって長野を裁こうとしたという。長野にしてみれば、船の長旅の退屈をまぎらすために軽い気持ちで女子留学生にちょっかいを出しただけであろうが、単調な船旅に退屈していたのは、誰もが同じであった。長野の所業はたちどころに一行の耳目を刺激した。

この機会をとらえて、伊藤は前述のように私設法廷を開くことに決した。「欧米ノ体裁ニ習ヒ、裁判ノ真似ヲ(22)」しようというわけである。ささいな戯れ事はとたんに全船が注目するイベントと化し、長野とその留学生は公衆の面前に連れだされて、裁きを受けるという憂き目となったのである。

伊藤を毛嫌いする佐佐木高行は、衆人環視のなかでのこのような戯れ事は、女や長野に恥をかかせているのみならず、使節全体の恥であると日記に記している。佐佐木はその場でも反対論を述べたが、欧米人もよくやることだといわれて押し切られたらしい。佐佐木にすれば、日本のような「文明ニ歩ヲ向ケタ」ばかりの国であればこそ、猿真似に等しい裁判ごっこなど慎むべきとの思いがあった。[23] ましてや、場所は日本を離れた洋上であり、そこには西洋人も居合わせ、その成り行きをみつめているのである。いくら退屈にかまけていたとはいえ、文明の視線に注意せよとの訓戒を受けてきた一行にあるまじき児戯であった。リンチまがいの裁判劇も国家使節の品位を汚すにじゅうぶんである。佐佐木の憤懣も故なしとしない。

もっとも、文明のもつ強迫観念の裏面で、それが所詮はまだこのような真似事の域でとらえられていたと思うと、いささか微笑ましい気がしないでもない。

## 3 視察の情景

### 洋服を求めて

明治四年一二月六日（陽暦一八七二年一月一五日）、一行はサンフランシスコに到着した。翌々年七月に岩倉が帰国の途につくまでの一年半に及ぶ欧米視察のはじまりである。以後彼らはアメリカで半年を過ごしたのを筆頭に、イギリスにて約四カ月、フランス約二カ月、ドイツ延べ一カ月、ロシア半月の旅程で欧米各国を歴訪している。これらのほかにも、ベルギー、オランダ、デンマーク、スウェーデン、イタリア、オーストリアといった国々を巡っており、西洋諸国を網羅する法外な国家巡行であった。

アメリカまでの航路で幾多の奇態を演じていた一行であるが、その道中は相変わらずにぎやかなものだった。ここでは使節の中心メンバーである岩倉、伊藤、大久保、木戸の道中の様子を瞥見《べっけん》しておこう。

既述のように、使節派遣の政治的背景には、西洋文明に対する拝礼という意味合いがあった。そのようななか、使節を送りだす政府の側や使節団トップの間には、文明のまなざしに対する畏怖の念が充満していたことも先述の通りである。この畏れの念が、アメリカの地に足を踏み下ろした時に、いよいよもって増幅されていったであろうことは容易に想像される。いまや船上という閉ざされた空間は崩れ去り、アメリカという文明の本拠が広大無辺に視界に迫ってきたわけである。

たしかに、船中においても使節団は服装やテーブルマナーといった西洋の作法に神経を尖らせていたが、すでに見てきた通り、そこにはいまだ蛮勇や稚拙の趣が多分にあった。しかし文明の地に降り立ち、まさに西洋の陣中において孤立して文明のまなざしに四方からさらされるという事態となって、彼らも浮き足立ってきたようである。サンフランシスコに着いた一行は、方々より歓待を受け、晩餐や芝居見物の誘いが相次いだ。木戸孝允によれば、そのさまは「人民之優待懇遇意外之事不少、当港に而も日本使節饗応之為め十万近き散財等いたし候よし[24]」という過熱ぶりだったらしい。

このような予想をはるかに越える熱烈な歓迎を前にして、使節一同は上陸するや直ちに「小礼服」を買いに走っている。使節が着用する国家儀礼上の大礼服は、伝統的な衣冠姿と出発前に定められていた。しかし、市民社会が主催する社交界というもっと親密な公共空間への見参となると、それではあまりに大仰として二の足が踏まれたのであろう。アメリカの地が近づくや、「御国ノ礼服ニテハ、〔礼会への〕毎度ノ出会ニハ堪エヌナルベシ」とのことで、「外国ニテ普通ノ礼服」を着用することが木戸の発案で決められた[25]。

「窮屈ニテ難儀ナリ」

かくして、一行は和の大礼服とは別に、洋の小礼服を買い求めることとなったのである。ふたたび佐佐木高行の日記から。

日本ヲ出テ候節ハ、吾国ノ礼服相用ヰ候筈ニテ、使節一同持参候ヘドモ、小礼服ハ無之故ナリ。不面目ノ事ナレ共、致方ナシ[26]。

佐佐木は「小礼服」など「羽織ノ脇ヲ切割キタル不恰好ノ服」と形容し、そんなものは

岩倉と４人の副使（左から木戸孝允、山口尚芳、岩倉具視、伊藤博文、大久保利通）

「持参セヌ故、俄ニ相求メ」る羽目になったとして、右のように綴っている。当初の主義を枉《ま》げ、「不恰好」な服に袖を通さなければならない佐佐木の心中を察するべきであろう。佐佐木日記からの引用をつづける。

沓《くつ》モ、日本人ハ大キクテ甚ダ見苦敷トテ、一同小サキヲ買求メタリ。窮屈ニテ足痛ミ難儀ナリ。文明開化モ随分困難ノコトナリト、人々ト談笑致シタリ。(27)

ボタンといい、靴といい、たしかに西洋のいでたちとは、身体を寸隙なく閉じ込めるという作用をもっている。和のゆとりとはまったく無縁なものである。だが、窮屈な文明に閉口しつつも、一行はそれに倣わなければならなかった。いつしか洋装が一行の「制服」のようになっていく。そしてその波は、ついには大使岩倉にまで及んでいくのである。

## 和装を解く岩倉

岩倉使節団といえば必ず参照される写真がある。大使岩倉と四名の副使が一堂に会して撮影された写真である（写真参照）。使節団がサンフランシスコに到着してからほどなくして撮られたものといわれているが、注目すべきは岩倉の装いである。(28) 先に掲げた山口蓬春の絵でもそうであったが、洋装でかしこまっている副使四人をしたがえつつ、丁髷《ちょんまげ》を結い、和服のいでたちで悠然と椅子に腰を沈めている岩倉の姿は、明治日本の和魂洋才を体現しているかのようである。

だが、岩倉の和服も長続きしなかった。アメリカでひと月が経つうちに、いつしか彼も和装を解き、洋服に着替えることとなる。その経緯もまた、佐佐木の日記に記されている。長い引用になるので、現代語に直して紹介しよう。

断髪洋装姿の岩倉（「イラストレイテッド・ロンドン・ニュース」1872年10月12日）

岩倉大使もいつしか断髪し、服装もこれまでと違って洋服となってしまった。これでは開化かアメリカ風をひいたものかわからない。ある人の話では、長らくアメリカに留学していた岩倉公の子弟に側近の者たちが取り入り、外国風でなかったら外人に軽蔑されると子弟のほうから岩倉に言上するなどして、断髪改服の運びとなったという。自分のいつもの頑固論からしてみれば、見込み違いもいいところである。現今の時勢に照らせば確かに断髪も洋服も良いであろうが、しかし副使たちのように日本を発つ前に断固とした趣意で断髪に改めたのであれば格別、大使だけは太平洋のうえでも、上陸後も、一人日本流を用いてきたのであって、途中でそれを変えるというのはあまりに軽率である。各国を一通り回って帰国した後に、断髪し改服したほうが、面子《メンツ》のうえで問題ないであろう。(29)

この記載によれば、出国前に洋装に決していた他の副使たちと異なって一貫して和装を通していた岩倉は、アメリカ到着早々当初の意志を翻して、断髪洋装に鞍替えしてしまったというのである。岩倉の変節を佐佐木は、側近たちが「和装のままでは欧米人に軽蔑される」と忠言して働きかけたことによるもの、とみなしている。

事態を眺める佐佐木の筆は、ことさら苦々しげである。この引用につづけて彼は、外国に至った以上は、少しは慎重に身を処して、軽々しいことのないようにすべきである、外国の有識者もかえって岩倉の軽挙に目をつけ、日本の度量を見透かして心のなかで笑っているであろう、何から何まで人真似をすることを文明開化とはいわない、と畳み掛けるように苦言を書き連ねている。

船から降りたとたんに慌てて洋礼服の買い出しに走った点では、佐佐木はじめ一同同罪のはずであるが、彼にしてみればせめて大使たる岩倉だけは和装を貫き、新興国家日本の気概を示してもらいたかったのであろう。(30)

さて、右の引用で佐佐木が糾弾している「側近」であるが、佐佐木日記の常として、これは伊藤とその取り巻きを指すものと考えられる。佐佐木は欧化にかぶれた副使伊藤らの口車に乗せられて、岩倉が軽率なかたちで和装を脱ぎ捨て、洋装に転じたと目《もく》しているのである。

だとするならば、アメリカ着後に撮られた先の写真は深長な意味合いをもつ。副使たちは和装の岩倉を四方から囲い込み、彼をじわじわと洋装へと導こうとしているのではないか。先に掲載した写真をよく見れば、岩倉も足元には靴を履いている。洋風が彼の全身を覆うのは、もう間近なのである。文明開化の窮屈さを肌身に覚えながら、彼は何を思ったであろう。

## 憲法という衣服

考えてみれば、身体に、その輪郭を浮き上がらせながらまとわりつく洋服という発想は、本書の主題である国制についてもあてはまる。西欧の立憲主義、法治主義とは、まさに国家の身体を法令という衣服によって被い、縛り上げるものといえよう。これとの関連で、洋服にかんする久米のつぎのような分析は傾聴に値する。

西洋人は何事もキチンと極《きまり》のついた事を好み、東洋人は余裕のあるのを好む。一の機械に見ても、西洋人は極細緻のを悦び、衣服も頸から手足までもキチンと極をつけてあるが、東洋の服はブワ〳〵して融通がある。かうした性質の相違は言はゞ、造化の与奪と覚え、西洋人は人の支体の一部を其の儘描写して賞玩するが、東洋人は雅致風韻と称して不自然な自然を描写し、筆数を出来る丈省略した画に趣味を持つのは、両者の生活環境に於ける造物者不平等の妙用に由ると解せられる。(31)

久米は東洋の西洋に対する文明的な違いを、「造化の与奪の不統一」に求めている。事物を造形するにあたっての技法と精神の差異である。西洋が細緻な写実性を旨とするのに対し、東洋の妙は風雅な曖昧さにある、ということになろうか。

この点は国制に対する考え方にも転用すれば、次のようになろう。洋服が人間の身体に「キチンと極をつけて」装着され、身体を造化する作用をもっているように、国家も法という衣服によって造形される。あいまいな理念にとどまっていた国家は、今や立法の働きによって具体的にデザインされ、確固とした構造と権能をもったものとして立ち現れる。窮屈な洋装に閉口しながら、はたして岩倉は、国家の身体にまとわせる憲法という衣服のことにまで考えを至らせたであろうか。

## 有頂天の伊藤

使節団首脳部のなかで、一際賑やかだったのが、伊藤であった。岩倉、木戸、大久保とは異なり、洋行経験のある彼は、同行していた西洋通の旧幕臣らに伍して彼らを統率していくことのできる得難い存在であった。先述の長野桂次郎の女子留学生とのたわむれ事件などで、騒ぎの収拾を大久保から任されていたことは見てきた通りである。

だがその一方で、軽薄な裁判ごっこを演じるなど、その言行は大方の顰蹙《ひんしゅく》も買っていた。すでに幾度か紹介したように、佐佐木のごとき「頑固」な保守論者は、ことあるごとに伊藤に対するいまいましい思いを日記に記載している。

> 太平洋中、書記官等ノ不行儀ナル甚シキナレ共、副使ニテ伊藤ナドハ、例ノ才子故、副使ノ体裁ハナク見エテ、我輩ハ驚キタリ。サレドモ、当今ノ世ノ有様ニテ、右様ナル仁コソ世ニ行ハル、ト見エテ、勢ヲ得タリ。(32)

伊藤のはしゃぎようを推して知るべきであろう。派手好きの伊藤にしてみれば、壮麗な国家的ページェントといってさしつかえない使節団は、自分のまたとない活躍の舞台と映じていたのかもしれない。まして他の首脳陣は外国の事情に明るくはない。加えて、今回の使節の派遣は、伊藤の建言に由来するという一面もあった。

使節団派遣に先立つ明治三（一八七〇）年一一月から翌年五月まで、経済制度調査のためアメリカに渡っていた伊藤は、そこから日本に向けて意見書を書き送り、欧米に調査団を派遣して明治七（一八七四）年に迫った条約改正交渉に備えることを建策していた。(33) その構想がめぐりめぐって、かくも大がかりな一団となったのである。日本国そのものともいえる一行を伴ってアメリカに再来した伊藤の心中は、我こそが使節団の実質的なリーダーなりとの自負の念で満たされていたであろう。

## 伊藤の真骨頂

そのような伊藤の意気込みが伝わってくるのが、有名な彼の「日の丸演説」である。サンフランシスコ着後一週間が経った一二月一四日（陽暦一八七二年一月二三日）、一行の歓迎会の席上で答辞に立った伊藤は、開国以来の日本の急速な進歩を誇示している。その趣旨はつぎのようなものである。

「我国に於ける改良は物質文明に於て迅速なりと雖も、国民の精神的改良は一層遥かに大なるもの」がある、この傾向を促進して、「日本は、猶ほ未だ創造的能力を誇る能はずと雖も、経験を師範とせる文明諸国の歴史に鑑み、他の長を採り誤を避け、以て実際的良智を獲得せんと欲」している、つまり「我等の最大の希望は、我国に有益にして、その物的及び智的状態の永久的進歩に貢献すべき資料を齎《もた》らして帰国する」ことである、そうすることでわれわれは、「通商を増進することを期し、且つこれに伴ふ我生産の増加を図り、その一層大なる活動を助長すべき健全なる基礎を作」って、「太平洋上に今将に展開せんとする新通商時代に参加」することを願っている、と。かく述べて伊藤は、つぎのようにスピーチを高らかに締め括っている。「日の丸演説」といわれる所以である。

我国旗の中央に点ぜる赤き丸形は、最早帝国を封ぜし封蠟の如くに見ゆることなく、将来は事実上その本来の意匠たる、昇る朝日の尊き徽章となり、世界に於ける文明諸国の間に伍して前方に且つ上方に動かんとす。(34)

自慢の英語を駆使して、得意の絶頂にある伊藤の姿が彷彿とされる。佐佐木も、大使副使たちが「言語不通」のため、国内とは違って権威を失っている状況のなかで、伊藤ばかりは多少は通訳もでき、文字も読めるので、権力をふりかざしている、と記している。伊藤嫌いの佐佐木は、「危キコト、高行苦心万々ナリ」と警戒しているが、あにはからんや、一月後には「飛切論」＝急進的開化論を吹聴し、信教の自由まで唱える伊藤のことを、「本国で大臣連中が苦心していることも忘れて、日本の猿智恵をふりかざす生意気」者と罵っている。(35) 佐佐木がかくも憤慨するほどに伊藤の言動は目に余っていたわけだが、それはつまり、それほど彼がこの時期、一行の中心となってほしいままに振る舞っていたということであろう。

プライベートにおいても、伊藤は「金をめちゃくちゃ使って遊びまわってい」た。(36)高価な葉巻煙草一箱を五日間でひとりで吸ってしまったり、一五両もする帽子を被ったりと贅沢三昧であったとの逸話が多々残っている。(37)「紗の服を着て踊っている踊子を見て、紗が燃えるかどうかためしてみようと、踊っている最中にマッチで火をつけてしまう」ようなこともあったらしい。(38)狼藉きわまれり、というところだが、欧風を装いながらも、汲々とすることなく文明の地で立ち回るその姿に、伊藤の真骨頂が現れているといえなくもない。

「それは最も重大な事件だ！」

しかし、そのような伊藤のはしゃぎぶりに掣肘《せいちゅう》を加えるような事態が生じた。明治五(一八七二)年一月二一日(陽暦二月二九日)、ワシントンに入った使節団は、翌月三日(陽暦三月一一日)条約改正交渉を開始する。当初の一行の目的は条約改正期限の延期要請という消極的なものに過ぎなかったが、これまでの各地での歓迎ぶりに気をよくした彼らは、アメリカの好意を過信し、一気に不平等条約の改正ができると考えたのである。そして、アメリカの国務長官フィッシュより、条約改正交渉に必要な全権委任状の不備を衝かれるや、急遽伊藤は大久保とともに帰国して委任状を持参して戻り、念願の不平等条約得を切ったわけである。

の撤廃を実現させようとする。伊藤は「立派ニ条約ヲ改正シテ見セル見込ア」り、と大見得を切ったわけである。

だが、浮かれる日本側を尻目に、交渉に応じる姿勢を見せたアメリカは、好意の裏にしたたかな計略をもっていた。下村富士男氏や石井孝氏の研究をもとにこの点を見ておこう。[40]

条約改正の交渉テーブルを設定しようとのアメリカの申し出を日本は、治外法権の廃止と関税自主権の回復への大きな一歩ととらえた。しかしアメリカが考えていたのは、「まっさきに日本と、自己の利益の拡大をめざす新条約の締結」[41]であった。具体的にいえば、日本の対外的法権や税権について一定の譲歩をなしつつ、アメリカ人への内地開放、すなわち彼らが自由に日本国内を旅行し、日本人と商業上の取引をする権利を保障すること、また、石炭の積み出しを目的とするアメリカ船の非開港場への入港やアメリカ人の不動産取得を認めることを狙っていたのである。

そしてさらに大きな問題は、日本が諸外国との条約において取り決めていた片務的最恵国条項というものである。これによると、日本は条約締結国のいずれか一国との間に有利な取り決めを結んだ場合、その効果は他のすべての条約国にも自動的に適用されるものとなっていた。つまり、駐日イギリス代理公使であったアダムスがいうように、日本がまずアメリカと新条約を結んだ際、「輸入関税を上げ輸出関税を下げることを条件に、米国が日本から多くの譲歩を得れば、われわれは、最恵国条項によって、すべての譲歩を請求し、しかも条約改正を拒否することができる」[42]という按配なのである。

このようなからくりは、本国への帰国の途上ワシントンに立ち寄っていた駐日ドイツ公使ブラントやロンドンから駆けつけた尾崎三良《おざきさぶろう》ら日本人留学生によって、岩倉や木戸の耳にもたらされた。片務的最恵国条項という未知の言葉を聞かされた岩倉は、その何たるかの説明を受けるや、「それは最も重大な事件だ！」と叫んだという。[43]石井氏がいうように、岩倉はきびしい外交上の現実を知らされたのである。結局、明治五（一八七二）年六月一七日（陽暦七月二二日）、大久保と伊藤が委任状を携えてワシントンに戻ったその日、条約改正交渉の中止が決せられた。

### 失態

以上は、使節団の外交オンチとしてすでに名高い史実である。伊藤の失点は大きかったといえよう。前述のように、彼は使節団派遣に先立つ明治三（一八七〇）年のアメリカ出張中に、税権を回復して国内産業を育成すること、そのために欧米へ条約改正のための使節団を送ることを建言していた。それを通じての伊藤の究極の目標は、「日の丸演説」にも高らかに掲げられていたように、アメリカを基軸とする太平洋通商圏の重要な構成要素として通商国家日本を構築することである。

ところが、アメリカの歓迎攻めで浮かれた日本は、片務的最恵国条項という不平等条約の根幹すら忘却してしまっていた。通商国家としての自立どころか、内地開放や未開港場への乗り入れ許可によって諸外国の資本が大挙して流入し、帝国主義の餌食になろうかという事態を招いてしまうところだったのである。

あまつさえ、伊藤が念願とする関税自主権の回復も、アメリカはそれを認める口吻を見せながら、実際には従来の協定税率制度はそのままに、その率を若干改めるというトリックでごまかそうとしていたのであり、税権の全面的な承認など眼中にはなかったのである。伊藤にしてみれば、まさに顔色をなくすというにふさわしい失態だった。

### いらだつ木戸

伊藤が全権委任状の交付を求めて一時帰国したために、一行は明治五（一八七二）年の二月から六月までの四カ月間、アメリカで足止めを余儀なくされた。その挙句の結果は前述のようなもので、大山鳴動して鼠一匹出てこないという憂き目を彼らは味わった。伊藤の軽挙が大きな批判にさらされたことは想像に難くない。

その急先鋒となったのが、木戸孝允であった。すでに木戸は、大久保と伊藤が委任状を取りに一時帰国の途についた早々から、条約改正交渉の顚末を危惧していた。伊藤の言うところに乗せられて、直ちに条約改正交渉に入ることとなったが、よく考えてみればその利点は甚だ少ない。いくつかの港を開港したり、内地開放をして一定の条件下で外国人に自由に国内通行を許す権利を認めたり、外人居留地の拡充を図ったり、いずれも「外国人の挙て所喜」にしか過ぎない。「余等伊藤或は森弁務使〔森有礼《もりありのり》〕等の粗外国事情に通せしに託し、匆卒其言に随」ったが、思えば今回の派遣に際して天皇から賜った勅旨を「再三熟慮謹案せさる」軽挙であった、というのである。(44)

木戸の予感の通りにことが運んだことは贅言を要しない。このような危機感をあらかじめ抱いていた木戸は、アメリカで伊藤らを待ちわびている間に、当初の方針を行き当たりばったりに変更していく使節団の外交のあり方に焦慮の念を募らせていった。「本邦の外国に交る纔《わずか》に二十年百技百術未及米欧元より不得止」とはいっても、「必前約を踏み、細事と雖《いえど》も国家に関係せし事は誓て不動の議論確乎不致ては実に国信を天下に失す」ることになる、と木戸は日記に書き留めている。(45) 木戸としては、大慌てで天皇からの委任状を取りに帰らせ、その間異国で無為に時を過ごしている使節団は、諸外国からのいい物笑いの種と思われたにちがいない。

かくして木戸は、伊藤のこの間の行動にことさら不快の念を抱いていった。性急な条約改正など伊藤の急進的開化論は、日本の国益をじゅうぶんに考慮しない浅はかなものであり、西洋通を鼻にかけた伊藤の功名心にもとづくものと木戸には映じた。伊藤と結託して条約改正交渉を促進しようとした急進論者森有礼が、伊藤不在中に傲慢な態度を示して木戸ら一行の不興を買っていたこともこの印象を促した。(46) 木戸は、伊藤・森に代表される急進的開化論者と決定的に距離を取るようになる。

かくして、ワシントンに戻った伊藤を待ち構えていたのは、それまでの理解者であり庇護者であった木戸の姿ではなかった。後年伊藤は談話のなかで、「吾輩がアメリカに出直して木戸公に会つた時、談大隈や井上の事に及ぶと、公の吾輩に対する態度が変つてゐた」(47)ととぼけてみせ、責任を大隈や井上馨に転嫁させようとしているが、木戸のはらわたには伊藤の軽佻浮薄《けいちょうふはく》さに対する不信感が煮えたぎっていたのである。以後、伊藤は傍目から見ても明らかなほどの冷淡さを示されながら、木戸と同行していかなければならなくなる(48)。

一方の木戸にとっても、事態は深刻であった。じつは木戸は、早くから、洋行に後悔の念を示しはじめていた。アメリカに着いて二カ月が過ぎたばかりの頃、彼は手紙のなかで、「使節之命を奉し候事一生之誤。今更大後悔いたし方無之」と弱音を吐いている(49)。

このような木戸の憂いの裏には、言葉の不通のために視察がままならないという現状のほか、既述のような伊藤ら開化主義者に対する不信の念が大きかった。自らの西洋通をひけらかし、我が物顔で使節団を牛耳る彼らの姿に、木戸は露骨に不快感を示している(50)。その逆鱗にもっとも触れていたのは、前記のように森有礼で、木戸は森を「きやつ」と呼び、嫌悪感を露わにしている。木戸によれば、彼らは精神なき「なま開化」論者と映った(51)。「只開化々々と名利而已《のみ》に相馳せ、友人知己も旧を忘、本を失し、軽薄を以常となし候(52)」。

開化開化と喋々している目の前の輩は、皮相な欧化にしか目の行かない軽薄な連中であり、国家の礎のことなど考慮の外で自らの名利心のみに突き動かされて行動している。彼らに国家の大計など任せておくことはできない。それが、ここでの木戸の痛感するところであった。

だが、そう述べる木戸の筆鋒は、彼自身にも向けられていたはずである。開明家をもって任じていた木戸は、この時、自らも加担していた開化路線の見直しを余儀なくされたのである。かくして、木戸の旅は、これまでの開化主義に代わる新たな国家の指針を探し求める旅となる。はたして木戸は、新たな国家の指導原理を見出し、この憂悶を克服しえたであろうか。この点の詳細は後述することとして、つぎに使節団のもうひとりの雄、大久保の様子を見ておこう。

## 沈鬱な大久保

広大なアメリカ大陸やヨーロッパ大陸を移動するには、当然鉄道である。当然、と今記したが、日本で鉄道が開設されたのは使節派遣中の明治五(一八七二)年九月である。一行が日本を発ったときは、まさに工事のさなかにあり、軌道だけが横浜から品川の台場まで届いていた。

しかし、「米国に着いて初めて汽車に乗るのでは体面に係わる」と思われた。そこで、

「皆品川の浜辺まで行き、プラットフォムの設けなどないので露天で汀より汽車に乗って横浜まで行った」という。[53] いじらしいまでの国威発揚の試みである。

そのような予行演習を経て、一行は本場の鉄道に乗りこんだ。くらべものにならない長距離を疾駆する汽車に身を揺られながら、彼らは一体どのような思いだったのかと興味が湧く。使節たちの車中の様子についても久米が伝えてくれているので、それに耳を傾けよう。

> その時分は彼地の汽車は一つの車両が六人づゝ這入るやうになつて居て、私共の乗つて居た車の中には岩倉大使に大久保さん木戸さん、それに矢張り副使として山口尚芳さん、此四人と私と畠山〔義成――当時、杉浦弘蔵《すぎうらこうぞう》と称す〕の二人、合せて六人であつたが、洋行中は此六人はいつも一緒であつた。[54]

伊藤はどうしたのか、というと、「いつでも伊藤さん一人は別だつた。副使ではあの人一人が此中からはづれて居た」と答えている。伊藤は「なかなかの色師」[55]だったので、「美人でも探して居たのだらう」と久米は素気なく述べている。それはそうと、ここでの問題は大久保である。久米は大久保とはつねに行をともにしたようだが、その様子はつぎのようなものだったという。

私共は斯ういふ風で大久保さんとは縁が深かつたけれども、何しろ大久保さんは無口な人で、汽車の中でも始終煙草ばかり吹かして居た。馬車に乗て見物する時でも、皆が珍らしがつて何とか彼とか言つても、大久保さんは葉巻煙草をプカプカと吹かして黙つて居た。(56)

そのような大久保の姿は、木戸などとは好対照をなすものだったという。久米によれば、「汽車でも、岩倉さんと木戸さんとは盛に何か話をするし、私と畠山と話して居る処へでも、木戸さんはすぐやつて来て議論をするといふ風であつたが、大久保さんは唯ニコ〱笑つて黙つて居た」という。(57)ニコニコ笑うといっても、その笑みは口元に微かにたたえられたほどの厳かなもので、一行の多くは大久保のことを畏怖して遠ざかっていたらしい。久米は、「洋行中に公の口を開いたのは、数へるほどしかない、それほど公は無口であつた」と語っている。(58)大久保の峻厳ぶりがうかがえる。

だが、人を容易に近寄らせないような大久保の厳粛さの裏には、じつは深い憂鬱が隠されていた。大久保が発した数えられるばかりの言葉のなかから、久米はつぎのようなものを記憶に留めている。

自分は幕府を倒して天皇の政治になさうと考へた、そしてその事業もほゞ成つて我々のやることだけはやつた。然し後はどうも困る、斯うして西洋を歩いて見ると、我々は斯んな進歩の世には適しない。(59)

高橋秀直氏は前掲の研究のなかで、使節団派遣前の維新政権には、廃藩置県とそれにつづく一連の改革の順調な成功によって、自信と楽観が横溢していたことを指摘している。そして、「成功に酔った一種の多幸症とでも言うべき状態」(60)が、「欧米観にも反映し、日本に都合のよい、極度に楽観的な評価につながった」とされる。使節が携えていった国書のなかにしたためられていた日本の国情説明と改革への率直な協力依頼は、そのような楽観的感情の現れである。

しかし、現実に西洋と接してみて、一行は再考を余儀なくされる。模範と仰ぐ西洋文明の繁栄を目の当たりにして、彼らは彼我の差を思い知らされたのである。先の大久保の嘆息は、そのストレートな表明となっている。

大久保のショックは大きかった。そこには、西洋文明を甘く見ていたという思いのほかに、全権委任状を取りに一時帰国したことに対する慙愧《ざんき》の念も介在していたと想像される。伊藤に乗せられて、国益をないがしろにする躁狂に加担してしまったという自己嫌悪の思いである。加えて、木戸と同様、言葉がままならないことによる苛立ちもあった。パリにあった時、彼は自らを「木偶《でく》人ニ斉《ひと》シ」と自嘲し、そのやるせなさを表現してもいる。(61)久米邦武によれば、大久保はアメリカを発った後、イギリスにおいて、「私のやうな年取つたものは此れから先の事はとても駄目ぢや、もう時勢に応じられんから引く計りぢや」(62)と極端に弱気になっていたらしいが、その背景には以上のような彼の自己批判も介在していたに違いない。

以上のように、木戸と大久保にとって、使節団の旅は決して朗らかなものではなかった。むしろそれは、彼らに国家の前途についての暗澹たる思いをもたらすものであった。だが、一流の指導者とは、逆境をバネにして、新しい境地を切り開いていける人物であろう。旅を進めるなかで、大久保もやがて蘇生の兆しを見せはじめる。西洋文明の現実に圧倒されながらも、彼らはその境地を打開すべく、文明の学習に努めていたのである。

したがって、つぎなる問題は、木戸と大久保が、同じ西洋体験のなかから、いかなる政治のヴィジョンを獲得したかである。この点の考察に入る前に、大久保と木戸につねに同行し、西洋紀行の記録の筆を執った久米邦武の西洋文明論に触れておくのが便宜であろう。

## 4　岩倉使節団の国制論

### 精彩に富んだ比較文明論

岩倉使節団の「公的な実況報告書」（田中彰）といわれる書物が、久米邦武の筆になる周知の『米欧回覧実記』である（以下、『実記』）。久米は後に帝国大学文科大学教授として、厳密な考証主義史学を打ち立てることになる明治を代表する歴史学者である。いわゆる「神道は祭天の古俗」事件により、明治二五（一八九二）年に大学を追われたことはよく知られている。

その久米はこの時、記録係として使節団に随行していた。そして彼は、前述のように、欧米歴訪中、大久保・木戸両巨頭の傍らにつねに侍していたという。彼はいわば、両人の文明観察の耳目となって働いていたのである。『実記』に示されている西洋文明像は、したがって、大久保と木戸の感想の最大公約数でもあるといってさしつかえない。

実際、『実記』は一行の視察の模様を細かく書き記しているのみならず、精彩に富んだ比較文明論としても大変興味深い内容のものとなっている。この日本近代史が誇る稀有な旅行記については、すでに田中彰、西川長夫、芳賀徹、泉三郎諸氏のものをはじめとする多くの研究がある。『実記』の全容やその詳密な西洋見聞の特色については、これらの優れた業績がまず参照されるべきであるが、以下では筆者なりの視点から、『実記』に認められる西洋文明論のエッセンスを抽出してみたい。

西欧政治思想の特質

『実記』第八九巻「欧羅巴州政俗総論」は、久米の鋭敏な文明観察眼がとらえた興味深い比較政治文化論として、この浩瀚《こうかん》な旅行記の白眉をなすものと思われる。そのなかで久米は、西欧人の人種論なるものを引いていう。

欧州ノ人種論ニイフ、東亜細亜〈即チ支那日本地方〉ノ人種ハ、……其法理ト道理ト相混スル故ニ、家族交際ノ道ヲ以テ、君民交際ノ本理トナスニ至リ、民ニ廉恥ノ風乏シク、自主ノ権絶ヘテ興ルコトナシ(63)。

ここには、西欧政治思想の二大特質が、簡潔ながら正確に書き留められている。ひとつは、「法理」＝社会規範と「道理」＝道徳の分離であり、もうひとつは個人の「自主」＝自律というものである。前者は同時に政治と道徳の分離を意味しているが、その含意については後述する。まずは後者の意味するところである。

個人の自立心＝自律を西欧文明の精髄として称揚する姿勢は、「一身独立して一国独立す」との有名な言葉に表れているように、福沢諭吉《ふくざわゆきち》がかねて表明していたものでもある。福沢は、「其国の独立と云ひ其国の文明と云ふは、其人民相集て自から其国を保護し自から其権義と面目とを全ふするものを指して名を下だすことなり」として、国民が自らの権利と名誉を保持し、またそれらの保障が維持されているときに、文明化した不羈独立の国家が可能となると考えていた。そして、「国の独立は目的なり、国民の文明は此目的に達するの術なり」との言明からもわかるように、文明化した国民、すなわち自律した個人とは、国家の独立の前提要件として不可欠なものとされていたのである。[64]

このような思考回路は久米にも共有されている。個人の自律を西洋文明の大きな特質として感得した久米は、「自主ノ民」による国力の発展を日本の文明的な課題とみなしている。だが、前者から後者への論理展開は、決して平坦ではない。久米は西洋文明に対する強烈な違和感をも他方で感じていたからである。それは西洋特有の利益政治の原理に向けられていた。

久米によれば、西欧人の誇る自律人の支柱となっているもの、それはひとえに私利の追求(「私利ヲ営求スル一意」)であるという。この点は西欧政治の指導原理を形成するものでもある。「欧州一般、ミナ利欲ノ競争ニ生活シタルコト」[65]と喝破しているように、久米は西欧の政治文化のなかに、利益政治、すなわち利益をめぐる競争とそれに奉仕する政治の姿をも見出している。政治を徳の最高の顕現とみなす東洋の王道思想と、見事な対照をなす政治のあり方である。この点を指して、彼はつぎのようにストレートに述べている。

白種ハ情欲ノ念熾ンニ、宗教ニ熱中シ、自ラ制抑スル力乏シ。略言スレハ欲深キ人種ナリ。黄種ハ情欲ノ念薄ク、性情ヲ矯揉《きようじゆう》スルニ強シ。略言スレハ、欲少キ人種ナリ。故ニ政治ノ主意モ相反シ、西洋ニハ保護ノ政治ヲナシ、東洋ハ道徳ノ政治ヲナス。(66)

久米の「人種論」として悪名高い一節である。だが、西川長夫氏も言うように、ここで論じられているのは「事実の問題」であり、「価値の問題」ではない。(67)久米は、東洋の徳治の伝統とはまったく精神を異にする利益保護のための権力政治が、西洋文明を貫く論理であり、欧米の隆盛の根幹となっていることを淡々と綴っているのである。

### 利益競争という熾烈の場

政治と道徳の分離ということが、西洋政治文化のもうひとつの原理であることは前述した。それは先の引用のなかでは、家父長制的な他者への政治的社会的依存心を絶ち、個人の自律を可能にするものとして語られていたが、今やそのもうひとつの含意にも触れておく必要があろう。すなわち、政治と道徳の分離の要請は、道徳的な配慮は度外視して、国民の利益活動を対内的に促進し、対外的に保護するということなのである。利益獲得の競争からもたらされる種々の社会的弊害を理由として、そこに干渉や規制を加えることは、政治の第一の課題とはみなされない。政治はここで、道義に仕えるものではなく、実利に奉仕するものとして立ち現れているのである。久米は、公正＝Justice や結社＝Society

といった欧州政治の要諦となるファクターも、道義的な色彩はなく、あくまで利益政治の手段として社会に通用しているという。

欧州ニテ政治ノ要ヲ論スル、必ス曰「ヂョスチス」ト「ソサイチー」トニアリト。「ヂョスチス」トハ権義ヲ明確ニスル謂ニテ、「ソサイチー」ハ社会ノ親睦ナリ。之ヲ極言スレハ、義ト仁トノ二字ニ帰スレトモ、仁義ハ道徳上ヨリ立言セルモノニテ、「ソサイチー」「ヂョスチス」ハ、財産ヲ保ツヨリ立言シタル故ニ、其意味ハ反テ表裏ス。欧州ノ政俗ヲ観察スルニハ、常ニ此要ヲ失ハサルコト、緊切ナル心得ナリ。(68)

徳を文明の至上命題とする東洋の伝統にとって、私利の追求と権力によるその正当化を旨とする西欧の政治は、忌むべきものとして映ったはずである。久米は、「我カ道徳政治ノ習ヲ以テ、彼ノ保護政治ノ民ヲミルニ、仮令《たと》へ理趣ハ、一ニ帰スルカ如キモ、其人民ノ気尚ハ、迥《はるか》ニ主要ヲ異ニス」(69)と述べ、東西両洋の民族的な気質の違いに思い至っている。東洋の文明が、為政者の徳によって養われる羊のための文明であるとすれば、西洋の文明は利益競争という熾烈な争いの場でくりひろげられる狼の文明ということになるのであろう。

## 「太平ノ戦争」を生き抜くこと

したがって、西洋文明のもとで展開されているのは、究極的には食うか食われるかという二者択一である。アメリカでの条約改正交渉を通じて、一行は文明の慇懃さの裏に隠されている狡猾さを痛感していた。『実記』のなかにも、つぎのような一節が見られる。「西洋各国ノ交際礼《ディプロマチック》ハ、陽ニ親睦公年ヲ表スルモ、陰ハ常ニ権詭相猜ス、一旦不虞アルニ臨メハ、局外中立ノ義ヲ立ルモ、亦只陽面ノミ(70)」。

だが、そのような狼の文明は今や東進し、東アジアをもその影響下に置いてしまっている。その結果、東アジアにおいても、「太平ノ戦争」という事態がもたらされた。西洋文明の圏域に入るとは、諸外国との不断の競争＝「太平ノ戦争」を生き抜くことなのである。

夫商事ハ、太平ノ戦争ニテ、亦天時モ恃ニ足ラス、地利モ頼ムニ足ラス、惟人ノ心協和力ニアリ(71)。

西洋文明への参入を決して欧米に発った一行は、「太平ノ戦争」という現実と相まみえた。かくして、彼らに下された国家的課題とは、この闘争のなかで生き残っていく術を見出すことに置かれる。その最良の手段として注目されたのが、右の引用にあるように、「人心の協和力」というものであった。

## ナショナリズムの制度化

久米は、自律した個人が自らの利益を求めておこなう競争に西洋文明の精髄をとらえた。そこでの政治の役割もしたがって、競争の促進を通じて個人の利益を拡大することに置かれる。かくして、競争は個人間の競争から、社会的な競争へ、果ては国家間の競争へと高められる。利益の追求という「太平ノ戦争」が、国際政治の本質となり、この争いに勝利を収めるために、人びとは国家を構成する。

自主ノ権利ハ、人人ニ之アリ。而テ人ハ利益競争ノ中ニ住居スルモノナリ。利益ノ管係ニ於テハ、威力モ屈スヘカラス、法則モ縛ルヘカラス、刑罰モ嚇スヘカラス、只其能《よく》保護ヲ全クスルノ道ハ、其利益ノ競争ニツキテ、合体協同ノ社会ヲナサシムルニアリ。(72)

利益競争のために、自律した諸個人が「人心の協和力」を高め、「合体協同ノ社会」を形作るべきことが謳われている。そのような共同社会の最たるものが、国家に他ならない。人心に宿っている「協和力」とは、その最高の形態を愛国心＝ナショナリズムに求められるからである。

嗚呼、五州ノ内、大小国ヲ分チ、各其俗ニ安ンシ、自主ヲ遂レハ、皆我生国ヲ愛スルノ心ハ、勃勃トシテ已ム能ハサルコト、猶其身ヲ愛シ、其家ヲ愛スルニ同シ(73)。

自分自身を愛し、自分の家を愛することの延長に、自分の国を愛するという意識もある。このような「人情ノ自然ニ発」する愛国心＝ナショナリズムを開花させ、発展させていくこと。日本の文明的課題である「人心協和」は、そのように言い換えられる。「欧米ノ民開化ヲ論スルハ、愛国ノ心ヨリ始ル(74)」のである。

以上のようにして、文明国への課題は、ナショナリズムの開発として設定された。国制の課題としていうならば、ナショナリズム、すなわち国の独立心の制度化ということになろう。久米によれば、憲法の制定もその一環に他ならない。ベルギーでの見聞をもとに、久米はつぎのように述べている。

白耳義《ベルギー》人ハ、又ミナ謂フ、国ニ自主ノ民乏シケレハ、国力衰弱シ、国ヲ保存シ難シト。政体法規、ミナ自主力ヲ養フヲ目的トナシテ協定シ、上下心ヲ合セ、互ニ粋励風ヲナシテ、自主ノ業ヲ植エ……(75)

なぜ「政体法規」＝憲法を定めるのか。その解答が明快に示されている。それは、憲法を通じて、国民の独立心の涵養と一体化を図り、そうすることで自律した個人を生み出して国力を高めるためである。国民統合の基軸、それが憲法なのである。

『実記』のなかで、文明国を成り立たしめているものとしては、技術、産業など様々なものが挙げられている。そのなかのひとつとして、以上見てきたように、ナショナリズムを育むための国家の制度枠組みもあったのである。立憲制度を核とする国制の問題が注目されたのは、そのためであった。

米欧回覧の文明の旅が、文明の国制を求めての旅でもあったことは、すでに本章の冒頭で指摘しておいたことである。欧米諸国の国制を巡覧するなかで、一行はあるべき国制のヴィジョンを獲得しつつあった。それは、ひとつには右に見てきたようなナショナリズムの制度化である。だが、『実記』のなかには、文明の国制のもうひとつの原理が観察されていた。それは、「漸進」である。

「漸ヲ以テ進ム」

明治五（一八七二）年八月二五日（陽暦九月二七日）、一行は世界に名高き大英博物館を訪れた。そこで受けた感銘を『実記』は、「博物館ニ観レハ、其国開化ノ順序、自ラ心目ニ感触ヲ与フモノナリ」と伝えている。[76]つまり、博物館の展示物を順を追って見学していくことによって、文明開化の「順序」、すなわちその段階と法則が感得されるというのである。以後、一行は各地で好んで博物館を訪れ、明治六（一八七三）年六月にはオーストリアのウィーンで開催されていた万国博覧会を見学し、その盛況に目を見張っている。(77)

だが、そもそも、岩倉使節団にとっては、欧米の地そのものが、巨大な文明の博覧会場に他ならなかった。「百聞は一見に如かず」。久米は博物館の効用をそう語っている。「寔《まこと》ニ目視ノ感ハ、耳聴ノ感ヨリ、人ニ入ルコト緊切ナルモノナリ」(78)、と。『実記』は西洋諸国という文明の展示場を視察した観察記であった。

この点は国家のあり様についてもいうことができる。一口に西洋といっても、そこに属する国々の情勢や仕組みは千差万別である。一行は、国制の展覧会場を巡覧していたのである。実際、久米はつぎのように記している。

> 地球ノ上ニ、種種ノ国ヲ形成シ、種種ノ民族住居シ、各風俗生理ヲ異ニスルコト、意態万状ニテ、百花ノ爛漫タル観ヲナス。欧州各国ノ如キハ、元一様ノ政化ニ似タレトモ、其国ノ異ナルハ、即チ生理ノ異ナル所ニテ……(79)

文明の国制を求める使節団であったが、彼らが実際に目にしたのは、それの多様性という現実であった。右の引用にあるように、西欧諸国はもともと同一の政治文化を共有していたものと考えられるが、歴史の歩みのなかで、生理的に異なった国民性を形作っている。その現実を目の前にして、一行は前記のように「開化ノ順序」に関心を向けるようになった。先に引用した大英博物館での印象を、完全なかたちでもう一度引いておこう。

博物館ニ観レハ、其国開化ノ順序、自ラ心目ニ感触ヲ与フモノナリ。蓋シ国ノ興ルヤ、其理蘊ノ衷ヲ繙クコト、俄爾トシテ然ルモノニアラス。必ス順序アリ、先知ノモノ之ヲ後知ニ伝ヘ、先覚ノモノ後覚ヲ覚シテ、漸ヲ以テ進ム。之ヲ名ツケテ進歩ト云フ。進歩トハ、旧ヲ舎テ、新キヲ図ルノ謂ニ非ルナリ。故ニ国ノ成立スル、自ラ結習アリ。習ヒニヨリテ其美ヲ研シ出ス、知ノ開明ニ、自ラ源由アリ。由ニヨリテ其善ヲ発成ス、其順序ヲ瞭示スルハ博物館ヨリヨキハナシ。古人云、百聞ハ一見ニ如カスト。寔ニ目視ノ感ハ、耳聴ノ感ヨリ、人ニ入ルコト緊切ナルモノナリ。(80)

博物館を見学しながら、久米の観察眼は国家の発展法則に向けられていたことがわかる。ここで彼の体得したこと、それは、進歩が旧習の徒《いたずら》な廃棄ではなく、伝統を維持しながら「漸ヲ以テ進ム」こと、というものであった。すなわち、漸進主義の洞察である。久米は、西欧の文明が伝統との断絶のうえにではなく、その継承から成り立っていることに開眼した。日本ではえてして、西洋の文明的成果ばかりが称揚され、日本伝来のものは打ち捨てられる傾向にある。だが、それは文明の態度とはいえない。「噫是豈日新ノ謂ナランヤ、進歩ノ謂ナランヤ、百年ノ大木ハ、一夕ニシテ成長セス」(81)。西洋における進歩を成り立たしめているのは、むしろつぎのような姿勢なのである。

西人ハ日新ヲ勉ムレトモ、亦古ヲ稽《かんが》ヘ旧ヲ愛シ、存シテ棄テサルコト、毎ニ如此ナルハ、文明ノ俗ト謂フヘシ(82)。

すなわち、西洋における文明の慣わしとは、まさに古きを温ねて、新しきを知るということなのである。ここにおいて、日本において唱導されている急進的な開化主義は、軽佻浮薄なおこないとして咎められ、それを是正するものとして、久米は漸進主義を提示するのである。

「今余輩が欧羅巴《ヨーロッパ》の文明を目的とすると云ふも、此文明の精神を備へんがために、これを彼に求るの趣意な」り、とは福沢諭吉の言である(83)。福沢にとって文明とは、単なる国の富強にとどまらない、精神の問題であった。

この点は、欧米回覧の旅を通じての久米の結論でもあったといえる。文明国の多様なあり方を西洋の地で実感した久米は、学び取るべきものを文明のエートスに見定めたのである。それは、ひとつにはナショナリズムの精神であり、もうひとつは漸進主義であった。

文明の国制のヴィジョンもこの方面に求められる。「習慣ニ従ヒ治メテ、矯揉抑制セサルハ、欧州政治ノ大要ナリ」(84)。西欧の政治文化を貫く精神とは、そもそも習慣にもとづく政治なのである。したがって、西欧の国制の拙速な模倣は斥けられ、その受容はむしろ、日本の政治慣行を温存したうえで、それを促成していくかたちで図られるべきことになる。

以上をまとめていうならば、文明の国制とは、二つの文明精神を制度化したものとして観念されたということができよう。ナショナリズムの制度化、そして政治的伝統の制度化である。

このような国制の青写真は、決して久米個人の創見にとどまるものではなかった。副使の両雄、木戸と大久保は帰国後、それぞれの立場から国制にかんする意見書を提示している。それは、両者の西洋体験の真価を示すものといってよい。彼らが描いた国制のデザインをつぎに見ていくことにしよう。

## 「骨髄からの開化」

すでに指摘したように、伊藤の主導による条約改正交渉の失敗は、木戸と伊藤の間に不協和音を生むにいたった。それが、伊藤・森ら開化論者との性格の不一致に起因するのみならず、維新以来の開化政策に対する根本的な反省の念にもとづく木戸のやるせなさに由来していると目されることも前述した。洋行を「一生之誤」と後悔していた彼は、伊藤の一時帰国のために、アメリカに足止めされていた間、悶々と時を過ごしていたであろうことは想像に難くない。

だが、この予定外の滞留は、木戸にとって思わぬ副産物をもたらしたことも指摘しておかなければならない。それは、木戸の国制調査である。伊藤のフライングによってアメリカに長期滞在を余儀なくされ、無聊をかこつ間、木戸は側近の者たちとアメリカの国制調査に没頭する。以後、欧米諸国の国制の取調べは木戸の旅の基調となっていくのである[85]。

もともと木戸の胸中には、法治主義への志向が胚胎されていた。アメリカに着後一カ月の日記には、五箇条の御誓文を基礎にして、「確乎の根本たる律法」を定めなければならないという記載が見られ、そのために、「此行先各国の根本とする処の律法且政府の組み建等を詮議〔調査〕せんと欲」す、と記されている[86]。この決意そのままに、彼は、アメリカでは久米や杉浦弘蔵、欧州に至るや青木周蔵《あおきしゅうぞう》といった腹心とともに、貪欲に各国の「政体書」＝憲法の学習に従事しているほか、ヨーロッパでは、フランスでモーリス・ブロック（Maurice Block, 1816–1901）、ドイツではルドルフ・フォン・グナイスト（Rudolf von Gneist, 1816–95）という当代の著名な学者を訪問し、彼らから直接に憲法にかんする講話を聴く機会をもっている。「其談話益を得る不少」[87]。そのような日記の記載からは、彼の貪欲な研究の跡がうかがえる。

こういった学習の果てに木戸は、久米の認識と軌を一にして、開化の皮相な成果ではなく、その精神を問題とするようになる。大切なのは、皮膚上の開化ではなく、骨髄からの開化だというのである。

何分皮膚上之事は暫差置、骨髄中より進歩いたし不申候而は今日之開化も他日之損害如何歟と致煩念候(88)。

こういった開化の重心の移動には、列国での憲法調査を通じて彼が突き当たった、国制の多様性という事実も大きかった。「各国自ら風俗人情異なるところあり。随而一名之政体も其実に至り候而は又大に異なるもの有之(89)」。国ごとに文化や国民性が異なるように、国家のあり方も決して一様ではない。それ故に、開化の目標やそこに至る道のりもまた、その国に応じた独自のものがあるべきはずとの認識を木戸は得たのである。

国制の改革もこの点を重視して遂行されなければならない。条約改正交渉の茶番劇を通じて、浮ついた開化主義がもたらす人心の弛緩をつぶさに見た木戸は、「未国本之不相立(90)」という現実に想到した。開化を実現するためには、まず国家の礎をもう一度見直す必要がある。それは、日本の国民性に適し、「骨髄からの開化」を可能とするものでなければならない。木戸は帰国後、欧米での体験をもとに、憲法制定についての建言書を提出する。そのなかには、以上のような木戸の祈念が籠められているはずである。

## 喫緊の課題

明治六（一八七三）年七月二三日、木戸は岩倉一行に先駆けて帰朝した。その眼前には、派遣政府たる使節団との約束を反故にして、一連の開化政策を推し進めてきた留守政府の姿がある。西郷隆盛が征韓意見書を提出し、政府部内が征韓論で沸騰するのはもうじきである。国家の土台を顧みない徒な改革主義や冒険主義は、使節団だけの問題ではない。「未国本之不相立」という実感を木戸はあらためて嚙み締めたであろう。

このようにして、国家の屋台骨が動揺する只中に、木戸は帰ってきた。帰国後ほどなくして、彼は憲法意見書を朝廷に上奏し、一〇月には同趣旨のものを「木戸参議帰朝後之演説」[91]と題して、『新聞雑誌』誌上に公表している。その内容を以下に検討していくことにしよう。

建言書のなかで木戸は、「今日の急務は五條の誓文に基て其條目を加へ政規を増定するに在り」と直截に論じている。[92]五箇条の御誓文を拡充して、「政規」＝憲法を定めること、それが国家の喫緊の課題であると木戸は主張する。では何故に憲法の制定なのか。その理由を木戸は率直につぎのように述べている。彼の西洋体験の真価が込められた一節といってよい。

各国の事蹟大小異同の差ありと雖とも其廃興存亡する所以んの者一尺に政規典則の隆替得失如何を顧みるのみ。(93)

国の興廃は、ひとえにその国の憲法のあり方にかかっているという。国家の存立の柱石をなし、繁栄の礎となるのは、良質な憲法をおいてほかにない。木戸はつづけて、「一主能く無数の小主を統へて全国を総轄するときは仮令境壌広大ならずと雖とも方嚮一途に帰し利害同一に通し以て隣境の侮慢を禦くに足る(94)」との洞察も開陳している。国家の独立と富強は、ひとりの統治者のもとに国民が結集しているところでこそよく保障されている。先述の久米の憲法観と同様、木戸においても、憲法とは国民統合の基軸として観念されているのである。

## 木戸の描くプロジェクト

このようにして、憲法の制定は最優先の国家課題として設定された。この国家の「急務」を実現するために木戸が要請するのが、天皇と彼を戴く政府による強力なリーダーシップである。文明の広く行き渡っているとはいえない現下の日本においては、天皇の英断と政府有司によるその実施によって、国民を徐々に文明の域へと善導していかなければならない、と木戸は説く。

維新の日尚未た浅く智識進昇して人民の会議を設るに至るは自ら多少の歳月を費さゞるを得ず。故に今日に於ては政府の有司万機を論議し　天皇陛下夙に独裁せらるゝは固より言を待たさるなり。[95]

かく述べて、木戸は天皇と有司による専制を是認する。木戸が当座の目標とするのは、彼自らが言うように、「独裁の憲法」に他ならない。この点についての木戸の確信は強固である。意見書を提出してからほどなくの一一月、木戸は伊藤に自らの国制論を質され、「建国の大法はデスポチックに無之ては相立申間敷」[96]と断言している。

開明派として自他ともに認める木戸が、「独裁」を称揚して恬然としているとは奇異に聞こえるかもしれない。だが、木戸には、西洋体験に裏打ちされた彼なりの意図があった。そもそも、「独裁」とはいっても、それは国民の信認に支えられておこなわれるべきものである。天皇といえど、「豈《あに》天下を以て一家の私有とせんや」[97]。つまり、「独裁の憲法」とはいえ、憲法というからには、それは君主の専制を保持するためのものではなく、民意を尊重し、国民の団結を促すものでなければならない。民意による為政者の統制こそが、憲法政治の眼目なのである。

文明の国に在ては君主ありと雖とも其制を擅にせず〔傍線部、『新聞雑誌』版において付加〕、闔国の人民一致協合其意を致して国務を條列し其裁判を課して一局に委托し、之を目して政府と名け、有司を以て其局に充てり。而して有司たる者は一致協合の民意を承け、重く其身を責めて国務に従事し、非常緩急の際に在りと雖とも一致せる民意の許す所に在ざれば漫りに挙動を試むる事能はず。其厳密なる斯の如きも人民猶其超制を戒め、議士事毎に験査して有司の随意を抑制す。(98)

木戸はまた、「人民各権利あり負債あり。(99)権利を張て天賦の自由を保ち、負債を任して一国の公事に供する等亦人民存生の目的なり」とも明記している。独裁という穏やかでない言辞を弄しながら、木戸の脳裏に刻まれていたのは、あくまで国民の憲法、すなわち国民の政治的開化を推進し、その権利を保障する政治システムであったことがわかる。

そのようにして達成された国民の政治的社会的自律を基盤として、国家の独立を全うするというのが、木戸の描く国制のプロジェクトであった。したがって、独裁の憲法を云々しながらも、木戸の視線の先には、君民同治の立憲君主制がある。

天皇陛下の英断を以て民意を迎へ、国務を條列し、其裁判を課し、以て有司の随意を抑制し、一国の公事に供するに至らは、今日に於ては独裁の憲法と雖とも他日人民の協議起るに至り、同治憲法の根種となり、大に人民幸福の基となる必せり。[100]

周知のように、木戸は帰国後、西郷らの征韓論の動きに対して、「以治内政第一着とす」[101]との内治優先主義の立場から抵抗した。木戸の反対が伊達《だて》ではなく、彼の西欧見聞に根ざした国制改革のプランを背景としてのものであったことは、以上より明らかであろう。まずは内政を固めなければならない——この木戸の政治信念の具体的内実、それは国民創出と独裁から同治への漸進主義とを二つの大きな柱とする立憲政体のプランである。そして、このことは、大久保においても共有された国制像であった。

### 唯一の美果

滞欧中、大久保が自らを「木偶人ニ斉シ」と慨嘆し、憂鬱の日々を送っていたことは前述した。明治六(一八七三)年一月末にパリでしたためた書簡において彼は、アメリカ、イギリス、フランスでの調査を終えたが、これらの国々は「開化登ルコト数層ニシテ及ハサルコト万々ナリ」[102]と悲壮感を強めている。

これに対して、これから訪れるプロイセンとロシアでは、「必ス標準タルヘキコト多カラント愚考イタシ候」[103]と自らを奮い立たせるかのように書いている。

たしかに統一なったばかりの新興国ドイツと旧来からのツァーリズムの国ロシアの二帝

国は、西洋文明のなかでは周縁に位置しており、その分、日本の直近の模範国としては示唆深い存在かもしれない。特にドイツは、プロイセンの軍事力による国威の伸長が著しい。一八七一年には普仏戦争で文明の一等国フランスを破っている。大久保としては、期するところがあったであろう。

はたして、その期待は裏切られなかった。ベルリンの地から日本の西郷隆盛と吉井《よしい》友実《ともざね》に宛てた手紙のなかで、大久保はつぎのように述べる。

当国ハ他之欧州各国トハ大ニ相異ナリ淳朴之風有之。殊ニ有名之「ヒスマロク」「モロトケ」等之大先生輩出自ラ思ヲ属候心持ニ御座候。(104)

帰国の直前に訪れたドイツにおいて、ビスマルク、モルトケという立国の英雄に接した大久保は、これまでの憂慮を吹き払うことができたかのようである。帰朝の途につく前日に書かれた書簡のなかには、「ヒスマロク・モロトケ等之大先生ニ面会シタル丈ケカ益トモ可申歟(105)」との一節も見られる。ドイツでの体験は、大久保にとって、唯一の美果ともいえた。

では、ドイツにおいて大久保は何を学び取ったのか。「先生」ビスマルクが使節団を前にしておこなった講演というものが残されている。その内容は、大久保の受けた感銘を推量するよすがとなろう。

使節団の一行が、「万国公法」という文明の公準に対する実直な依存心をもって、日本を発ったことは詳述した。そして、欧米政治の現実に触れた一行が、そのような素朴な信頼の念を見直す必要に駆られていたことも既述の通りである。ビスマルクは、一行の懸念をはっきりと後押しして明言する。

方今世界ノ各国、ミナ親睦礼儀ヲ以テ相交ルトハイヘトモ、是全ク表面ノ名義ニテ、其陰私ニ於テハ、強弱相凌キ、大小相侮ルノ情形ナリ[106]。

かく述べて、ビスマルクは、万国公法の本質をつぎのように喝破する。

所謂ル公法ハ、列国ノ権利ヲ保全スル典常トハイヘトモ、大国ノ利ヲ争フヤ、己ニ利アレハ、公法ヲ執ヘテ動カサス。若シ不利ナレハ、翻スニ兵威ヲ以テス。固リ常守アルナシ。小国ハ孜々《しし》トシテ辞令ト公理トヲ省顧シ、敢テ越エス。以テ自主ノ権ヲ保セ

ント勉ムルモ、其簸弄凌侮ノ政略ニアタレハ、殆ト自主スル能ハサルニ至ルコト、毎ニ之アリ。(107)

リアル・ポリティークの権化、ビスマルクの面目躍如といった演説である。ひきつづいて彼は、自らの推し進めたプロイセンの鉄血政策を弁証して言う。周辺の諸国は、わが国が軍備を増強したのを忌み嫌い、他国の国権を侵そうとしているとして非難するが、それは誤りである。プロイセンの望みとするところは、国権を重んじ、各国が互いに自主独立し、対等の外交を遂げ、決して相互に侵略しあうことなく公正に領土内に居住するということである。これまでわが国がなした戦争も、みなドイツ国の権利のためやむにやまれずしておこなわれたものである。英仏のように、海外に侵攻し、植民地を築いているのとはわけが違う。欧州諸国の親しい交際というものも、いまだ信頼に値するものではない。時に世論を顧みず、国権を完全なものとせんとの自分の本心は、ここに理由がある。

このように述べたうえでビスマルクは、「国権自主ヲ重ンスル日耳曼《ゲルマン》ノ如キハ、其親睦中ノ最モ親睦ナル国ナルヘシ」(108)として、ドイツこそ日本のモデルとなる国であることを高唱している。

大久保が感銘を受けたビスマルクの教示とは、以上のようなものであった。使節一行にとって、この説話はたしかに目から鱗《うろこ》を落とす作用をもったであろう。文明と万国公法の本質が勢力の競争と均衡に他ならないことを抉りだすビスマルクは、小国がその渦中で独立を保つには、赤裸々なパワーに頼る以外に道はないことを教え諭しているのである。

明治六（一八七三）年五月、大久保はビスマルクの教えを胸に帰朝した。国の力を高め、独立を保全するためには何がなされなければならないか。大久保が出した結論のひとつ、それは木戸と同じく、憲法の制定であった。

## 良質な開明的立憲主義の主張

明治六年一一月一九日、政府は伊藤博文と寺島宗則《てらしまむねのり》に政体の取調を命じた。それに伴い、大久保は伊藤に対して、立憲政体にかんする意見書を手交したという(109)。大久保は伊藤に何を託したのであろうか。大久保意見書の内容を以下に見ていきたい。

使節団の副使として西洋文明をつぶさに実見してきた大久保は、木戸や久米と符節を合わせて、欧米諸国の多様な国制のありようという認識から論を起こす。世には君主政治から民主政治まで様々な政治の体制がある。それらはそれぞれに長とするところがあり、どちらが優っていると一概に判断できるものではない。「そもそも」、と大久保はつぎのようにいう。

政ノ体タル君主民主ノ異ナルアリト雖トモ、大凡土地風俗人情時勢ニ随テ自然ニ之レ

ヲ成立スル者ニシテ、敢テ今ヨリ之レヲ構成スヘキモノニ非ラス。亦敢テ古ニ拠リテ之レヲ墨守スヘキモノニ非ラス。(110)

国の政治の仕組みとは、その国の文化や国民性といった所与の条件によって自ずから形作られていったものであって、人知によって新たに「構成」=設計されるものではない。かといって、かたくなに旧套墨守に陥ってもならない。時勢と国民性に応じた自然な進化のプロセスに、国制の改革も則ったものでなければならないのである。したがって、それはあくまで「我国ノ土地風俗人情時勢ニ随テ」なされるべきであり、アメリカやイギリス、ロシアといった外国の国制の軽々しい模倣であってはならないのである。

かくして、問題は日本の環境と政治風土に適った国制の確立ということになる。「今日ノ要務先ツ我カ国体ヲ議スルヨリ大且ツ急ナルハナシ」(111)。大久保もまた、内治を優先し、国家の基盤を定めることを国の急務とみなすのである。そのためにまずなされなければならないこと、それは「定律国法」=憲法の制定に他ならない。

このように、憲法の制定という大方針を大久保は木戸と共有する。もっとも、その憲法の内実という点において、両者の間にはニュアンスの相違が認められる。君主独裁を説く木戸に対して、大久保が唱えるのは君民共治である。

祖宗ノ国ヲ建ツル豈ニ斯ノ民ヲ外ニシテ其政ヲ為ンヤ。民ノ政ヲ奉スル亦豈ニ斯ノ君ヲ後ニシテ其国ヲ保タンヤ。故ニ定律国法ハ即ハチ君民共治ノ制ニシテ、上ミ君権ヲ定メ、下モ民権ヲ限リ、至公至正君民得テ私スヘカラス。(112)

大久保といえば、政略的な専制政治家というイメージが強い。だが、ここから読み取れる大久保の政治思想は、むしろこの時代における良質な開明的立憲主義の主張である。(113)少なくとも、従来の開明論を一歩後退させた木戸の独裁論に比して、大久保の論は君民同治を標榜する分、先進的に聞こえる。

### 「民主」と「漸進」

だが、そのような字面のうえでの差異を論じるよりも、両者の憲法論の同質的な構造に注目するほうが有益だろう。独裁か同治かの違いはあれ、二人の議論はともに「民」の政治的位置づけという点で、径庭するところはない。大久保は右の引用で言っている。「民ヲ外ニシテ其政ヲ為ンヤ」。憲法を定めるのは、君権と民権相互の権限を画定し、各々が公を私物化しないようにするためである、と。木戸においても、その独裁憲法論の実体は、民意を実現するための一時的な委任独裁の構想であったことを先に確認した。木戸も大久保もその目標とするところは、民の開化を促す国民政治のシステムであったといえる。そして、それを実現する工程においても、両者の認識は決して隔たってはいないのである。

妄《みだ》リニ欧州各国君民共治ノ制ニ擬ス可カラス。我カ国自カラ皇統一系ノ法典アリ。亦タ人民開明ノ程度アリ。宜シク其得失利弊ヲ審按酌慮シテ以テ法憲典章ヲ立定スヘシ。(114)

万世一系の皇室というわが国の伝統を護持し、そのうえで国民の開化の程度に合わせた憲法を定立するべしと謳われる。この意見書を受け取った伊藤博文が述懐するように、「漸進主義ノ立憲政治論」である。(115)

「民主」と「漸進」。この二つのファクターを構成原理とする点で、木戸と大久保の憲法論に大きな違いは認められない。大久保も、まず憲法という国政の大枠を定め、それを通じて国民の政治的社会的活力の開拓と国家的統合を期する。そして彼もまた、この課題に漸進的な立憲国家化をもって応えんとするのである。

『権利のための闘争』

使節団がワシントンに到着し、条約改正交渉をスタートさせた一八七二年三月一一日、彼らが後に訪問することとなるオーストリアの都ウィーンでは、後世にまで語り伝えられる名高い講演がおこなわれた。当時のドイツを代表する偉大な法学者ルドルフ・フォン・

イェーリング（Rudolf von Jhering, 1818-92）による『権利のための闘争』と題する講演がそれである。[116]このなかでイェーリングは、個々人が自己の権利を主張して、その実現のために闘うことが、正義の理念たる法の生成・発展にとって不可欠のファクターであるということをほとばしる激情でもって論じている。

イェーリングによれば、自己の権利を守るための個人の闘争は、人間の崇高な義務とされる。この義務は自分自身に対する倫理的義務にとどまらない。それは同時に国家共同体に対する義務でもあるのだ、とイェーリングは述べる。個人が自己の権利のためにおこなう闘争は、その者が属する国家の憲法秩序を守るための闘いでもあり、ひいてはその国の国際法上の地位を高めることにもつながっていく気高い営みだとされる。人はみな、「社会の利益のために権利を主張すべき生まれながらの戦士」たるべきであり、そのような戦士としての気概を備えている国民からなる国家においては、国民の自由のための闘争を通じて憲法上の国民の権利が、そして外敵に対する闘争を通じて国際法上の国家の権利が、それぞれ十全なかたちで発揮されるという。イェーリングにとっては、抗争を通じての秩序形成こそが、西洋法文化の根幹をなすものなのである。

その一方で、この講演に込められているイェーリングの文明に対する警鐘のメッセージもあわせて指摘しておく必要があるだろう。時は西欧全域において資本主義が確立した時代であった。工業化への本格的な胎動がはじまり、ドイツにおいては泡沫会社濫立時代といわれ、株式会社がまさにバブルのように生みだされていた。営利のための闘争がはびこる世相に対して、旧ヨーロッパの伝統的な法意識の継承を唱え、倫理的な自律を伴った権利のための闘争を呼びかけるというのが、イェーリングの講演のもうひとつの趣旨であったのである。

使節団は、この意味で、はしなくも西欧文明史のひとつの断層の時代に彼の地に降り立ったといえよう。彼らは濫立する工場や華々しくくりひろげられる技術の精華を目の当りにしながら、そういった活動の駆動力となっている営利のための闘争に着眼し、国家の独立もそのような闘争の渦中で試されていることを洞察しえた。

だが、はたして彼らは、ヨーロッパにおける闘争の文明史的意義が、イェーリングが説くような倫理的な色彩をもった権利のための闘争にあることまで考え至ったであろうか。もっともそのような時代の転換期においてなされる文明論的総括は、イェーリングほどの選ばれた学究のみが、よくなしえることなのであろうが。

ともかく、一行は視察の過程で、闘争という自分たちとはまったく異質の文明の原理に開眼した。ここに、木戸や大久保といった使節団の国家指導者たちは、文明観のドラスチックな転回を遂げることになる。それに伴って、彼らの国家指導の方針にもいうならばパラダイム転換がもたらされた。それは一言でいえば、「万国公法から憲法へ」との定式にまとめられよう。

## 国民国家としての国内体制作りへ

山内進氏が的確に述べるように、「日本人が最初に出会い、その知識をうるために努力したヨーロッパ最初の法は国際法」[117]であった。そしてこの国際法、すなわち万国公法とは、いわば文明の代名詞として当時の日本で受け止められていた。この点は岩倉使節団においても例外ではない。否、その派遣の基本方針書である「事由書」に明示されていたように、彼らはまさに万国公法に対する純朴な信頼の念に支えられて、文明の地へと船出していったのだった。

だが、一年半に及ぶ欧米回覧のなかで、一行のこのような文明信仰は完膚なきまでに打ち砕かれることになる。彼らが垣間見たのは、文明のヴェールをまとって展開される国力の放恣な増強と競争という西洋政治の猛々しい現実だったのである。そこには、ビスマルクの演説に端的に示されていたように、一国の法や主権というものは、国家の富強という裏付けなくしては維持できないという冷徹な論理が貫かれていた。

この現実に直面して、使節団の指導者たちは視座の転換を余儀なくされる。すなわち、万国公法への無垢な信頼を捨て、国力の充実による国際競争力の増進を図るという方向への路線変更である。換言すれば、国際法という文明の徳に訴えるのではなく、覇道の論理たる力の追求ということである。

かくして、使節団という西洋体験を経た今、明治国家の目標は、過酷な国際環境のなかで生き残るための国家の基礎体力の充実に定められた。岩倉、木戸、大久保ら使節一行が挙《こぞ》って説く内治優先政策には、このような文明論的背景があったのである。

これに伴い、明治国家の拠って立つ法原理も、万国公法から憲法へと転位された。木戸と大久保の憲法意見書は、その政治的宣言文として読むことができよう。両者が掲げるのは、国民国家としての国内体制作りである。そのための法的フレームワークとして、今や憲法の制定が至上命題とされる。文明受容の指針は、万国公法から憲法へと変換されたのである。

註

（1） 岩倉使節団については、大久保利謙、田中彰、芳賀徹、西川長夫、泉三郎の諸氏を中心にして、幾多の貴重な研究・著作が公表されているが、なかでも、田中彰『岩倉使節団の歴史的研究』（岩波書店、二〇〇二年）は、長年使節団研究を推進してこられた同氏の研究の現時における到達点を示すものとして重要である。使節団関係の史料としては、大久保利謙編『岩倉使節の研究』（宗高書房、一九七六年）に基礎史料が集成されているほか、国立公文書館所蔵の膨大な『岩倉使節団文書』が田中彰氏の監修のもとマイクロ化され（ゆまに書房、一九九四年）、利用に供されている。近年の研究としては前記田中氏のもののほか、イアン・ニッシュ、泉三郎、芳賀徹の各氏が、それぞれの主宰された使節団に関する国際会議の成果を編集・出版されており注目に値する。イアン・ニッシュ編（麻田貞雄他訳）『欧米から見た岩倉使節団』（ミネルヴァ書房、二〇〇二年）、米欧回覧の会編『岩倉使節団の再発見』（思文閣出版、二〇〇三年）。芳賀徹編『岩倉使節団の比較文化史的研究』（思文閣出版、二〇〇三年）。
(2) 高橋秀直「廃藩政府論――クーデターから使節団へ」、『日本史研究』第三五六号、一九九二年。
(3) 大久保利謙編『岩倉使節の研究』（宗高書房、一九七六年）、一六一頁。
(4) 大久保・同右、一六一～一六二頁。
(5) 大久保・同右、一七九頁。
(6) 高橋・前掲論文、七六頁。
(7) 大久保・前掲書、一六〇頁。
(8) この点にかんする代表的な研究として例えば、浜下武志『朝貢システムと近代アジア』（岩波書店、一九九七年）を参照。江戸時代のいわゆる鎖国政策は、中国型華夷秩序のアンチテーゼとしての日本型華夷秩序構築の試みだった。これについては、ロナルド・トビ（速水融、永積洋子、川勝平太訳）『近世日本の国家形成と外交』（創文社、一九九〇年）。
(9) 大久保・前掲書、一六四頁。
(10) 参照、山内進「明治国家における「文明」と国際法」『一橋論叢』第一一五巻第一号（一九九六年）。
(11) ジェームズ・ロリマー『国際法綱要（James Lorimer, *The Institutes of the Law of Nations*）』（一八八三年）の有名な一節である。山内・前掲論文、二四頁も参照。
(12) ウィリアム・ホール『国際法（William Edward Hall, *A Treatise on International Law*』（一八八〇年）より。山内・前掲論文、二三頁。
(13) 泉三郎『堂々たる日本人――知られざる岩倉使節団　この国のかたちと針路を決めた男たち』（祥伝社、一九九六年）。

(14) 大久保・前掲書、一八七頁。
(15) 大久保・同右、一七四頁。
(16) 『保古飛呂比』第五巻、二四〇頁。
(17) 大山敷太郎編『若山儀一全集』下巻(東洋経済新報社、一九四〇年)、四九八頁。若山儀一(一八四〇～九一)は、明治前期の経済学者。使節団に随行し、そのまま欧米にとどまり経済学の研鑽に励んだ。
(18) 『久米回顧録』、一八六頁。
(19) 同右、一八一頁。
(20) 同右、一八五頁。
(21) 金井圓『トミーという名の日本人』(文一総合出版、一九七九年)、今井一良「金沢藩中学東校教師長野桂次郎伝――万延遣米使節トミー少年の生涯」『石川郷土史学会々誌』第一四号(一九八一年)所収、赤塚行雄『君はトミー・ポルカを聴いたか』(風媒社、一九九九年)を参照。
(22) 『保古飛呂比』第五巻、二四四頁。
(23) 同右。
(24) 明治四年一二月二〇日付杉孫七郎・柏村信・久保断三宛木戸書簡『木戸文書』第四巻、三二三頁。
(25) 『保古飛呂比』第五巻、二四三頁。
(26) 同右、二五一頁。
(27) 同右。
(28) 洋行時における岩倉のいでたちの変遷については、すでに田中彰『「脱亜」の明治維新――岩倉使節団を追う旅から』(日本放送出版協会、一九八四年)によっても考察されている。本書とあわせて参照を乞う。

(29)『保古飛呂比』第五巻、二八九頁。

(30) 因みに、日本本国においては使節一行がサンフランシスコを離れてワシントンに向かっていた矢先の明治五年一月二三日、礼服の制が改正され、礼服の洋装化がもたらされた。岩倉の脱和装は法令のうえからも要請されるところとなったのである。林董によれば、ワシントンでアメリカ大統領に面会したときはまだ使節一行は衣冠の礼服であったが、次の訪問国イギリスでは制度改正にあわせて洋服を着用するよう、林が先発してイギリスに入り礼服をあつらえたという。その時のデザインが、その後ほぼそのままのかたちで日本国の礼服に採用された、と林は伝えている。参照、林董『後は昔の記他——林董回顧録』(平凡社、一九七〇年)、一七一頁。

(31)『久米回顧録』、一八四〜一八五頁。

(32)『保古飛呂比』第五巻、二四五頁。

(33)『伊藤伝』上、五九一頁以下。

(34) 同右、六二四頁以下。

(35)『保古飛呂比』第五巻、二五三頁、二九〇〜二九一頁。伊藤の英語力については諸説あるが、使節団発遣前に彼らをイギリス公使館で饗応したあるイギリス人外交官は、それを流暢なものと本国に報告している。William G. Beasley, *Japan encounters the Barbarian*, Yale University Press, 1995, p. 161.

(36) 伊藤真一「父・博文を語る」、村松剛『日本文化を考える〈対談集〉』(日本教文社、一九七九年)、四一頁。

(37)『伊藤伝』上、七〇八〜七〇九頁。

(38) 前掲・伊藤真一「父・博文を語る」。

(39) 『保古飛呂比』第五巻、二九一頁。
(40) 下村富士男『明治初期条約改正史の研究』(吉川弘文館、一九六二年)、石井孝『明治初期の国際関係』(吉川弘文館、一九七七年)。
(41) 石井・前掲書、三八頁。
(42) 同右、五〇頁。
(43) 同右、五一頁。
(44) 『木戸日記』第二巻、一四八〜一四九頁(明治五年二月一八日の条)。
(45) 『木戸日記』第二巻、一七九〜一八〇頁(明治五年四月二〇日の条)。
(46) 森は使節一同との会議中、自らの意見が受け入れられないと、独り席を立って出て行った挙句に一行を残して勝手に旅行に出るなど、アメリカ通をいいことに、木戸ら使節に対しても非礼な行動を取りつづけていた。『木戸日記』第二巻、一五四〜一五五頁(明治五年二月三〇日、三月一日の条)。
(47) 『伊藤伝』上、七〇九〜七一〇頁。
(48) 前注『伊藤伝』の伊藤による証言によれば、ドイツで青木周蔵や品川弥二郎が木戸と伊藤の関係を心配して調停を申し出たが、伊藤が拒絶したと記されてある。
(49) 明治五年二月一一日付杉山孝敏宛木戸書簡、『木戸文書』第四巻、三四一頁。
(50) 明治五年三月一一日付井上馨宛木戸書簡、『木戸文書』第四巻、三四六頁。
(51) 明治五年七月一日付柏村信宛木戸書簡、『木戸文書』第四巻、三六六頁。
(52) 明治五年七月二日付杉孫七郎宛木戸書簡、『木戸文書』第四巻、三七四頁。
(53) 牧野伸顕『回顧録』上巻(中公文庫、一九七七年)、二五頁。
(54) 松原致遠編『大久保利通』(マツノ書店、二〇〇三年〔初出一九一二年〕)、一一九頁所載の久米邦武・談。
(55) 同右。
(56) 同右、一二〇頁。
(57) 同右。
(58) 同右、一二一頁。
(59) 同右、一二五〜一二六頁。
(60) 高橋・前掲論文、九一頁。
(61) 明治六年一月二七日付西徳二郎宛大久保書簡、『大久保文書』第四巻、四八四頁。
(62) 前掲・松原編『大久保利通』、一二三〜一二四頁。
(63) 『実記』第五巻、一四九頁。
(64) 参照、福沢諭吉『文明論之概略』(岩波文庫、一九六二年)、二一九頁以下。本文に引用した箇所はそれぞれ二五四頁、二五九頁。
(65) 『実記』第五巻、一六〇頁。
(66) 同右、一四九頁。
(67) 西川長夫「統合されたヨーロッパ」、西川長夫・松宮秀治編『『米欧回覧実記』を読む――1870年代の世界と日本』(法律文化社、一九九五年)、三四四頁。
(68) 『実記』第五巻、一六〇頁。
(69) 同右、一四六頁。
(70) 『実記』第三巻、一一六頁。
(71) 『実記』第五巻、二三二頁。

(72)『実記』第二巻、一九五頁。
(73)『実記』第一巻、二九七頁。
(74)同右。
(75)『実記』第三巻、一六七頁。
(76)『実記』第二巻、一一四頁。
(77)『実記』第五巻、二二一頁以下。
(78)『実記』第二巻、一一四頁。
(79)『実記』第三巻、二二一頁。
(80)『実記』第二巻、一一四頁。
(81)『実記』第三巻、七一頁。
(82)『実記』第二巻、三三一頁。
(83)福沢・前掲『文明論之概略』、三〇頁。
(84)『実記』第五巻、一五八頁。
(85)木戸の憲法調査に注目する研究として、シドニー・ブラウン(太田昭子訳)「岩倉使節団における木戸孝允の役割」、芳賀・前掲『岩倉使節団の比較文化史的研究』、一九五頁以下。
(86)『木戸日記』第二巻、一四二頁(明治五年一月二二日の条)。
(87)『木戸日記』第二巻、三五二頁(明治五年四月二三日の条)。
(88)明治五年一一月二七日付渡辺洪基宛木戸書簡、『木戸文書』第四巻、四二四頁。
(89)明治六年三月二〇日付三浦梧楼宛木戸書簡、『木戸文書』第五巻、一五頁。
(90)明治五年七月二日付山田顕義宛木戸書簡、『木戸文書』第四巻、三七一頁。

(91) 木戸ならびに次節で扱う大久保の憲法意見書については、鳥海靖『日本近代史講義』(東京大学出版会、一九八八年)、五〇頁以下でも比較検討がなされている。鳥海氏は、大久保意見書の木戸のものに対する「開明性」を指摘されている。
(92) 「憲法制定の建言書」、『木戸文書』第八巻、一二三頁。
(93) 同右、一一八頁。
(94) 同右、一一九頁。
(95) 同右、一二八頁。
(96) 『木戸日記』第二巻、四五三頁(明治六年一一月二〇日の条)。
(97) 前掲「憲法制定の建言書」、一二三頁。
(98) 同右、一二一～一二二頁。
(99) 同右、一二三～一二四頁。
(100) 同右、一二八頁。
(101) 『木戸日記』第二巻、四二〇頁(明治六年九月三日の条)。
(102) 明治六年一月二七日付西徳二郎宛大久保書簡、『大久保文書』第四巻、四八四頁。
(103) 同右。
(104) 明治六年三月二一日付西郷隆盛・吉井友実宛大久保書簡、『大久保文書』第四巻、四九二頁。
(105) 明治六年三月二七日付西徳二郎宛大久保書簡、『大久保文書』第四巻、五〇一頁。
(106) 『実記』第三巻、三三九頁。
(107) 同右。
(108) 同右、三三〇頁。

(109)『伊藤伝』上巻、七九八頁。
(110)「立憲政体に関する意見書」、『大久保文書』第五巻、一八四頁。
(111) 同右、一八八頁。
(112) 同右、一八六頁。
(113) 参照、鳥海・前掲書、五一頁。大久保の憲法意見書については、勝田政治『〈政事家〉大久保利通』(講談社、二〇〇三年)、一五四頁以下でも考察されている。また、佐々木克『大久保利通と明治維新』(吉川弘文館、一九九八年)、一六三頁の指摘も重要。
(114) 前掲「立憲政体に関する意見書」、一八八頁。
(115)『大久保文書』第五巻、二〇六頁。
(116) R. Jhering. *Der Kampf ums Recht*. 1872. イェーリング(村上淳一訳)『権利のための闘争』(岩波文庫、一九八二年)。この講演のなされた背景とその西洋法史上の位置付けにつき、村上淳一『「権利のための闘争」を読む』(岩波書店、一九八三年)を参照。
(117) 山内・前掲論文、一九頁。

# 第二章　伊藤博文の滞欧憲法調査——憲法から国制へ

## 1　伊藤の再渡欧——明治一四年の政変

### 政変、内乱、反政府運動

明治六（一八七三）年九月一三日、岩倉具視は二年近くに及ぶ欧米派遣の旅を終えて横浜に帰着した。岩倉使節団はその全行程を終了したのである。この稀有な国家的文明視察団が、明治の日本にもたらしたものは幾多のものが挙げられる。だが法史の観点からいうとき、それは前章で詳論したように、「万国公法から憲法へ」という国づくりの指針にかんするパラダイム転換を促すものだった。

とはいっても、使節団の帰国後ただちに憲法の作成に着手されたわけではない。木戸や大久保が欧米への旅を通じて学び取った憲法制定の方針、それは漸進主義というものであった。「誤訳を恐れず速訳せよ」（江藤新平《えとうしんぺい》）というスローガンに見られたような外国法典の直訳導入といった法典の起草方針は今や排斥され、国情に適った法のあり方が模索される。そして何よりも明治政府の首脳陣にとって懸案だったのが、立憲政治に見合えるだけ

憲法調査中の伊藤博文
（ベルリンにて）

の国力の充実ということであった。明治の指導者たちにとっての課題は、国民政治の確立にあった。それはつまり、国民の政治的社会的活力を結集し、国家の国際競争力を高めるということである。憲法は国民政治のシンボルとして観念されていたのであり、そのためにはまず立憲政治が可能となるような国内体制の整備が必要とされたのである。

じつのところ、当時の政治状況は、憲法の制定に本腰を入れて取り組むことを許すようなものではなかった。岩倉使節団派遣前に取り交わした約定書にもかかわらず、留守政府は内政外交上で急進的な施策をおこない、使節団の帰国時には征韓論争という国力を顧みない対外的膨張政策で彼らを迎えた。その果ては、西郷隆盛《さいごうたかもり》、板垣退助《いたがきたいすけ》、江藤新平といった諸参議の下野である。こういった政府部内の混乱は、維新政権の屋台骨の不安定さを藩閥指導者たちに痛感させるものだった。

混乱はやがて内乱を導出する。政府を追放された者たちを担いだ不平士族により、佐賀の乱をはじめとする武装蜂起が各地で起こされ、それは明治一〇（一八七七）年の西南戦争というクライマックスを迎えるまで頻発する。

政府を揺るがす政治的抵抗は、直接的な武闘路線のかたちをとって現出したばかりではない。いわゆる自由民権運動は、前記の士族反乱と重なり合う部分が多分にあるが、理論闘争という面に即してみると、それはまさに立憲主義を武器として政府を攻撃するものだった。明治七（一八七四）年一月に板垣らが提出した民選議院設立建白書が機縁となり、民選議会の開設は一大スローガンとなって当時の公論を席巻した。政府の首脳陣も、議会制度の導入には開かれた考え方をもっていたが、建白書が説くような全国議会の設置は時期尚早とみなしていた。明治八（一八七五）年四月に出された詔勅（漸次立憲政体樹立の詔勅）に表れているように、立憲の指針はあくまで漸次に立憲政体を樹立することに置かれていたのである。

使節団の帰国から明治一〇年代前半の時期は、このように政府内部の政変から内乱や反政府運動という内憂が生み落とされていった時代である。屈強な欧米諸国の姿を脳裏に焼きつけて帰国した岩倉一行にとって、最優先の政治課題は国内体制の安定にあった。自由民権派の国会開設運動や私擬憲法の作成に突き動かされて、思い出したように、憲法編纂に手が染められることはあっても、憲法制定は政府内部ではまだ二の次の課題にとどまっていたのである。(1)

### 大隈憲法意見書の衝撃

ところが、そのような政府の姿勢に見直しを迫る事態が明治一四（一八八一）年に生じた。世に名高い明治一四年の政変である。(2)この政変劇は、この年三月に大隈重信《おおくましげのぶ》が左大臣

大隈重信

有栖川宮熾仁親王《ありすがわのみやたるひとしんのう》に提出した憲法意見書に端を発した。自らが手引きして政府の内部に引き入れた福沢諭吉の門弟たちに諮って仕上げられたその意見書のなかで大隈は、明治一六（一八八三）年には議会を開くという急進的な国会開設論とその国会を中心とするイギリス流の議院内閣制を提唱して、他の政府指導者に衝撃を与えた。伊藤博文は、「立憲の政は政党の政なり」と断言する同意見書に対して、その感想を「実に意外の急進論」と記し、「とても魯鈍《ろどん》の博文輩驥尾《きび》に随従候事は出来」ないので、このような制憲方針が取られるならば、自分は「御放免を奉願候外幾回熟考仕候ても手段無御座候」と岩倉具視に宛てて書いている[3]。

折りしも、参議の黒田清隆《くろだきよたか》が、政府の出資で設けられた北海道の開拓使官有物を破格の条件で、旧知の五代友厚《ごだいともあつ》の経営する民間会社に払い下げようとしていた。あろうことか、この黒い話が政府の外に漏洩し、自由民権運動の火に油を注ぐという事態になってしまった。新聞、雑誌、演説会という当時のあらゆるメディアを通じて、払い下げ糾弾の反政府キャンペーンが過熱し、政府は窮地に立たされることになる。

そのようななか、先に急進的な憲法意見書を提出して政府内部を聳動《しょうどう》させていた大隈の地位は微妙なものとなる。福沢系の民権派を抱え、政党政治を唱える大隈が、在野の運動家とも結託して、政府転覆を企てているとの噂がまことしやかに政府指導者の間でささやかれる。いわゆる大隈陰謀説である。

こういった一連の動きを受けて、一〇月一一日、ついに政府は官有物の払い下げの中止を決定する。だがそれと同時に、そのおなじ日に大隈の政府からの追放も決定される。そして、大隈系の官僚たちも、続々と野に下っていくことになるのである。

政変は大隈一派の追放をもって幕を閉じたが、政局に与えた影響には甚大なものがあった。何よりも、たなざらしになっていた憲法制定の動きがここに来て仕切り直しのうえ、俄然加速したことが重要である。大隈を追い落とした翌日の一〇月一二日、国会開設の勅諭が下されている。内からの大隈意見書、外からの政府批判キャンペーンの挟撃にあうなかで発せられたこの天皇の名による声明文（「国会開設の勅諭」）において、藩閥政府は明治二三（一八九〇）年をもって国会を開設することを公に約束した。漸進主義の名のもとで国会とそれに先立つ憲法を時期尚早といって高を括ることはもはや許されず、両者の設置に明確なタイムリミットが画されたのである。

### 権力者伊藤の複雑な胸中

このようななか、伊藤を憲法調査のために欧州へ派遣しようとの議が起こり、そして実行に移される。この伊藤の渡欧については、前年来、彼が政府部内で「憲法起草担任者として推されていたことからいつて当然」[4]との理解が一般的である。たしかにこの時期、伊藤を中心として憲法を起草しようとの意思で政府は一致していた。しかし、「権力者」伊藤の胸中には複雑なものがあったと推測される。それは彼個人に、憲法制定の明確なヴィジョンが描ききれていなかったからである。

本来、伊藤は立憲指導者として自他ともに認める存在だったはずである。欧米視察から帰国後、伊藤は征韓論で紛転する時局を木戸とともに憂い、冷却していた木戸との関係を修復する。その際伊藤は、木戸よりその漸進主義の立憲構想を示されていた。[5]伊藤は大久保からも前章で紹介した憲法意見書を託されており、いわば両者の憲法構想を結節する地位にあったのである。

以後、伊藤は政府の国制改革の中心につねに位置することになる。岩倉使節団帰国直後の政体取調掛への任命、漸次立憲政体樹立の詔勅を導いた大阪会議のお膳立て、明治一四(一八八一)年初頭の熱海会議など、伊藤は立憲制度と国会開設へ向けた政府の方針を定める役割に一貫してあったのである。立憲化の実質的な指揮官は自分であるとの自負を彼が抱いていたとしても不思議ではない。

大隈との関係についていえば、元来両者は肝胆相照らした仲であった。明治初年、大隈の築地の私宅は「築地梁山泊」と呼ばれ、[6]数多くの政治的論客が集っていたが、伊藤はそのもっとも重要なメンバーであった。明治一四年一月から二月にかけて展開された前記の熱海会議でも、二人は井上馨《いのうえかおる》ともども、結託して薩派の黒田清隆を説得し、国会開設に弾みをつけようと画策した立憲派の盟友である。

ところが、あろうことか熱海でともに今後の立憲政策を確認し合ったはずの大隈が、独自の憲法構想を取りまとめ、有栖川宮を通じて天皇に「密奏」しようとしたというのである。既述のように、伊藤の衝撃は大きかった。それは何も大隈が伊藤を出し抜くというかたちで意見書を提出したからというだけではない。自らのブレインたちを結集して作り上げられた大隈の意見書は、そのスケールと精緻さという点で、漸進主義の名の下に安閑としていた伊藤の度肝を抜くものだったのである。

## 智謀・井上毅

井上毅

立憲構想という点で、伊藤は大隈の後塵を拝しているという現実に直面した。だが、大隈のみならず、他にも伊藤を脅かす影が政府のなかにあった。それは、大隈意見書に対抗して著された岩倉の憲法意見書の存在であり、その執筆者・井上毅の姿である。(7)

井上毅は明治政府の智謀として名高い人物である。明治憲法の真の起案者として、夙《つと》に専門家の間で評価が高い。井上は、大隈の意見書に逸早く接しえた岩倉から、六月にその内容を受け取り、調査を命じられている。その成果として起草されたのが、同月末に岩倉に提出された憲法綱領をはじめとする意見書（岩倉憲法意見書）である。(8) ここで井上は、大隈のイギリス流政党政治論の向こうを張り、プロイセンに範をとった超然的君主権を政治の中心とする立憲構想を提示している。そのなかには、欽定憲法体制、皇室典範・憲法典二分論（典憲体制）、前年度予算執行主義など後に明治憲法において採用されることになる根本原則がすでに表明されている。つまり、この時期、伊藤のあずかり知らぬところでは、大隈のみならず岩倉も自らのワーキング・グループを組織して、独自の立憲構想をまとめ上げていたのである。

したがって、政変の過程で政府の憲法起草の責任者として岩倉―井上に担ぎだされた伊藤であるが、それはまさに祭り上げられている、というに等しいものであった。木戸・大久保の衣鉢を継ぐ立憲指導者としての威光は薄れ、大隈一派と岩倉・井上の狭間でリーダーシップを取りあぐねているというのが伊藤の実状であった。親友の井上馨はこの頃、「近日伊藤モ大ニ痛心ノ極ニテ、神経症差起リ、毎夜不眠、酒一升モ呑ミテ、漸ク寝ニ就ク」(9) と伝えているが、それほどに当時伊藤は懊悩を深めていたのである。

### 唯一無二のチャンス

伊藤をヨーロッパに派遣し、憲法調査に当たらせるとの話が持ち上がったのは、そのようなときであった。

すでに日本で井上毅が綿密な調査を進めており、伊藤がわざわざ長期間ヨーロッパで憲法調査をおこなうことの意義は当初政府部内では疑問視する声が強かった。結局は岩倉や井上毅も伊藤の渡欧に賛同するが、それは伊藤の調査研究に期待したからではない。欧州に出立した伊藤に宛てて、井上毅はつぎのように書いている。

憲法は大抵其御地にて御起草有之候方漏洩を防ぐ為尤妙奉存候。就て小生嘗て試草仕候冊子御参考の為奉差出候。(10)

つまり、機密漏洩の心配がない海外において、これまで井上が研究した成果を参考にしながら伊藤が憲法の草案を仕上げてくることを井上は期待していたのである。プロイセンを参考にした詳細な立憲原則が確定された今、伊藤の調査にことさら期待する理由などなく、後はヨーロッパで静養しながらゆっくり憲法草案を練ってきてください、というところだったのであろう。井上にとって立憲作業はすでに最終段階に達しようとしていたのである。

だが、当の伊藤にとっては、この渡欧は立憲作業における自らの主導権を奪回するための唯一無二のチャンスと映っていたはずである。プロイセン流憲法の制定が固まった今、政府首脳部の誰よりも先に彼の地で憲法調査をおこない、自らの威信の回復を期すというのが、その胸の内であったと思われる。そうすることによって、岩倉―井上路線で固まった憲法制定の流れに待ったをかけ、仕切り直しを図ることを伊藤は期していたであろう。岩倉使節団から一〇年、伊藤はかくして、欧州再訪を決意した。

## 隠密行

明治一五（一八八二）年三月一四日、横浜港に伊藤の姿があった。遠くヨーロッパへの旅にふたたび出かけるためである。この日から翌年八月三日に帰国するまでの一年半近くの間、伊藤は日本を留守にし、文明の地で「憲法取調」に従事することになる。横浜港に停泊する船上で、彼は岩倉使節団のことを思い出していたかもしれない。しかし、一〇年以上の星霜を隔てて挙行される今回の派遣は、かつてとは大いに様相を異にしている。

何よりも、今回の伊藤の渡欧は、岩倉使節団とくらべてそのスケールにおいて大いに遜色があった。岩倉のときは団員四六名、随行していった者までふくめると総勢一〇〇名を越える大団体が組織された。これに対して、この憲法調査で伊藤に随行するよう政府に命じられた者は、山崎直胤《やまさきなおたね》（太政官大書記官）、伊東巳代治《いとうみよじ》（参事院議官補）、河島醇《かわしまあつし》（大蔵権大書記官）、吉田正春《よしだまさはる》（外務少書記官）、平田東助《ひらたとうすけ》（大蔵少書記官）、三好退蔵《みよしたいぞう》（大審院判事）、西園寺公望《さいおんじきんもち》（参事院議官補）、岩倉具定《いわくらともさだ》（同）、広橋賢光《ひろはしけんこう》（同）の九名にしか過ぎない。その他の同行者を合わせても一四名を数えるのみという小規模な一団である。伊藤という政府の最有力者をリーダーとする少数精鋭の調査団だったといえる。

そのような岩倉使節団とのコントラストは、出航の様子からもうかがえる。そこには一行の旅立ちを祝す礼砲も厳かな儀式もない。かつて岩倉一行の派遣のときには、三条実美《さんじようさねとみ》が「行けや海に火輪を転じ」との勇壮な送別の辞を送ったが、今回はそのような気負いも認められない。送別会の席上、伊藤は「予は此行を以て特に重且大なりと思惟せざるなり」と述べ、自分は天皇からの命をつねに重大なものと受け取ってきた、今回の任務も天皇の命だから自らの能力を顧みず勤め上げるのみである、勅命に軽重はない、と淡々と語っている(11)。この言葉の通りに、伊藤らは粛々と乗船したのであろう。盛大な国家的ページェントであった岩倉使節団に対して、それは何ともビジネスライクな調査団であり、それどころか隠密行をすら思わせるものであった。

## 井上の逆鱗に触れた福地

実際、それは隠密行といってよいものだった。伊藤派遣の詳細が漏れることを、関係者は懸命に秘匿していたのである。だが欧行の噂は特に青年官僚を中心に広まり、そして彼らを浮き足立たせた。有為な彼らにとって、伊藤をヘッドとする調査団に参加して洋行することは、単に国際的見聞を深めるのみならず、帰国後伊藤を核に進められるであろう国家改革の中心スタッフに抜擢されるということを意味したであろう。後に山県有朋に仕え、地方自治制度の形成に多大の貢献をした大森鍾一《おおもりしょういち》は、この頃随員に選ばれた伊東巳代治とおなじく参事院に出仕し、やはり随行を希望していた。しかしある日、井上毅に呼ばれ、「残りて山県公に属するの必要なるを以て、今度の渡欧に洩るゝの已むを得ざるを諭さ」れたという。(12)

このような政府部内での随員ポストをめぐる熱い空気は、当然秘密裏に事を運ぼうとする首脳陣との間に摩擦を来たす。その殺気立った舞台裏を伝えるのが、出発の前月二月に発せられた井上馨宛の福地《ふくち》源一郎《げんいちろう》書簡である。福地はかねてから伊藤への随行を井上に懇願していたが、それが世間に漏洩し、井上の逆鱗に触れたのである。

> 尊翰拝読。驚愕之至ニ奉存候。内々御随行奉願候事、他ニ関係も候へハ固より口外仕候義無御座候。既ニ敝社〔当時福地は政府系新聞『東京日日』の社長だった〕にても存候ものハ僅ニ腹心之物三名のミ。此輩ハ決て相洩し候輩ニ無之。然るに世間ニ流布仕候ハ全く他の新聞社にて臆想之説を下候故ニ有之。既ニ昨日より敝社へ問合ニ参もの新聞社にて七八名も有之。何れも野生随行ハ無根なりと申答深く機密ニ仕置候程ニ御座候。(13)

右の書簡で福地は、自分の随行願いが漏れたのは、決して自分たちに起因するのではなく、他の新聞社が憶測を逞しくして広げたものであり、この件について昨日もわが社に何人か問い合わせてくる者があったが、事実無根と答えておいた、と苦しく言い訳している。当然、井上の怒りは収まらなかった。福地随行の噂も立ち消えにならず、むしろ「諸新聞紙社ノ知ル所トナリ」、「続々使ヲ寄セ或ハ自ラ来リテ源〔源一郎〕ニ質ス」という状況となり、井上はさらに憤激の度を加える。直にお会いして直接事情を説明したいとの懇願を拒絶された福地は、井上の尋常ならざる勘気に慌てて第二便を認め、「閣下ノ知遇ヲ失フハ、啻ニ今回随行ノ志ヲ空クスルノ一事ノミニ無御座、将来源カ前途ニ於テ栄枯得喪ニ関繋スル所頗ル重大ナルヲ以テ呶々《どうどう》情ヲ陳シテ止ムコト能ハス」[14]とひたすらに哀訴している。

伊藤の渡欧については、岩倉はじめ政府顕官の間でもそれを疑問視する声が当初強かった。それを封じ込め、今回の洋行の実現へともっていったのが井上であった。彼は派遣に異を唱える者を一人一人訪問し、伊藤憲法調査への根回しを慎重に進めていた。そのような井上であるから、福地随行の話が漏出したことにとりわけ過敏に反応せざるを得なかったのであろうが、いずれにせよ派遣を前にした政府内部の緊張が伝わってくる一幕である。

## 量りかねる真意

このような厳しい箝口令のもと、伊藤の渡欧はまさに隠密行の装いを呈していた。断片的な情報のみが伝わるなか、民間はそれを怪訝の念をもって迎えた。何よりも、伊藤ほどの大物政治家が一年以上も日本を留守にするにもかかわらず、その目的が定かとはされなかったのである。

当時の代表的な政府系の新聞『東京日日』は、二月二八日号で伊藤の欧州行きを報じている。そのなかでは、「来る廿三年を期して開かせらる丶国会準備の為め欧羅巴の国々を周遊ありて、上下議院の模様どもを親しく御覧ぜられんが為なり」と来るべき国会制度の調査のための派遣だと報じている。だが、他の諸紙は、そのようには受け取っていなかった。

『東京横浜毎日新聞』は、おなじ二月二八日号で、伊藤の派遣につき、「尤も御用の程は判然せず。或は外債募集の件にはあらざるやとの風説あれど真偽は保し難し」と記し、翌三月一日号には、「外に外交に関せる重要の御用をも兼ねらる丶由」としたうえで、「或る新聞に来る廿三年を期して開かせらる丶国会準備の為め欧羅巴の国々を周遊せらる丶には非ざるやと記せしが、我々の考ふるに此度の行は至急の御用にて急速の出立を命ぜられし趣なれば、八年の後に開かるべき国会準備の為めには余り取急かる丶様に覚ゆ」と記載し、国会準備=憲法調査のための渡欧説に疑問符を呈している。

憲法調査のためのヨーロッパ行きを疑う点では、『朝野新聞』も同様である。同紙は三月八日号に「伊藤参議ノ海外行ヲ論ズ」との論説を掲げ、伊藤の派欧は「欧州立憲政体ノ実際ヲ観察セラルル、ガ為メ」との説を「甚ダ奇怪ナル推論ナリ」と評し、「今日マデ十五年ノ長キ星霜ノ間ニハ十二分ニ欧州立憲国ノ実際ヲ観察セラレタルナルベシ。何ンゾ其ノ已ニ詳悉《しょうしつ》セルモノニ何ツテ更ニ詳悉セントスルガ如キ徒労ヲ取ルコト有ランヤ」と述べた末、「伊藤参議ノ此行ヤ他ニ緊要ノ事件有ルナラン」との判断を下している。

このように、世間の人びとは、伊藤の派遣の真義を量りかねていた。『郵便報知新聞』の社説が説くように（三月九日）、今は「我国ノ政治ニ一大変革ヲ施シ、現今ノ政体ヨリ移リテ立憲ニ赴クノ時期ニシテ政治家ニ在リテハ最モ必要ノ機会」である。内外に問題が山積しているわが国の現状を鑑みれば、「重臣ノ今日ニ於ケル容易ニ外ニ出ルノ時ニアラサルナリ」。はたして、伊藤は「此必要ナル機会ヲ棄ルニ優レルノ利益ヲ其外遊ニ見出シタ」というのであろうか。つまり、なぜこの時期に伊藤ほどの人物が、たかが「国会開設の準備」や「立憲政体の観察」のため、すなわち「憲法調査」を掲げて、長期間ヨーロッパに行かねばならないのか理解に苦しむという空気がむしろ一般的であり、そこには必ずや別の重要な目的があるに違いないと憶測されていたのである。そもそも憲法の法文的研究などは、本来法制官僚に任せておけばよい事柄で、伊藤自らが乗りだしてくるまでもないと思われていたのであろう。

以上のように、今回の伊藤の派遣は、徹頭徹尾機密のヴェールに覆われて遂行された。派遣の目的や人選について水も漏らさぬような情報統制が布かれ、政府の内外は伊藤という政治家の渡欧を疑問視する声で満ち満ちていたのである。当の伊藤自身も、送別会でのスピーチにみられるように、渡欧の積極的意義を揚言することを慎重に避けていた。何とも座りの悪い出発前の光景である。

### 小野との因縁

そのようななか、三月一四日、伊藤はイギリス郵船ゲーリック号に乗って横浜を出港した。再言するが、岩倉使節団のような派手なイヴェント性は微塵もない。だが、伊藤自身の胸中には、この渡欧に賭ける並々ならぬ決意が秘められていたに違いない。前述のように、この旅は伊藤にとって、大隈一派と岩倉・井上毅によって奪われた立憲指導者としての威信とリーダーシップを奪還するための秘策を求めての旅だったと考えられるからである。周囲の醒めた空気とは裏腹に、伊藤の心中は強い意志と緊張がみなぎっていたであろう。岩倉使節団の出発が、壮麗な国家的ページェントを思わせるものだったとしたならば、この伊藤の再渡欧は、濃密な心理劇として描かれるべきものなのである。

実際、歴史はそのような方面からのささやかな、しかし劇的な演出を用意していた。この日、伊藤とおなじ船で渡航する友人の見送りのために、明治一四年の政変によって大隈重信とともに政府を追われていた小野梓《おのあずさ》が、船上に居合わせていたのである。小野は井上毅と並び称される当代の学識者であり、大隈のブレインとして、その立憲制構想を練り上げた人物である。政府を追放されていた彼はこの時、政党（立憲改進党）と大学（東京専門学校、現早稲田大学）の設立に尽力し、大隈流立憲体制を実現する人材養成システムの構築に余念がなかった。(15)

その意味で、小野は伊藤をヨーロッパに駆り立たせる遠因となったその人だったのである。その小野がおなじ甲板の上にいる。伊藤は因縁めいた感慨に襲われなかっただろうか。小野の姿を認めたとき、伊藤は彼に近づき丁重に礼をし、握手を求めて辞去したという。(16)

## 2　ベルリンの憂鬱——議会制度への暗雲

### 「憲法は精神である」

五月五日、一行はナポリに到着した。伊藤にとって九年ぶりの欧州の地である。しかし今回の渡欧は文明の周覧が目的ではない。旅の主たる目的地はドイツに絞られていた。政府内部におけるドイツの模範国化に呼応して、伊藤は「わき目もふらず」（吉野作造）、まずはドイツ帝国の首都ベルリンをめざしたのである。

ところが、ドイツに焦点を定めてやって来はしたものの、調査は難航した。ドイツ駐在の公使青木周蔵の斡旋により、伊藤は木戸もその謦咳《けいがい》に接したベルリン大学の憲法学者グナイストに面会し、その講説を聴く段取りとなっていた。だがグナイストは、伊藤に会って開口一番、つぎのように言い放ったという。

それは遠方から独逸を目標にお出でくださつたのは感謝の至りだが、憲法は法文ではない。精神である、国家の能力である。余は独逸人であり、且欧州人である。欧州各国の事は一通り知つて居る。独逸の事は最も能く知つて居る。が遺憾ながら日本国の事は知つて居ない。それも研究したら解るだらうが、先づ余から日本の事をお尋ね致さう、日本国の今日迄の君民の実体且は風俗人情、其他過去の歴史を明瞭に説明して貰いたい。それに就て考へて、御参考になる事は申述べても宜い。それを申上げるけれども、確か夫が貴君の御参考になるか如何か、憲法編纂の根拠になるか如何かは余に於て自信はない。(17)

ここでグナイストが表明しているのは、歴史法学という立場である。これは近代ドイツを代表する偉大な法学者フリードリヒ・カール・フォン・サヴィニー（Friedrich Carl von Savigny, 1779-1861）によって樹立された法律学の一派であるが、それによれば、法は恣意的な国家の立法によってではなく、言語や習俗と同様に国民精神の力で自生的に作られるとされる。国家の立法は、そのようにして生成した法をいわば後から追認するかたちで遂行されるべきものなのである。

このような主張を掲げたサヴィニーは、ドイツ一円に妥当する統一民法典を早急に制定すべしとのハイデルベルク大学教授アントン・ティボー(Anton Friedrich Justus Thibaut, 1772-1840)の議論に異を唱え、一八一四年、二人の間にドイツ近代法史上著名な「法典論争」が交わされる。サヴィニーによれば、ドイツの現下の国民精神はまだ統一的法典をもたらすほどに成熟してはいない。そのような現状を無視して性急に法典を制定しても、それは決して国民に受け入れられるものとはなり得ない。まずは法の分野において国民精神を代表し善導すべき法学者の間で、共通の法学識と法体系が創出され共有されなければならない。ドイツ国民のための統一的法典は、そのような統一された法学を基盤として編纂されるべきなのである。

ルドルフ・フォン・グナイスト

このように説いたサヴィニーは、以後実際に法学の体系的統一化に邁進し、ドイツ法学の金字塔『現代ローマ法体系』を著したほか、ベルリン大学を拠点として自らの学派の形成に努める。このサヴィニーの歴史法学派はやがてドイツ中の大学を席捲することになるのみならず、イギリスをふくむヨーロッパの諸国、さらには大西洋を越えてアメ

リカにまで影響を及ぼしていくことになるのである。(18)

伊藤が会ったグナイストも、まさにこの歴史法学の思想圏内に位置していた学者であった。それどころか、彼はベルリン大学のサヴィニーの講座(ローマ法学)を継承した人物だったのである。「憲法は法文ではない。精神である」と説く彼の言葉は、サヴィニーの歴史法学を教え諭すものに他ならないことは明らかである。

「銅器に鍍金」

だが、伊藤らを打ちのめしたのは、何よりもつぎのようなグナイストの言葉であった。曰く。

茲《ここ》に一つのお話がある、四五年前に露土戦争が終つて伯林《ベルリン》会議が開催せられ、巴爾幹《バルカン》諸国が、独立若《も》しくは自由政治を行ふことが出来るやうになつたときに、勃牙利《ブルガリア》が憲法を制定したいと云つて、独逸に依頼して来たことがある。其時独逸の学者達は、誰も進んで勃牙利の憲法に補助を与へる自信がなかつた。何故かと云へば、勃牙利は貴国より近い所であるから、歴史の一斑は承知して居るけれども、諸種の民族が混合して今日の勃牙利を形成して居るので、それに就て詳しく誰も取調をして居ない。それが為めに皆が躊躇したのである。所で余の友人の或る法学者が進んで行かうと云ひ、期限六箇月で以て作つて見せると云つたので、皆が笑つたが、果して六箇月にして勃牙利の憲法を作成した。彼は還つてから、また皆に向つて銅器に鍍金《めつき》をしたのだから、大した手間はかゝらないと云つたので皆も哄笑した。(19)

どうやらグナイストは、日本が憲法を作るなどまだ一〇〇年早い、「銅器に鍍金」をするようなものだとみなしていたらしい。グナイストの冷笑まじりの言葉を聞いて、一行は唖然とし、そして憤慨した。伊藤は見事に出端をくじかれ、調査は早くも前途の多難さを予測させるものとなってしまった。

### 予算審議権を付与すべからず

実際、その後もベルリンにおいて、伊藤は調査にかんばしい成果を挙げられず、苦悩を深めることになる。とりあえずグナイストについてその講話を聴くことになったが、その説くところは決して満足できるものではなかった。グナイストの授業を受けてまもなく、伊藤はつぎのように日本の松方正義に書き送っている。

三四日前有名なる学者グナイストなる先生に面晤、其説の端倪を聞得候処、日本の現況を以て見候へば頗《すこぶ》る専制論にて、縦令《たとえ》国会を設立するも兵権、会計権等に喙《くちばし》を容させる様にては、忽ち禍乱の媒囮たるに不過、最初は甚微弱の者を作るを上策とす云々に御座候。必然一面談位にては、勿論不得了其蘊奥事にて、近日より数々面会我国情をも充分に知らしめ、尚其意見を承候積に御座候。(20)

この文面によれば、グナイストは日本が国会を作ったとしても、少なくとも当初は軍備や予算のことには介入させない「甚微弱の者」を設けるのがよいと助言した。伊藤はこれを「頗る専制論」と受け取った。そして一度面談したくらいでは、その真意は量りかねる、あちらも日本の国情を熟知していないのであろうからこれから数回を重ねてその点を説明し、より詳細に意見をうかがうつもりだと記している。

国家予算の議定権は、本来西欧議会制度の重要な権限であるはずである。当時の日本でもその点は充分に了解されていた。ところが、あろうことかドイツ憲法学の権威グナイストは、そのような議会の本質的な職務を剝奪せよと勧告したのである。先に引用した談話とあいまって、伊藤はグナイストが西欧型議会制度への日本の適応性を疑問視しているとの不快感を深めたであろう。だが、とりあえずグナイストに頼るほかない伊藤は、日本の民度や文明状態をわかってもらえたら、彼の考え方も変わるだろうと期待するしかなかった。

しかし、この点について、グナイストの説くところは一貫していた。九月六日、伊藤は松方にあらためてグナイストの教説を伝えている。そのなかで伊藤は、「グナイストの論にては、憲法に会計の事を掲ぐるは、予算書を国会集会の目前に読む事を得、国会は之を論ずる事を得ると云に止むべしとの事なり」と国会に予算審議権を付与すべからずとのグナイストの変わらぬ教示が記され、さらにつぎのように敷衍されている。

決して国会の承諾を得るに非ざれば、政府歳入を徴する不能とか、国費供給する不能とか、国会に会計全権を挙て委するが如き失策に陥る時は、政府は手を束ねて彼等の指揮に従はざる事を不得、是れ国政萎靡《いび》して不振の基を開き、彼等飽く事なきの求め、終に国君を廃し、協和政治を創立せんと云ふに至る、各国同一般なりとの説なり。(21)

国会に国家財政に与る権限を認めれば、政府の歳入歳出がままならなくなり、国政は停滞し、果ては君主政の廃位と共和政治への移行を招くことになってしまうだろうと述べられている。そしてそれは万国を貫く政治の法則として説明されているのである。

このような見解はグナイストに限られたものではなかった。伊藤は八月二八日、ドイツ皇帝ヴィルヘルム一世（Wilhelm I, 1797–1888）から陪食を給わった際にも、「日本天子の為めに、国会の開かるゝを賀せず」と「意外の言」を聞いている。伊藤によれば、皇帝はさらに語を継いでつぎのように諭したという。

竟に日本の形勢不得止して国会を開くに至らば、能く注意し、国法を定め、而して縦令如何様の事あるも国費を徴収するに、国会の許諾を不得は不出来様の下策に出る勿れ、若し其権を国会に譲れば、内乱の基と知るべし。(22)

グナイストとまったく同様に、ここでも議会への予算審議権の付与の不可なることが力説され、それは内乱のもととなるだろうとまで警告されている。また、この際、皇帝は伊藤に対して「懇々切々今日欧州流行の非なる」ことをも説諭したという。こうしてみると、どうやらグナイストやドイツ皇帝の議会の予算審議権についての見解は、日本の立憲政治に対する懐疑心に根ざした投げやりな放言ではなく、もっと決然とした信念にもとづくものだったように思われる。そこで、当時のドイツの憲法政治の実情を垣間見ておこう。(23)

### 議会政治の現実

ドイツ側のこのような忠言の背景にあったのは、当時ドイツの指導者たちが直面していた立憲政治の困難さであった。鉄血宰相として有名なビスマルクは、一八六二年に議会の決議なしで軍備費の拡大を断行し、以後五年間、プロイセン議会に予算を諮ることなく国家運営をおこなうという「プロイセン憲法紛争」を指導したことで知られる。

しかし一八七一年に統一なったドイツ帝国とそれに伴って発効された帝国憲法下での帝国議会制度のもとでは、かつてのビスマルクの対議会政策の豪腕ぶりも鳴りを潜め、この頃帝国政府は議会内の政党勢力の台頭に苦慮する事態となっていた。伊藤のベルリン滞在時も、ビスマルクの煙草専売化法案が議会で審議されていたが、それは「甚不評判」、「中々折合不申事」という状態で、ビスマルクは「不快にて、在所に引籠」っていると伊藤は報じている。[24]

そもそも、ビスマルクはやみくもに議会を敵視する考えの持ち主だったわけではない。ビスマルクにとって本来好ましかったのは、議会が国民の諸利害を代弁する機関として、政府と民意とのパイプ役となることであった。政治の本質を妥協と懐柔に求めていたビスマルクは、政党が単に党派的利益の実現のみならず、政府との提携と対話を通じてともに国益を担っていくパートナーたることを理想としていた。

一八七一年制定のドイツ帝国憲法（いわゆるビスマルク憲法）において、成年男子の普通直接選挙が導入されたのはそのような理由による。国民の幅広い層を有権者とすることによってビスマルクは、帝国議会とそこで活動する政党が、ドイツ帝国の連邦制的構造を特徴づけている支邦分立の傾向を克服する国民統合の担い手と化することを期待していたのである。

だが、一八七三年に始まった経済不況もあずかって、普通選挙制度は国民政治の実現ではなく、階級利害や政治イデオロギー対立の激化を招き、議会内でのコンセンサス形成はきわめて困難なものとなる。帝国議会を支配していたのは、特殊利害を組織化した諸政党間のつばぜり合いと、それらの反政府勢力化だったのである。

そのような議会の状況を前にして、ビスマルクの諸々の国内政策も頓挫を来す。この頃の彼の内政的関心は、帝国権力の諸邦国からの自立化であり、そのために帝国の財政基盤の拡充が企図されていた。この目的でビスマルクは各種の関税の導入や専売化法案を提起する。先の煙草専売化もその一環である。しかし、これらはことごとく議会によって否決されてしまう。議会対策に苦慮していたビスマルクは、この時期くりかえし政党の「党派病」を難じ、自分の党は「国王と自分だけ」だと述べている。

このように、当時のドイツは、議会の懐柔を基調とする妥協路線の破綻という憂き目に直面していた。そのような議会政治の現実が、先のようなドイツ帝国やグナイストの伊藤に対する助言となって現れたという側面もあったわけである。ドイツ側にしてみれば、自分たちですらこれほどに難渋している議会制度が、日本人に使いこなせるわけがないという気持ちも当然強かったであろう。

### 「一法師」モッセの講義

これから議会制度を開こうとする日本側と本格的な議会政治を始動させた後の混迷のな

かにあったドイツ側とでは、立憲政治への思い入れという点では、意気込みと幻滅という大きな落差があった。そのようななかで、伊藤はとりあえずグナイストから教えを受けることになる。だが、その内容はやはり伊藤を満足させるものではなかったらしい。何よりも痛手だったのは、決して親身とはいえない彼の姿勢であった。

　伊藤の求めに応じて、グナイストは週三回程度の「談話」には応じていた模様であるが、実質的な講義は後に日本政府の法律顧問として来日することになる弟子のアルベルト・モッセ（Albert Mosse, 1846–1925）に委ねていた。この時のモッセの講義は、『莫設《モッセ》氏講義筆記』として残されているが[25]、それは伊藤にとってひどく難儀なものであったようだ。「憲法ヤ行政ノ取調ニハ、テクニツカルノ言語多ク、小生も英語ニ引合《ママ》を其意味ヲ解釈スル事ヲ得ル位ニテ頗難渋ヲ覚へ申候」とこの頃伊藤は井上馨に書き送っている[26]。

アルベルト・モッセ

　いくら開化主義者を任じていたとはいえ、伊藤はドイツ語を解することができなかったし、ドイツの法政理論についてはまったくの門外漢だった。のみならず、モッセの講義は、逐条的にドイツの憲法上の諸制度を講述するというもので、その実直なドイツ公法学の釈義的講義は伊藤の意に沿うものではなかった[27]（伊藤はモッセのことを「一法師」と呼んで軽視している）。そのことは、「決シテ箇条ニ付其文意ヲ解スル位ニテハ、其精神モ実際モ呑込ム事ハ出来不申。学問上ノ分析ニテ其事柄ニ付論窮不仕テハ只皮相ノ事ノミニ御座候。成丈其骨子ノ在ル所ヲ探求シ、幾分カ其功能ヲ得度ものと執心罷在候(28)」と伊藤自身が記していることから明らかである。総じて、ベルリンでの伊藤は、調査に満足すべき成果を見出せないまま、無為に時を送っていたという体だったのである。

### 三好の諫書

伊藤の苦悩は、自分自身の学習の不調のみに起因するのではなかった。加えてこの時期、彼は他のメンバーの調査に関してもその統御をなしえず、一行は調査団としてのまとまりを欠く有様だったのである。

団員の一人木場《きば》貞長《さだなが》はベルリン滞在時を回想して、「一行の調査研究といっても、別にこれといって公の指揮命令を仰いで活動したわけではなく、公が講義を聴かれた以外は、みな旅館で彼地の新聞や書籍を読み、あるいは各地に盛んに見学見物に出かけることに多忙であったようである。したがって学問上の議論などあることも少く、時折、伊東巳代治だけが、公のお相手でしつこく議論しているのが目についた程度で、一行の生活はのんびりしていた(29)」と述べているが、実際には一行の生活は決してのんびりしていたわけではなかった。遅々としてはかどらない調査に対して、調査団内部からも批判の声が挙がっていた。ベルリン滞在時に、随員の三好退蔵が伊藤に当てて認めた書状が残っているが(30)、それは伊藤に対する諫書となっている。

三好はまず、「今閣下君命を帯て欧州に来り先つ独乙《ドイツ》の国法を採らんか為めに自ら識者に就て之を問ひ、又随行各員をして課を分ち業を定め各其取調に従事せしむ。区処既に成り方向既に定まる」と記す。一行が分担のうえ、ドイツの憲法体制を体系的に調査することを旨としていたことがわかる。

けれども実際には、先の木場の回顧にも明らかなように、憲法の講義を聴講するのは伊藤一人で、他の随員は勝手のわからぬまま蚊帳《かや》の外に放置されていたのであった。「随行中独乙の言語文字を知るものは僅に二人耳《のみ》」という状態では、漫然と時を過ごすしか仕方がなかったであろう。

だが伊藤以外のメンバーにも、日本帝国の憲法を作成するための栄えある調査団に抜擢されたという自負の念があった。「随行各員は閣下の股肱耳目にして、閣下と同行一体の人なりと云はさる可らす。故に各員も亦各其意を体し閣下に従ひ憲法の全体を取調るを以て其目的と為し、帰朝の後は吾国の憲法取調委員となり其技倆を尽すを以て自ら任せしもの、如し」、と三好は気負いをもって述べている。三好は、伊藤を批判して、他の団員たちを遠ざけて自分だけが憲法の講義を聴講するなどしては、各員の調査内容はてんでバラバラのものとなり、彼らの気概もやがて萎え、はては伊藤に対する不平の声が上がって、その名誉に傷がつく事態となるであろう、とまで言い切っている。

さらに三好には、なぜ伊藤がドイツでの調査に固執するのかということ自体がわかっていなかった。「退蔵窃に之を人情に考へ之を実際に徴し其利害得失を熟察するに、随行各員を悉く独乙に集め各部の取調を為さしむるは蓋し得策に非らさるなり」と直言した彼は、英仏独墺の四国に随員を分かち、各国の比較をおこなうべきと提唱する。それというのも、「今閣下の此行は如何なる君命に因り又如何なる廟議に出てたるものなりや之を審にするを得すと雖とも、曾て閣下の明言せし所に拠れは閣下は則欧州各国の憲法を取調へ奏上すへしとの命を受けられたるもの」と聞いているからだ、と。

妥当な提案ではあるが、裏を返せば、そのような基本的な調査方針についてすら、当時一行の間では了解がとれていなかったのである。もっとも、伊藤にしてみれば、引き連れてきた随員たちはいってみれば事務要員に過ぎず、調査の実質的な部分はすべて自分が単独でおこなうという魂胆だったのであろう。立憲指導者としての地位の確立を願う伊藤にとって、今回の調査旅行は団員たちにすらその主眼を明かしてはならない、徹底して機密のヴェールに覆われたものでなければならなかった。

以上見てきたように、ベルリンでの伊藤は二重の意味で苦悩を味わっていた。自身の調査が満足に進行していないことに加えて、一行の内部で自分に対する不協和音が高まっていることをも彼は意識せざるを得なかったのである。実際、先に引用した松方宛書簡のなかには、随行の連中が多人数で統制が利かないうえ、みな「頭きどり」で「実地の仕事」

よりも大言壮語の議論にうつつを抜かすという「我国人の通患」を免れていないと歎息を洩らしている(31)。挙句に伊藤は滞在の延期を申し出るのだが、その背後には、このままでは、憲法調査は完全な失敗に帰するかもしれないとの彼の危機感があったであろう。

ところが、八月の初めにウィーンを訪問してから、彼の調子に変化が見られる。つぎにこの伊藤の変容ぶりに筆を移すことにする。

## 3　起死回生のウィーン——国制への開眼

### 憲法は花、行政法は根

伊藤のベルリンでの調査は、総じてうだつのあがらないものであったが、取り調べにまったく見通しがつかめなかったわけではない。伊藤のなかには、憲法調査についてのある確信が芽生えていた。それは、憲法それのみを研究することの有効性についてのものである。

この点については、ベルリン到着後、伊藤は駐独公使青木周蔵より大略つぎのような忠告を受けていた。すなわち、青木によれば、憲法調査はそれほど困難なことではない、各国の憲法の正文を基礎として大綱を把握し、それらの歴史的な沿革を探査すれば充分だからである。しかし、もっと重要なのは行政法である。というのも、それは憲法の基礎をなすもので、憲法を花と喩えれば、行政法は根であり幹にあたるが、その領域は広範で調査は容易ではない。だが、いずれの国にあっても、憲法制定に先立ち、完全な行政法を制定するように努めるのが常なのであるから、今回の調査も憲法のみならず行政法の研究が不可欠である。[32]

かく述べて青木は、伊藤が憲法の調査を担当し、一行の各々に行政法各分野の取り調べを分担させることを提案した。しかしこの方針は実を結ぶことなく終わる。前述のように、「頭きどり」の随員たちは、憲法より一段劣る行政法の細かい調査を潔しとしなかったのである。青木自身も書いているように、結局ここでの「調査研究は、後日に至り一も見るべき成績なかりき」という始末だった。[33]

### 憲法と行政をつなぎ合わせる

だが、ここで伊藤が憲法を補完する行政法という視座を得たことは重要である。たしかに西洋諸国の憲法を眺めてみても、それらの規定は多くてもせいぜい一〇〇条程度のもので、しかもその内容も多分に理念的宣言的なものが多い。それらを基軸として国政が営まれるべきだとしても、それによって国家経営の具体的指針がすべて尽くされているとは考え難い。憲法という理念を現実のものとするには、別に様々の制度的備えが必要なのではないか。

伊藤は炯眼にもこの点に気がついていた。憲法調査のためには、「政治上百般の事に渉らざるを得ず」。そのように記したうえで伊藤は、この仕事は随分煩雑なものであるので、滞欧期間の延期を願いたいと日本に宛てて書き送っている。[34] また、ウィーンに発つ前にベルリンで草されたとおぼしき書類では、「憲法の正案を翻訳するは佐迄難事に之無候へども、アドミニストレーションと共に之を見るに非れば其国の組織を知るに由な」しと明記されている。[35] 伊藤の脳裏には憲法とならんで、「アドミニストレーション」＝行政の問題が浮かび上がっていたのである。

したがって、伊藤の関心は、この憲法と行政の両者をつなぎ合わせ、統一的な国家像を獲得することに向けられたといえよう。青木や三好が説くように、団員たちを割り振って分断的に行政法規や憲法規定を取り調べることは伊藤の良しとするところではなかった。そうではなく、それら行政と憲法を包摂する全体的な国制の見取り図を自分のなかに描き切ること、それができた暁にはじめて、独自の立憲思想が勝ち取られ、憲法制定作業のなかでの主導権を回復することができるだろう。

そのような国制論の修得こそ伊藤の求めて止まないものだった。そしてそれへの解答は、ウィーンにおいてもたらされることになるのである。

## 「石先生」との出会い

八月に入り、ベルリンでのグナイスト、モッセの授業は夏季休暇となった。「即今は伯林《ベルリン》も避暑の時節にて、何人も旅行不在中に御座候故、何の取調も出来不申、旁維納《ウィーン》に暫時滞遊、彼地の有名なるスタイン師なる学者に面会の約束に御座候」と伊藤は日本に書き送っている。(36) ベルリンでの無聊を慰めるためにとりあえずウィーンにまで足を延ばしてみようかとの文面にも読めるが、伊藤の足取りには確然としたものがあった。八月八日、ウィーンに到着した伊藤は、その足でとある先に向かっている。前引の書簡中に見える「スタイン」こと当地ウィーン大学法学部の国家学者ローレンツ・フォン・シュタイン（Lorenz von Stein, 1815–1890）のもとである。旅装を解く間も惜しむかの訪問を、吉野作造は「すばらしく行動が敏活」と評している。(37)

この伊藤の迅速な行動の背後には、一人の随員の姿があった。調査団のメンバーだった河島醇は、一八七九年から一八八一年にかけてウィーンの日本公使館に勤務していた。その際に河島はシュタインの門を叩き、私的に指導を受ける関係になっていた。帰国後の一八八二年一月、河島はシュタインの教えを基にした政治改革の建議書を政府に提出している。(38) ウィーンで「大博士『須多印』ト会スル数回、醇常ニ氏ノ論説ヲ聞クコトニ、其老練ニシテ事実ニ適当スルニ感スル所多シ」と明記するこの建議書が、その直後の伊藤調査団への選抜と直結したのかは不明であるが、旅の途上で河島が伊藤にシュタインの存在と学説を鼓吹したことは大いに考えられる。事実、いくつかの証言は、伊藤のシュタイン訪問に河島の働きかけがあったことを告げている。例えば随員の一人吉田正春によれば、伊藤一行が前記のようにベルリンでグナイストの教説を聴講しようとして冷たくあしらわれたとき、憤った河島はウィーンのシュタインを訪れることを皆に吹聴したという[39]。また団員の木場貞長は、もっと直截に河島の介在を語っている。曰く、「シュタインにもっとも私淑し、その家庭にも親しく出入していたのは河島醇氏であった。彼はウィーン公使館にアタッシェとして来ていた当時からの知己で、公〔伊藤博文〕との間も河島がしきりに取りなしていた[40]」。

だが、伊藤とシュタインの邂逅をお膳立てしたのは、河島一人に限らない。シュタインの声望は、ウィーンの公使館のなかでとみに高かった。河島のみならず、多くの公使館員が彼の講説を受け、また歴代の公使ともシュタインは親交を深めていた。その存在はさながら公使館の非公式な顧問的立場と呼ぶべきものだったのである。そのようななか、憲法調査のための伊藤渡欧の報が舞い込んできた。公使館員たちはこれを自分たちの年来の師を日本に紹介するまたとない機会と受け取ったようである。先の在墺公使井《い》田譲《だゆずる》は、伊藤のウ

ローレンツ・フォン・シュタイン

ィーン訪問の知らせを受けるや、「伊藤参議ニも石〔シュタインのこと。「Stein《シュタイン》」とはドイツ語で「石」の意味〕先生へ面会相成候趣実ニ面白き論議も有之たる事と想像ニ不堪候、此挙にして参議来欧之鴻益之最なる儀と相考へ」るとかつての職場に宛てて書き送り、(41)ひきつづいて当の伊藤に対しても、「実に石先生は邦家之師、昨冬御変革之際外務卿井上公へ是非御徴聘相成国家之組織を御相談有御座度と迄申上候」と記し、伊藤にシュタインの日本への招聘を暗に献策している。(42)

## 学説伝道の地

また、シュタイン自身も伊藤の訪問を待ち侘びていた節がある。わが国では通常、シュタインは世界的名声を博した大学者として紹介される。たしかに彼は国家学という学問体系のもと、法学、経済学、行政学、社会学、教育学など社会科学の全領域を網羅する分野で業績を積み重ねてきた百科全書的知識人であった。しかしその学風は、専門分化と実証化の進行する学界の趨勢のなかで、同業者からは前世代の遺物として疎んじられてもいたのである。旺盛な研究欲にもかかわらず自分の学問が故国で受け入れられないというルサンチマンの狭間に彼は立っていた。加えて、事業への投機の失敗から、彼は当時多額の負債を抱え込み、経済的にも苦境に立たされていたことがわかっている。

このような苦渋を癒してくれるのが、日本人との交流だったことはじゅうぶんに考えられる。特にシュタインは、近代化の道を疾駆する日本に、自己の学説の伝道の地を見出していたのであろう。したがって、彼の野心は単に在墺日本公使館顧問にとどまるものではなかった。遠く日本の地への自説の伝播をこそ彼は望んでいたのであり、そのために日本について様々な情報を得ることにかねてから努めていた。そのことを象徴的に物語るのが、福沢諭吉に宛てたシュタインの書簡である。横浜で発行されている『ジャパン・ウィークリー・メール（*Japan Weekly Mail*）』を閲読していたシュタインは、そこに掲載された福沢の近著『時事小言』の紹介記事に目を留め、その内容に大きな関心を寄せて、自ら筆を執って福沢とのコンタクトを求めたのである。シュタインの書簡は、福沢の興した『時事新報』紙一八八二（明治一五）年六月二日号に掲載されている。そこでシュタインはつぎのように記している。

余が敬愛する朋友、前《さ》きの維納府在留日本公使井田譲君及び書記官本間《ほんま》清雄《きよお》君、余の書簡を足下に送致するの厚情を辱ふせしを以て、敢て一書を呈す。余は此頃日本法律の歴史及び其政体研究に従事せり。若し日本人民の声誉を伝播するの一助たらば、余が悦何ぞ之に如ん。蓋し日本人民の近頃十七年間非常に進歩し、且つ後来太平洋の一大開明国たるべきは、各人の許しを以て尊敬せざるを得ざる所なり。余は墺太利《オーストリア》科学校の社員なれば、余輩近刻の一書を呈す。余が社員の眼を日本歴史に注ぐの深切なるは、此書を一覧ありても知らるべし。願くば足下此著書と余が書簡を受納して、余が足下を尊敬し又貴著の詳細を知らんと欲するの一証となさば感謝に堪へず。(43)

シュタイン自身のなかに早くから日本の歴史とその政治体制についての関心が胚胎していたこと、しかもそれについてのある程度の研鑽を彼がすでに成し遂げていたこと、そしてウィーンの在墺日本公使館の人間と交流のあったことを右の書簡は伝えている。そして、日本の近時における文明的発展を称揚し、その現況を欧州の地に伝えることを念願していると記したうえで、「墺地利科学校」(オーストリア科学アカデミーか)発行の日本歴史についての最近の刊行物を謹呈する旨告げている。

このように、伊藤の訪問に先立って、シュタインと日本との間には一定の関係が形成されていたのであり、しかもその背景にはシュタイン自身の内発的な動機が大きく関与していたのである。そのようなシュタインにとって、伊藤は待ち人と呼ぶにふさわしい来訪者であった。両者はたちどころに意気投合し、交歓したらしい。シュタインを最初に訪問した三日後の八月一一日、伊藤は岩倉に宛てて「英、米、仏の自由過激論者の著述」(44)にかぶれた輩によって傾けられた国家を「挽回するの道理と手段とを得」たと報じている。さらに同月二七日の山田《やまだ》顕義《あきよし》宛書簡では、「幸に良師に逢ふことを得」(45)るとして、シュタイン招聘を井上馨に打診したことが記されている。ベルリンでの鬱憤を晴らすかのような意気軒昂ぶりである。シュタイン訪問によって、明らかに伊藤は憲法調査への自信を取り戻している。かくしてウィーンは、伊藤にとって憲法調査の貴重な分岐点となった。では、伊藤がその地でシュタインから具体的に伝授されたものとは何だったのだろうか。

## シュタイン独特の国家論

シュタインが伊藤になした講義の記録は今日二つのものが知られている。国立国会図書館憲政資料室の『伊東巳代治関係文書』所蔵の『純理釈話』(以下『釈話』)ならびに『大博士斯丁氏講義筆記』がそれである(46)。また、この時の資料ではないが、おなじく国会図書館憲政資料室の『伊藤博文文書』には、『スタイン氏講義筆記』と題する講義録が残され、さらに神奈川県立金沢文庫所蔵の『伊藤博文寄贈憲法資料』内には、河島醇の編集になるシュタインの講義『憲法及行政法講義』ならびにその原本(*"Inquiries into Constitutions"*, *"Some Remarks on the Principles of Administrative Organization"*)が収められている。これらのほかにも、後述の「シュタイン詣で」の展開のなかで、シュタインは多くの日本人に講義を施し、その記録が残されている。これらにふくまれているシュタインの講説はもとより多岐にわたるが、以下では立憲制導入に直結するいくつかのトピックに絞って、彼の講義を再構成してみよう。

立憲制の移入を期して遥々ヨーロッパまで旅してきた伊藤らに対して、シュタインはその本質をそもそもどのようなものとして諭したのだろうか。この点を論じるにあたっては、まずシュタインの国家観を整理しておく必要がある。

シュタインの国家観を特徴づけるのは、国家を一個の人格と捉える独特の有機体論である。彼の言葉を借りれば、国家とは「独立の人格へと高められたゲマインシャフト＝共同体」と規定される。この点、伊藤の理解には若干の齟齬が認められる。伊藤のシュタイン講義録では、国家は「社会ニシテ人体ノ質ヲ備フルモノ」（『釈話』）と記され、人体に比した擬人的国家理解が示されているのである。

それはさておき、そのようにして国家をひとつの人格と定義することで、シュタインは具体的にいかなる国家像を描いていたのだろうか。シュタインによれば、およそ人格なるものは自意識をもち、意思を形成し、それにもとづいて行為するとされる。そして自律的個人がそうであるのと同様に、国家もこれら三つの要素を具備すべきものという。すなわち、国家の自己意識を具現化する機関としての君主、国家の意思を形成する機関としての立法部、そして国家の行為を司る機関としての行政部である。シュタインにとって立憲制とは、これら三機関が相互に独立しながらも、互いに規律し合いながらひとつの調和を形作っている政体に他ならない。シュタインは君主ひとりが政治を主導した時、それは「専制君治」＝専制君主政、立法部がそうである場合を「民政専圧《アブソリエート・デモクラシー》」＝絶対民主政、行政部については「専理者《デクテートトル》」＝独裁政と規定し、立憲政治と対立するものとして区別している。

### 議会と君主に向けられた矛先

このなかでもシュタインが特に警戒を促すのが、第二者である。過度の民主政治は多数専制を導き、国家の土台を突き崩すことになる、と彼は述べる。民主主義は「単ニ多数ノミヲ主トシ」、「専ラ議論ノ多数ヲ以テ」、「国家重大ノ件ヲ決スルニ至ル」ことになるという。シュタインは民主主義を立憲制と等置され得るものとは考えておらず、むしろ両者の間の緊張関係を強調している。民主主義は国家の一機関に過ぎない立法部＝議会の専横を容易に導き、立憲政治を覆す危険性をはらんだものであるというのがシュタインの教示である。おなじことは他の二機関についてもいえるだろうが、彼の講義のなかでくりかえし登場するのが、民主主義の過激化、すなわち共和主義や国会政治に対する批判であることは強調しておく必要があるだろう。伊藤はここでも議会制度の導入に消極的な意見を聴くこととなった。

もっとも、このような矛先は議会にのみ向けられていたのではない。シュタインの国家論のなかでおなじく峻拒《しゅんきょ》されていたのが、君主専制であった。この点がもっとも顕著に認められるのが、明治一七（一八八四）年にシュタインのもとを訪れ、国家学の個人教授を受けた陸奥宗光《むつむねみつ》の講義録である。伊藤の紹介によって実現したこの講義のなかでは、君主の政治的地位の制約が、例えばつぎのようにきわめて大胆に論じられている。

〔君主は〕独力では大臣に何らかの命令を行う権利を有しないし、いかなる干渉をもなし得ない。そのようなことが行われれば、責任内閣など存在しないだろう。君主が立法府に対して何の権力ももっていないことは、極めて明白である。(47)

ここで君主は、立法府と行政府に対して特別の権力をもたない存在とみなされている。君主が国政上何らかの実質的な権限をもつことは想定されていないのである。シュタインによれば、国家元首としての君主のなすことは、行政や立法の過程を通じて決定されたことを是認＝裁可し、国家としての意思や行為の統一性をシンボライズすることにとどまるべきとされる。シュタインは「君主は過ちをなし得ず」というヨーロッパの政治的格言を援用して言う。「それが示しているのは、君主はその身を完全に立法権や執行権の埒外に置いているということに他ならない。換言すれば、国家元首は立法作用ないし執行作用の両者について、何も実質的なことをしないでよいということである。元首は進行中のいかなる国家活動にも干渉してはならない。元首のなすことは現実性のあることではなく、形式的なもののみであるべきである。それ故に、彼は過ちをなし得ないのである」、と。(48)かくして、「君主はいかなる国事行為にも自ら介入すべきではない」とされ、君主権力の広範な制約が正当化される。シュタインの理論体系のなかで、君主は国家の一機関として、国家統一を表象するというシンボル的機能を負わされているに過ぎない。伊藤に対してもシュタインは、君主とは「我ト云フノ代名詞ヲ以テ邦国ヲ表彰ス」るものと説いている(49)。

明治憲法体制をプロイセン流の君権主義の範疇でとらえ、シュタインについてもそのような天皇制国家のイデオローグとみなす傾向が一般的である。けれども、実際には彼の国家論のなかにそのような思考は認められず、むしろ逆に「君臨すれど統治せず」の原則が明示されている点は強調しておく必要があるだろう。

## 行政の自律が国家建設の課題

以上のようにして、君主が国政の後景に退くこととなった結果、それに代わって国家の統治作用を担うものとしてクローズアップされるのが官僚である。立憲君主制のもと、その任命は相変わらず君主によっておこなわれる。しかし今や彼らは君主からの自律度を増し、自ら国家を担うべき存在となる。シュタインは、行政権が「自運自動ノ活機ヲ有スヘキ独立ノ体制ヲ成」すべきことを求める。すなわち行政部の自律性ということである。行政部は単に「他人ノ意思」の執行者であってはならない。そのようにして行政部の活動に制約を加えた場合、国家の活動領域までも削減されてしまうであろう、と(50)。

「他人ノ意思」のもとで彼が言わんとしているのは、議会の意思であり、君主の意思である。行政権は「自運自動ノ……独立ノ体制」でなければならないと説くシュタインは、イギリスの政体を批判しながらつぎのように述べる。すなわち、そこでは政府は全く議会の多数に依存し、議会の意思が行政をも支配しているという。シュタインによれば、それは「国会政治ト云フヘクシテ、未タ立憲政治ト称スへカラザルナリ」とされる。おなじことは君主権との関係でもいうことができる。ドイツの例を引きながら、シュタインは「独逸国ニ於テハ行政部ヲ以テ全ク国君ノ臣僚トナスヲ以テ、国君ノ意思ヲ承行スルニ止リ、其他ニ権ヲ有セサルモノトス」として、君主の臣下にしか過ぎないドイツの官僚制度を批判している。(51)

このようにシュタインはドイツの現状をも槍玉にあげて、立法部のみならず君主との関係においても行政部が独立たるべきことを説いている。そのようにして行政の高い自律性を確保することが国家建設の新しい課題として強調されるのである。

## 進化論的国家論

では、そのような自律的行政が必要とされる理由は何なのか。そこにはシュタインの独特な世界観がある。彼によれば、「人間ノ事常ニ転変極リナク法制従テ常ニ其同シキヲ守ルコト能ハス」(『釈話』)。すなわち、人間界を取り巻く内外の環境は、常なき転変のなかに置かれている。したがって、「一切ノ法律皆ナ自ラ推移シテ充分事物ニ適合スルカ如キハ決シテ望ムベカラサル所ナリ」（『釈話』）。

つまり、立法部の制定する法律のみによって、そのような不断に変化していく社会の動きに対応していくことはできない。人間社会の秩序は、絶えざる環境の変化に柔軟に適応していけるものでなければならないのである。そして、そのような現実世界の動きに即応して、日々の問題を処理し、実際の秩序形成に貢献すべきものが、行政なのである。というのも、現実社会が日常的に引き起こす諸対立や諸矛盾の解決にあたって、君主権による専断に頼ることは恣意に流れて危険であるし、他方で議会の立法活動はこの点、往々にして無力だからである。

かくして、行政は「邦国ノ生命ヲ主持スルノ機関ナリ」(52)と規定され、それには全体的な国家制度（＝国制）の脈絡のなかで高い位置づけが信託される。行政の働きをまって、国制は自然界や対外関係がもたらす諸作用、そして内政的には世論の動向や階級対立などの社会問題といった様々な内的かつ外的な環境要因によって惹起される諸問題を解消、ないしそれらと適応していくことができるのである。

以上のように、シュタインにおいて国家とは、行政による媒介を通じて外界との絶えざる相互作用をおこない、歴史の変化に適応して進化していける有機的制度である。この意味で、シュタインの国家学は進化論的国家論と特徴づけることができる。このような国制の進化も伊藤は受容した。だが、その意味内実を換骨奪胎して、である。この点については後述することにしたい。

### 国制改革の展望

これまで見てきたように、伊藤はシュタインの講義から、単なる憲法典の制定ということに尽きない立憲制度の全体像を獲得し、そのなかにおける行政の役割について多くのことを知った。それは、ベルリンで彼が考えていた模糊たる国家像に明確な姿形を与えてくれるものだったといえる。

これに伴って伊藤は、そのような全体的な国家構造の一環として憲法を位置づけるという広やかな国制改革の展望を抱き得た。一〇月二二日にウィーンから井上馨に宛てて書かれた書簡において、伊藤は「憲法丈けの事は最早充分と奉存候」と自信のほどを綴っている。(53) ベルリンでの彼と比して、まさに別人の趣がある。伊藤はウィーンでのシュタインの講義を終えた直後に認めた覚書のなかでも、「一片之憲法而已取調候而モ何ノ用ニモ不相立儀ニ御座候」とか「憲法ハ大体ノ事而已ニ御座候故、左程心力ヲ労スル程ノ事モ無之候」と記し、この自信の念を重ねて吐露する一方で、行政改革の必要性をつぎのように語っている。

縦令如何様ノ好憲法ヲ設立スルモ、好議会ヲ開設スルモ、施治ノ善良ナラサル時ハ、其成迹見ル可キ者ナキハ論ヲ俟タス。施治ノ善良ナランヲ欲スル時ハ、先其組織準縄ヲ確定セザル可カラズ。組織準縄中、尤不可欠モノハ宰臣ノ職権責任官衙ノ構成官吏ノ遵奉ス可キ規律及其進退任免、試験ノ方法、退隠優待ノ定規等ニシテ、〔中略〕之レアルヲ以テ帝室ノ威権ヲ損セス、帝権ヲ熾盛ナラシムルヲ得ルト云モ可ナリ。スタインノ講談中ニモ、憲法政治ノ必要不可欠モノハ、帝家ノ法、政府ノ組織及ヒ立法府組織ノ三箇ニシテ、此一ヲ欠ク立君憲法政治ニアラスト。三箇ノ組織定法能ク確立シテ並ヒ行ハレテ相悖ラサルノ極ヲ結合スル者、則憲法ナリト。由之観之、政府ノ組織行政ノ準備ヲ確立スル、実ニ一大要目ナリ。[54]

かくして憲法/憲政は「政治上ノ組織」全般のなかの一齣をなすものとして位置づけ直され、それと同時に政治経済を視野に収めた国家生活一般の習得が唱えられることとなる。「政治経済ノ両途ハ、実ニ国家ノ盛衰興廃ノ関スル所ニシテ、尤我国人ノ深ク注意セサル所」であるが、今や調査の課題は「従前取調ノ事項」にとどまらず、「行政経済等ノ大要研窮」に置かれるべきことがここにきて謳われるのである。[55]

## 「ヘボクレ書生」に対する自信

以上のようにして、伊藤はシュタインの講義を通じて憲法を相対化し、国家の政治体制をより広い見地から把握し得るに至ったことがまず指摘できる。憲法なり議会とは本来国家生活の一部をなすものに過ぎず、また行政による補完をまってはじめてその機能を完遂し得る。そのようにして国制の全体像についての認識を獲得し得たことは、伊藤に立憲指導者としての資質を付与するものであった。この点は何よりも、自由民権派をはじめとする知識人に対する彼の自信となって現れている。今や伊藤はそれら知識人を「ヘボクレ書生」と呼び、自己の立憲制に対する学識を誇示するのである。

日本ニ而ヘボクレ書生ガ、物質ノ如何ヲ弁ゼズシテ只書中ノ字義ヲ翻訳シテ、是ガ何国ノ憲法ナリ、政府ノ組織ナリト、衆愚ヲ誤ラシムルガ如キニアラズ、其国ノ沿革ヨリ、其事ノ実跡ヲ熟知シ、其理否ノ抵触等ニ付テノ議論ヲモ判別シテ、明瞭ニ講説スルヲ聞クヲ得ルハ頗楽シキコトニ御座候。[56]

このようにして民権派を理論的に克服したとの自負を抱いた伊藤は、「彼の改進先生〔大隈〕の挙動、実に可憐ものなり」[57]と気炎を上げるほどに精神的に蘇生するに至ったのである。ここに「立憲カリスマ」（坂本一登）としての伊藤の誕生を求めることができよう。それまで憲法についてのじゅうぶんな知識をもたず、政治的知識人の勃興の渦中で憲法制定のイニシアチブを掌握できずにいた彼は、今やそれら知識人を凌駕し得たとの自信を胸に日本に戻ることになる。

それはまず何よりも、大隈を頭目とする在野の反政府勢力を念頭に置いてのものであることはもちろんだが、同時に政府部内の官僚知識人に対しても向けられていたであろう。既述のように、当時政府部内ではすでに井上毅の主導によって、プロイセン型立憲制度の導入が確定していた。渡欧前までの伊藤がこの運動に乗り遅れていたことは、岩倉―井上路線の憲法構想に対して彼が専ら受け身の立場しか取り得なかったこととパラレルである。シュタインの存在はその遅れを挽回するという意味でも、じゅうぶんに彼の期待に応えてくれるものだったと考えられる。ウィーンから伊藤は、日本政府にとってのドイツ学の知恵袋であったロェスラーを指して「ロエスレルの説は自由に傾斜せることを往々発見せり」(58)と書き送っているが、そこにロェスラーとは別のドイツ学の御本尊を見出し得た彼の満足感を嗅ぎ取ることは、あながち無理なことではあるまい。この時伊藤は、既存のドイツ主義にも対抗しうる「道理と手段」を獲得できたのである。

以上のように、伊藤がシュタインの教説から多大な影響とインスピレーションを受けたことは事実だが、そのすべてを鵜呑みにして受容したわけでもない。例えば、その議会論である。シュタインもグナイストやヴィルヘルム一世と同様、議会制度の伸長を国制にとって危惧すべきこととみなしていた。ベルリンでこのような意見に距離を取ろうとしていた伊藤だが、信頼すべきシュタインからも同じような教示を受け、はたして彼は改説したのであろうか。この点を究明するにあたって、伊藤が見たであろう当時のオーストリアの政治に目を転じてみることにしたい。

## 民族対立の見世物小屋

先に見たように、ベルリンで伊藤は新興ドイツ帝制下での議会制度の機能不全という現状を直視する機会を得ていた。同様の問題は、オーストリアでも伏在していた。この頃のオーストリアの国制を特徴づけるのは、独特な国家連合体としての性格である。一八六七年に成立した「アウスグライヒ（Ausgleich）＝妥協・均衡」と呼ばれる体制によって、ハプスブルク家の君主を同時に戴くハンガリー王国とそれ以外の諸邦国《ラント》（オーストリア帝国）との二重国家体制が形成される。しかしこのいわゆるオーストリア・ハンガリー帝国の複雑性は、単なる二つの国家の連合にとどまるものではない。今日のチェコ、スロヴァキア、ポーランド、ルーマニア、バルカン諸国、ウクライナにまで版図を及ぼしていたその広大な領域は、そのうちに多様な民族、言語、宗教をふくみこんだ複雑な文化的複合体だったのである。(59)

そのような多民族多文化社会を背景に導入された議会制度は、当然多難なものであった。(60)

オーストリアでは一八六五年にいったん憲法は停止されたが、一八六七年、改正された新帝国議会法のもとで議会制度は再出発した。しかしその議会は直接選挙にもとづく国民代表機関ではなく、大土地所有者、都市、商工会議所、農村という選挙部会ごとに一定数の議員を選出するという仕組みをとったために、利益代表機関の色彩が強かった。ビスマルクがめざしたような国民統合機関としての議会というあり方は、オーストリアにおいてはそもそも放棄されていた。それは上述のような多民族国家という状況を鑑みれば、無理からぬことであった。

議会の利益代表的性格はやがて民族代表へと転化する。一九世紀末になると、民族問題は帝国議会のなかに奔流となって流れこみ、議会制度を麻痺させていく。独立的傾向を強めるチェコ系議員とそれと敵対するドイツ系議員との議事妨害が相次ぎ、議会はあたかも民族対立の見世物小屋と化すのである(61)。このようにして議会政治は袋小路に陥り、実際の政治は皇帝の発する度重なる緊急勅令によっておこなわれ、やがては立憲政治そのものが停止されるという事態に進展していく。

### 唯一のかすがい

伊藤が訪れた当時のオーストリアは、そのような混迷の幕間というべき時期であり、例外的に立憲政治がスムーズにおこなわれていた。だが、それは議会政治が軌道に乗っていたということではない。伊藤の訪問に先立つ一八八〇年には、ボヘミア地方でのチェコ語の官庁用語化（行政窓口でのチェコ語の使用の義務化）をめぐってドイツ人の不満が高まっていた。後年激化する民族問題は、すでにくすぶりを見せていたのである。民族的分裂はこの時皇帝フランツ・ヨーゼフ一世の権威のもとで未然に止められ、皇帝の政府による議会工作がたまたまうまく運んでいたということに過ぎなかった。

実際、ときのオーストリア皇帝（兼ハンガリー国王）フランツ・ヨーゼフは、このいびつな多民族国家を束ねる唯一のかすがいであり、彼自身がそのことを強く自負して、帝国の直接統治を自らの使命と考えていた(62)。朝四時に起床し、五時には執務室に入るという生活を死の直前まで乱さなかったという皇帝は、まさに親裁者であった。複雑な構成をもつ帝国のあらゆるレベルで起こっていることを真に知っている唯一の人間が、フランツ・ヨーゼフだったといわれている。彼のもと、閣僚たちは「皇帝の意思の道具」に過ぎず、首相とは文字通り「皇帝の大臣」であり、内閣は「純然たる官僚政府」と化していた。受動的な官僚たちの頂点に立ち、彼らを差配して国家を運営するのは、他ならぬ皇帝その人だったのである。先述のシュタインの教える君主像とはまったく対照的な君主の姿である。シュタインの君主論は、このフランツ・ヨーゼフの統治を反面教師として描かれたものなのであろう(63)。

伊藤自身は、そのようなフランツ・ヨーゼフの姿から強い印象を受けたものと思われる。

滞欧中に書かれた書簡の草稿のなかに、「此国ハ百事規律ノナキ者ナク、殆ンド一大器械」の様相を呈しており、「帝王ハ其器械中ノ一部分ノ如ク憲法上ニテハ見エ候得共、実ハ決シテ其部分中ノ者ニアラズ、此器械ヲ運転シテ、百事凝滞ナカラシムルノ主宰者ナリ、故ニ時トシテハ之ニ油ヲ差シ、又ハ釘ヲシムル等ノ抑揚ナカル可カラズ」との文章が見られるが、[64] ここでいわれている「此国」とはオーストリアであり、「帝王」とはフランツ・ヨーゼフを指すものと考えてまちがいないだろう。ここで伊藤は、議会制度という「器械」を人為的に創出するにあたって、君主権がもっている意義について洞察するところがあったのではないだろうか。

もっともそれは、議会を圧伏する強力な君主権力による直接統治を原則としたオーストリア型立憲政治への心服を意味するのではない。既述のように、ドイツで議会政治の危険性について度重なる忠言を受けたにもかかわらず、伊藤のなかに議会制導入へのためらいが兆した気配は認められない。彼自らが、煙草専売化問題でのビスマルクの苦境を正確に観察しているにもかかわらず、である。議会と共同で政治を運営していくとの構想において、伊藤は一貫していたとみることができる。だとすれば、伊藤の関心は、議会制度の移植をどのようにすれば免疫不全を起こさずに施術することができるか、という点に向けられていたと推察できよう。ここで伊藤は、独墺での議会政治の現実を目の当たりにしながら、健全な議会制度を備えた立憲国家を作るための「道理と手段」についても考えを巡らしていたに違いない。それはおそらくつぎの二点にまとめられるものである。

第一に国民なき国制のもとでは、議会制度は機能しないということである。議会が階級や民族などの諸々の政治イデオロギーによって引き裂かれないためには、国民精神という内的な支柱が必要とされる。その涵養が立憲国家の前提として不可欠とされる。

第二に議会を外から補完するシステムの必要である。伊藤滞在時のオーストリアではフランツ・ヨーゼフが単身その役を担っているかの如きであった。伊藤もその働きには感銘を受けている。だが他方で、伊藤はシュタインの講義を通じて、この面についての行政部の役割にも開眼していた。伊藤は議会政治の不安定さを認識しつつ、にもかかわらず日々の政治的業務を円滑にこなしていくための行政システムの存在、そして議会が破綻した際にそれをいわば高権的に救済する立憲君主の存在を学んだのである。

### 換骨奪胎

このようにして議会制度を支える内外両面の条件を整備し、そのうえで漸進的に議会政治を日本に定着させていくというのが伊藤の描いたヴィジョンだったと思われる。これは、国制の進化を説いたシュタインの教えの伊藤による変容ともいうことができる。進化の媒体たる行政権に力点を置くシュタインに対して、伊藤の関心は議会政体の実現という国制の進化の推進にあったのである。それは、伊藤によるシュタインの教えの換骨奪胎であった。

## 4 その後の調査

### 「シュタイン詣で」序曲

伊藤は八月八日から一一月五日までの間ウィーンに滞在し（このうち約半月ベルリンやパリを回っている）、シュタインから講義を受けた。シュタインとの邂逅によって、伊藤が精神的に蘇生したことは既述の通りである。それは何も、立憲国家論の修得という理論的なレベルにとどまらない。他方で伊藤は、シュタインを通じて一行の求心力を回復することもできた。ベルリンでは団員たちの統制に苦慮していた伊藤であるが、シュタインのおかげで一行は一団としての結束を固めることができたのである。シュタインは一行を前にして、例えばつぎのように語り、彼らを奮い立たせた。木場貞長の回顧の一節である。

ある日シュタインは地球儀のところへ余を呼び、指し顧みて曰く、ヨーロッパ文明及びこれ等の諸国は、この地中海を囲繞して発展して来たのだ、自分の講義も従ってこの地中海中心の講義を出ないと思う。君等の将来の発展はこの別側の日本海と、この支那海を中心として期せられねばならぬ。同様にして君等の学問も亦斯くあらねばな

らない、と。(65)

先に引いたグナイストの言葉との違いは一目瞭然だろう。このようなシュタインの存在によって、一行はようやく調査団としての体裁を取り戻したといってよい。伊藤が一一月五日をもってウィーンを離れて以後、山崎直胤や西園寺公望のように、伊藤と別行動をとって調査にあたる者が出ているが、それは、何よりも伊藤が調査の全体を統制することができるようになったことの現れといえるかもしれない。(66)シュタインの講義によって、立憲政治の「総論」を押さえ得た伊藤は、自信を持って「各論」的調査を他の者に割り振ることができたのではなかろうか。

また、注目に値するのは、一行とシュタインとの繋がりがそれ以後も持続していることである。(67)顕著なかたちでは、一行に同行していた留学生の木場貞長と末岡精一《すえおかせいいち》が伊藤の計らいでウィーンに残り、ひきつづきシュタインの指導を受けている。随員のなかでも、河島醇が一二月二二日に、シュタインを再訪するためにウィーンへと向かっているほか、シュタインに宛てた伊東巳代治書簡によれば、そもそも伊藤ら一行も再度シュタインのもとで学習する希望をもっていたらしい。

伊藤の帰国後、ウィーンのシュタインのもとへの日本人の来訪が相次ぎ、その模様は「シュタイン詣で」と呼ばれるほどの活況を呈することになるが、その予兆はこの頃にすでに見られる。ヨーロッパを巡視中の有栖川宮熾仁親王は、一〇月にウィーンで伊藤とともにシュタインの講筵《こうえん》に連なっているし、後藤象二郎《ごとうしょうじろう》も年末にパリで伊藤と会った後、彼の強い勧めでシュタインのもとを訪ねている。三好退蔵は前記の「直訴状」の後、伊藤のウィーン行きに同行せずベルリンに留まって取り調べにあたっていた模様であるが、その後、やはり伊藤の勧めでシュタインの講義を受け、大きな感化を受けている。その他、駐ベルリン公使の青木周蔵に対しても、伊藤は書簡でシュタインと会うことを慫慂《しょうよう》していた。伊藤帰国後に展開される「シュタイン詣で」は、すでにこの時、序曲を奏でていたのである。

### グナイストへの手紙

伊藤のその後の旅程を辿っておこう。ウィーンを離れた後、伊藤はベルリンに戻り、グナイストやモッセからひきつづき指導を受けたほか、枢密顧問官のベルンハルト・フイスティング（Bernhard Fuisting, 1841～1908）なる人物の談話を聴取している[68]。このベルリンでの二度目の調査の際、伊藤の手となり足となって働いたのが、アレクサンダー・フォン・シーボルト（Alexander Freiherrn von Siebold, 1846-1911）であった[69]。幕末の日本に蘭学を伝えた、かのフランツ・フォン・シーボルト（Philipp Franz Jonkheer Balthasar von Siebold, 1796-1866）の子息である。日本語通訳などとして日本外交のために尽力したアレクサンダーは、伊藤とも旧知の間柄であった。その助力を受けて、伊藤は二度目のベルリンではモッセの講義を根気強く聴取するなど旺盛に調査に励んだ。
伊藤は今回はグナイストからも積極的に意見の摂取をおこなった模様である。アレクサンダーの残した日記や両者の交信によれば、伊藤はアレクサンダーを伴って頻繁にグナイストのもとを訪れ、その講説をうかがっているほか、グナイストの講義録をアレクサンダーから英訳してもらっていることが判明する。[70]
グナイストについては、前述のような高踏的エピソードばかりが伝わり、明治日本へのその影響が見極めにくいが、その存在は当時の政府のなかで決して小さくなかったのかもしれない。そのような反省へとわれわれを誘うのが、ベルリンの国家機密公文書館（Ge-

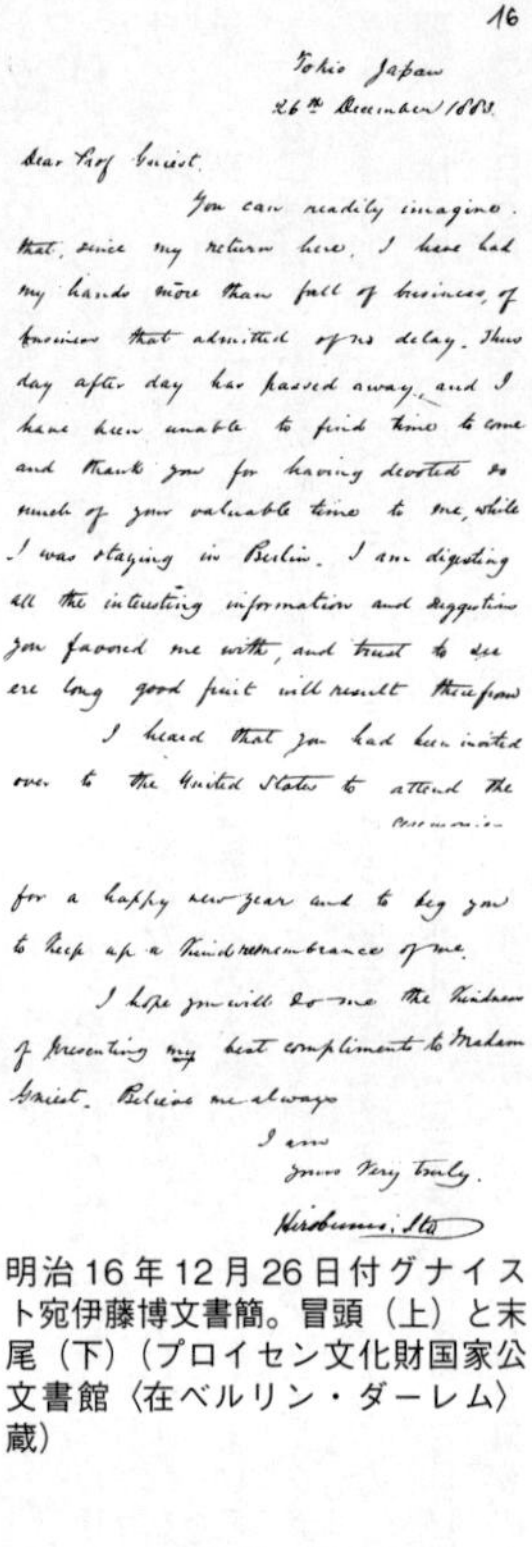
16

Tokio Japan
26th December 1883.

Dear Prof Gneist.

You can readily imagine that, since my return here, I have had my hands more than full of business, of business that admitted of no delay. Thus day after day has passed away, and I have been unable to find time to come and thank you for having devoted so much of your valuable time to me, while I was staying in Berlin. I am digesting all the interesting information and suggestions you favored me with, and trust to see ere long good fruit will result therefrom.

I heard that you had been invited over to the United States to attend the ceremonies

for a happy new year and to beg you to keep up a kind remembrance of me.

I hope you will do me the kindness of presenting my best compliments to Madam Gneist. Believe me always

I am
Yours very truly.

Hirobumi Ito

明治16年12月26日付グナイスト宛伊藤博文書簡。冒頭（上）と末尾（下）（プロイセン文化財国家公文書館〈在ベルリン・ダーレム〉蔵）

heimes Staatsarchiv preußischer Kulturbesitz）に今日収められている『グナイスト文書』所収の日本人書簡の存在である。

かつて筆者はベルリン郊外ダーレムに建つ同文書館に足を運び、『グナイスト文書』のカタログを閲覧した際、そこに青木周蔵、伊藤博文、小松宮、平田東助、山県有朋からのものをふくむ計一六通の日本人からの手紙を見出した。(71) それらは、一八八〇年代を通じて、グナイストと日本の間にコンスタントにコンタクトがあったことを証するものである。残念ながら、これら日本人書簡の大部分は戦災により失われたとのことであるが、明治一六（一八八三）年五月一八日付と同年一二月二六日付の二通の伊藤書簡、ならびに明治二八（一八九五）年三月二〇日付の平田書簡が残存している。

伊藤の第一信は、憲法調査の際、ベルリンを離れるにあたって認められた辞去の挨拶状である。そこで伊藤はグナイストに対して、ベルリンでの再会に感謝すると同時に、今晩同地を発たなければならないことを述べ、グナイストに別れを告げている。そして、折りしもベルリン滞在中の森有礼を紹介し、彼にドイツの教育制度について指導してあげてほしいと依頼している。

つづく第二信は、帰国した伊藤がグナイストのサンフランシスコ訪問を伝え聞き、同地から日本まではもはや楽しい遠出というほどの近さなのであるから、是非あわせて日本へもお出で願いたかったが、折り返しドイツへ帰国されると聞き、残念に思っているとの内容である。

これら両便からは、伊藤のグナイストに対する意外な親愛の念が窺える。特に森を紹介し、その調査に助力を乞うているあたり、伊藤とグナイストの間の一定の信頼関係を推測させる。

『文書』に残されたもう一通の日本人からの来信である平田書簡は、一八六〇年代に軍事予算の増額をめぐって議会と政府が対立した有名なプロイセン憲法紛争時のグナイストの見解を日本に紹介し、軍事費増額の論拠を得ようとの文意である。それというのも、「あなたのご高名はこの地で大変な尊敬のなかにあり、国家問題についてのあなたの御権威はここで広く賞賛を得てきたから」だと平田は記している。

こうしてみると、グナイストと明治国家とのつながりは、じつはもっと積極的なものがあったのではないかと思われてくる。伊藤のその他の書簡や山県のものなど大部分の日本人からの来簡が失われてしまったことが何とも惜しまれる。後に伏見宮貞愛《ふしみのみやさだなる》親王と小松宮《こまつのみや》彰仁《あきひと》親王の両皇族や山県有朋がベルリンにグナイストを訪れ、講義を受けることになるが、それは彼と日本政府との密接な連絡が背景にあってのことであろう。この点については次章でもう一度触れることにしたい。

「美しき魂の告白」

ところで、アレクサンダーが残した日記によれば、この頃、伊藤はアレクサンダーに「身の毛のよだつ」告白をした。その部分をアレクサンダーの日記から訳出しておこう。

> 若き侍だった時、伊藤は「は」で始まる名の高級官僚であり、学者であった人物（その子息は今も外務省にいるという）への襲撃と殺害に関与したという。この者は大君の政府の委託を受けて、天皇の廃位について調べていた。そのことについて浪人たちが知るところとなり、伊藤はその者のもとへ遣わされた。その容貌を目にして、後日彼と分かるように、である。〔中略〕一団は彼を九段坂で待ち伏せすることに決し、彼がやって来たとき、彼とその仕えの者に襲いかかって斬り倒した。それから伊藤は、彼が本当に死んだかどうか確かめるために、次の日またその者の家に向かった。伊藤はそこで、彼が病気であり、子息が老中のもとへと行っていることを聞いた。家の者たちは、伊藤を監禁するためであろう、彼を家に招き入れようとした。しかし彼はそこを退去した。そしてその後、自分の刀剣が血まみれであることに気づいた。[72]

伊藤らに斬殺された「は」ではじまる学者とは、塙次郎《はなわじろう》である。著名な国学者塙保己《はなわほき》一《いち》の息子であり、彼自らも国学者であった。

突然伊藤からこのような戦慄すべき告白を聞かされたアレクサンダーは、身のやり場に窮したに違いない。この人斬り譚をどう遇したらよいか逡巡しているさまが、日記の行間から偲ばれる。「美しき魂の告白」。そうアレクサンダーは結んでいる。

当の伊藤のほうは、どのような心境でかつての血腥い体験を物語ったのだろうか。かつて岩倉使節団として欧州にあったときも、彼は傍の者にこの話を語り聞かせていたという。(73) 海外にあるという気の緩みのなせる業だったのかもしれない。そしてそこにはまた、憲法調査の成果に満足して気持ちの大きくなっていたという事情もあったのではないだろうか。

翌明治一六（一八八三）年二月一九日、伊藤はベルリンを離れ、ベルギーなどを経由してロンドンへ向かい、そこで二カ月滞在している。イギリスでは社会進化論で有名なハーバート・スペンサー（Herbert Spencer, 1820-1903）に面会したほか、グリグスビーなる人物の講話を聴いたとのことであるが、その詳細は不明である。伊東巳代治によれば、ドイツで収集した資料の英訳を現地のイギリス人に委託していたらしく、これまでの調査成果の取りまとめがおこなわれていた模様である。(74) したがって、実質的な調査はドイツ・オーストリアにおいてあらかた済んでいたといってよい。

伊藤はその後、五月にモスクワでのロシア皇帝即位式に参列し、六月二六日、ナポリより帰国の途についた。

## 大隈への秘信

『伊藤博文文書』のなかに、伊藤が憲法調査時に書き起こし、そして途中で筆を止めた一枚の書簡草稿が残されている。内容から見て、それはウィーンでの調査を終えた後に、大隈に宛てて伊藤が出そうとした手紙ではないかと推測される。かつての盟友であった政敵への、ついに発送されることなく、筐底《きょうてい》に秘されたその書状は、ウィーンでの成果にいささか酔い痴れ、日本へそれを誇大に喧伝していたようにも見受けられる伊藤が、その一方で内心独り噛み締めていた「心私かに死処を得るの心地」を物語っている。

僕賢兄ト相見サル已ニ一年、而シテ今地球ノ東西ニ離居ス。徒ニ相離居スル而已ナラス。国家ノ為メニ計画スル所ノ方嚮ニ至テモ亦相隔万々矣。顧ミテ去春熱海温泉ニ浴シ交膝将来ノ大計ヲ談セシコトヲ思ヘハ、恍惚トシテ尚ホ目ニ在ルカ如シ。而シテ人生ノ離合夫レ此ノ如シ。徒ニ離合ノ此ノ如キ而已ナラス、其方嚮ノ変転ニ至テモ亦此ノ如シ。是レ天ノ然カラシムル所カ、将タ吾輩ノ自カラ求ムル所ニ出ルカ。僕豈ニ強テ天人ノ際ヲ窮メンヤ。是ヲ窮ヲ《ママ》ルモ国家ヲ益スルナシ。苟モ国家ヲ〔以下欠〕[75]。

熱海でともに国政を語り合ったのは前年の初春であった。それから経った月日は長くないが、この間政界は大きく揺れ動き、二人の境遇も激変した。今や両者は洋の東西を隔てた地に身を置き、それ以上に政治的な地位には懸隔がある。

だが、そもそも伊藤と大隈との間には、議会制度を布き、近代的な国民国家を確立して不平等条約を改正するという大義において相違はなかった。明治一四年政変の余燼《よじん》いまだ消えざる日本から遠く身を置き、伊藤は今冷静に国家の行く末を凝視できる境地に達していた。それは大隈の急進主義とも、岩倉ら政府首脳部のやみくもな議会政治排斥とも一線を画し、両者の対立を自らのうちで宥和統合するとの方向である。右の手簡には、その静かな自信を読み取ることができる。

註

（1）以上の経緯について、簡便かつ均整の取れた概説として、鳥海・前掲『日本近代史講義』、五七頁以下や大石眞『日本憲法史』（有斐閣、一九九五年）、二二五頁以下を参照。

（2）明治一四年の政変については、さしあたり坂本一登『伊藤博文と明治国家形成』（吉川弘文館、一九九一年）、四一頁以下を参照。また、筆者もかつてこの件について論じたことがある。参照、拙著『ドイツ国家学と明治国制』（ミネルヴァ書房、一九九九年）、一八六頁以下。なお、本章全般の叙述はこの拙著第五章で論じたことを、さらにドイツ・オーストリアとの比較憲法史的視点を加味して再論したものである。

（3）明治一四年七月二日付岩倉宛伊藤書簡、『伊藤伝』中巻、二〇七頁。

（4）稲田『成立史』上巻、五六五頁。

（5）『木戸日記』、四五二頁以下（明治六年二月二〇日の条）を参照。

(6) 大隈侯八十五年史会編『大隈侯八十五年史』第一巻（原書房、一九七〇年）、二六一頁。
(7) 明治一四年の政変と井上の政治的台頭について、大久保利謙のつぎの古典的な研究を参照。「明治十四年の政変──薩長藩閥政権の確立」（初出一九五二年）、『明治国家の形成　大久保利謙歴史著作集』第二巻（吉川弘文館、一九八六年）。また、坂本・前掲『伊藤博文と明治国家形成』も井上の政変時の舞台回し的役割について論じている。
(8) 多田好問編『岩倉公実記』下巻（原書房、一九六八年）、七一五頁以下。
(9) 『保古飛呂比』第一一巻、二二一～二二三頁。
(10) 稲田『成立史』上巻、五四五頁。
(11) 『伊藤伝』中巻、二五六頁以下。
(12) 池田宏編『大森鍾一』（非売品、一九三〇年）、一〇二頁。
(13) 明治一五年二月二二日付井上宛福地書簡、『井上馨文書』二五五―（二）。
(14) 明治一五年二月二六日付井上宛福地書簡、『井上馨文書』二五五―（三）。
(15) 前掲・拙著『ドイツ国家学と明治国制』を参照。
(16) 「留客斎日記」、『小野梓全集』第三巻（早稲田大学出版部、一九八二年）、三八八頁。
(17) 吉田正春談、尾佐竹猛『日本憲政史』（日本評論社、一九三〇年）、三三八頁
(18) 以上の経緯につき、河上倫逸『法の文化社会史』（ミネルヴァ書房、一九八九年）を参照。
(19) 尾佐竹・前掲『日本憲政史』、三三八～三三九頁。
(20) 明治一五年五月二四日付松方宛伊藤書簡、『伊藤伝』中巻、二七一頁。
(21) 明治一五年九月六日付松方宛伊藤書簡、『伊藤伝』中巻、三一四頁以下。
(22) 同右。

(23) 以下の記述は、Ernst Rudolf Huber, *Deutsche Verfassungsgeschichte, Bd. IV*, Stuttgart u.a., 1969, S. 142ff. およびロタール・ガル(大内宏一訳)『ビスマルク——白色革命家』(創文社、一九八八年)、特に六八〇頁以下、に多くを負う。
(24) 前注20の松方宛伊藤書簡、二七一~二七二頁。
(25) 国立国会図書館憲政資料室『伊東巳代治関係文書』所収。清水『制定史』に翻刻。
(26) 明治一五年七月五日付井上宛伊藤書簡、『井上馨文書』六二八—九。
(27) 『秘録』、二九二頁。
(28) 前注26の井上宛伊藤書簡。
(29) 清水『制定史』、三三六頁。
(30) 『伊藤文書』第七巻、二一八頁以下。
(31) 前注20の松方宛伊藤書簡、二七一頁。
(32) 坂根義久校注『青木周蔵自伝』(平凡社、一九七〇年)、二三四頁以下。
(33) 同右。
(34) 明治一五年八月四日付山県有朋・井上馨・山田顕義宛伊藤書簡、『伊藤伝』中巻、二八二頁以下。
(35) 「滞欧中国情等ニ関スル通信文ノ案」『伊藤文書(憲政資料室)』一一二。
(36) 前注34の山県・井上・山田宛伊藤書簡、二八三頁。
(37) 吉野作造「スタイン・グナイストと伊藤博文」、『吉野作造選集』第一一巻(岩波書店、一九九五年〔初出一九三三年〕)、三四二~三六三頁。
(38) 「百世ノ治ハ学制ヲ改正シテ一国ノ思想ヲ一ニスルニ如カサル議」、河島醇稿『学制改正ニツキ河島醇ノ建議及本建議ニツキ福岡文部卿九鬼隆一加藤弘之等ノ朱批』(東書文庫所蔵:登録番号110/11)。

(39) 前注17。
(40) 清水『制定史』、三七頁。
(41) 明治一五年八月一〇日付本間清雄宛井田書簡、佐藤孝「明治初期一外交官の軌跡　本間清雄」『横浜開港資料館館報』第一二号（一九八五年）、六七頁。
(42) 明治一五年八月一九日付伊藤宛井田書簡、『伊藤文書』第一巻、一一四頁。
(43) 『福沢諭吉全集』第二一巻（岩波書店、一九六四年）、三六八頁。
(44) 明治一五年八月一一日付岩倉宛伊藤書簡、『伊藤伝』中巻、二九六～二九七頁。
(45) 明治一五年八月二七日付山田宛伊藤書簡、『伊藤伝』中巻、三〇三頁。
(46) このうち後者は、清水『制定史』に翻刻されている。以下では、この清水版を用いる。
(47) Supplementary Notes on State-Science, in: Kazuhiro Takii (Hrsg.), *Lorenz von Steins Arbeiten für Japan*, Frankfurt a.M. u. a., 1998, S. 115f. この講義録の原本は、神奈川県立金沢文庫に保管されている。なお、これの拙訳が瀧井一博編『シュタイン国家学ノート（日本憲法史叢書8）』（信山社、二〇〇五年）。
(48) Supplementary Notes on State-Science, S. 143f.
(49) 清水『制定史』、三五三頁。
(50) 同右、三六四頁。
(51) 同右、三六五頁。
(52) 同右、四一六頁。
(53) 明治一五年一〇月二二日付井上宛伊藤書簡、『伊藤伝』中巻、三二〇頁。
(54) 『続秘録』、四六～四七頁。

(55) 同右、四五～四六頁。

(56) 『秘録』、三〇七頁。

(57) 前注21の松方宛伊藤書簡、三一〇頁。

(58) 明治一五年八月二七日付山田顕義宛伊藤書簡、『伊藤伝』中巻、三〇五頁。

(59) アウスグライヒ体制下のオーストリアについては、Wilhelm Brauneder, *Österreichische Verfassungsgeschichte*, 8. *Aufl.*, Wien, 2001, S. 154ff. を参照。邦語文献としては、近年公刊された定評あるオーストリア通史（Erich Zöllner, *Geschichte Österreichs*, 8. *Aufl.*, Wien, 1990）の邦訳、エーリヒ・ツェルナー（リンツビヒラ裕美訳）『オーストリア史』（彩流社、二〇〇〇年）の第九章のほか、大津留厚『ハプスブルクの実験』（中公新書、一九九五年）、スティーヴン・ベラー（坂井榮八郎・川瀬美保訳）『フランツ・ヨーゼフとハプスブルク帝国』（刀水書房、二〇〇一年）第四章以下が有益。

(60) この時期におけるオーストリア憲政の状況については、W. Brauneder 前掲書のほか、ders., Die Verfassungsentwicklung in Österreich 1848 bis 1918, in: *Die Habsburgermonarchie 1848-1918, Bd. VII*, Wien, 2000 の包括的な記述を参照。邦語文献としてはさしあたり、ヴィルヘルム・ブラウネーダー（拙訳）「憲法とは何か」、『人文論集（神戸商科大学）』第三八巻第二号（二〇〇二年）所収、ならびに同著（皆川宏之訳）「オーストリア議会制の発展と特徴」、比較法史学会編『法生活と文明史』（未来社、二〇〇三年）所収がある。なお、明治二二年に明治憲法の宣伝のため欧州を訪れた金子堅太郎（後述終章参照）も、当時のオーストリアについてつぎのような観察を示している。「現今欧州の帝国中において、政治上最も困難を将来に来すべき国は墺太利とす。何となれば、同国は一領土内に十八の異なりたる国語あり、また人種の如きも錯雑して、その習慣風俗等各々異なりたるがため、現に一の法律を発布するに当り、独逸語の以て政府の公文とし、これを人民に周知せしむるには、その地方の邦語を以てするを常とするを見て推測するに足る。けだし、墺国は将来、益々憲法政治を発達せしめ、国政の統一を謀り得るや否や、余は一問題として他日に研究する処あらんと欲するなり」（金子『巡回記』、五三頁）。

(61) 一九世紀末のオーストリア議会の惨状については、『トム・ソーヤの冒険』のマーク・トウェインによる抱腹絶倒のルポルタージュがある。マーク・トウェイン（長尾龍一訳）「オーストリア議会見聞記」、『政経研究』第三七巻第三号（二〇〇〇年）二三九〜二八五頁。

(62) 為政者としてのフランツ・ヨーゼフについては、ベラー前掲書のほか、古典的なものとして、Joseph Redlich, *Kaiser Franz Joseph von Österreich*, Berlin, 1929を参照。

(63) シュタインはむしろ、父フランツ・ヨーゼフと反目していた、より自由主義的な思想の持ち主ルドルフ皇太子（Kronprinz Rudolf von Österreich, 1858-89）にシンパシーを持っていたようである。ルドルフに国家学を授ける傅育係の人選が諮られた際、彼は自分の弟子イナマ＝シュテルネッグを推挙している（実際に就任したのは、近代経済学の祖として有名なカール・メンガー〔Carl Menger, 1840-1921〕だった）。Erich W. Streissler and Monika Streissler (ed.), *Carl Menger's Lectures to Crown Prince Rudolf of Austria*, Edward Elger, 1994, p.5. ちなみに皇太子ルドルフは、父との不和などによる精神的圧迫がもとで、一八八九年一月三〇日、ウィーン郊外のマイヤーリンクで愛人の男爵令嬢と心中自殺するというスキャンダラスな死を遂げる。

(64) 『秘録』、三〇七頁以下。

(65) 清水『制定史』、三六〜三七頁。

(66) 西園寺の調査の内容について、立命館大学西園寺公望伝編纂委員会『西園寺公望伝』第一巻（岩波書店、一九九〇年）、四一一頁以下、および岩井忠熊『西園寺公望』（岩波新書、二〇〇三年）、五一頁以下を参照。

(67)「シュタイン詣で」については次章で再論する。

(68) Alexander Freiherrn von Siebold, Persönliche Erinnerungen an den Fürsten Ito Hirobumi, in: *Deutsche Revue, Jg.* 35, *Bd.* 2, 1910, 226f. これは伊藤の死に寄せてシーボルトが著した追悼記である。これの英訳冊子（*Personal Reminiscences of Prince Ito Hirobumi*）が、管見の限りでは、長崎市のシーボルト記念館に所蔵されている。

(69) この時期のシーボルトの日記が残されており、これによって二度目のベルリン滞在時の伊藤の動向がわかる。Vera Schmidt, *Alexander von Siebold: Die Tagebücher, A 1866–1892* (*Acta Sieboldiana VII*), 1992, Wiesbaden, S. 338ff.

(70) 前注 Schmdit。また、明治一六年三月二一日付シーボルト宛伊藤書簡（Arcadio Schwade (Hrsg.), *Briefe aus dem Familienarchiv von Brandenstein: der Kreis um Alexander und Heinrich von Siebold* (*Acta Sieboldiana IV*), Wiesbaden, 1991, S. 48-49）にも、シーボルトの英訳したグナイスト講義受領のことが記されている。

(71)『グナイスト文書』の日本関係資料については、拙稿「『グナイスト文書』再訪」『書斎の窓』第四八〇号、一九九八年を参照。

(72) Schmidt, *a.a.O.*, S. 342.

(73)『伊藤伝』上巻、七三三頁。

(74)『伊藤伝』中巻、三六二頁の明治一六年九月付伊藤宛伊東巳代治書簡を参照。

(75)「欧州滞在中の手簡一部」、『伊藤文書〔憲政資料室〕』一一一。

# 第三章　山県有朋の欧米巡遊——もうひとつの「憲法」調査

## 1　明治憲法が成立したとき

### 「立憲カリスマ」の制度改革

明治一六（一八八三）年八月三日、伊藤は日本に帰国した。帰国後伊藤は「立憲カリスマ」として制憲作業を指導したと評されるように（坂本一登）、これ以後彼はまさにカリスマとしての権威と自信をもって精力的に立憲制度導入の地均《じなら》しを進めていくことになる。(1)伊藤にとってさらに好都合だったことに、帰国途上の香港において、かねて病床にあった岩倉具視の訃報が届いた。日本帰還を目前に控え、伊藤はまさに全権をもって憲法制定作業に君臨することを名実ともに保障されたのである。

帰国後、伊藤はただちに憲法の起草に着手したのではない。前章で見てきたように、ヨーロッパの地で伊藤が確信したこと、それは「憲法」に尽きない、constitution の深奥なからくりであった。立憲政治というものが、単に憲法の制定によって実現されるものではなく、その前提として行政諸制度をはじめとする国家諸機関ならびに為政者と国民の意識をそれに見合ったかたちに作り変えなければならないこと。伊藤が体得して帰ってきたのはそのことであった。

したがって、憲法制定に先立ち、国家の政治システムの大幅な刷新が企図されることになる。このために伊藤は宮中に設置された制度取調局の長官に任ぜられ（明治一七年三月）、そこを拠点に種々の制度改革に乗りだす。宮内卿にも就任した彼はまず宮中改革に携わり、宮内省機構の整備と皇室財政の自立化を策動する。これは宮中と府中の別を確立するという伊藤の国家構想と連動している。

明治一〇年代、天皇の精神的肉体的成熟とともに、天皇親政の気運の上昇が見られた。しかし、伊藤は天皇およびその側近が独自の意思をもって政治に介入したり、あるいは天皇が政治に吸引されるのを防ぐために、宮中を政治から自律した空間として構築し、天皇と政治との直接的なつながりを断とうとするのである。それは、天皇の立憲君主化への第一歩である。

## 官僚養成システム

明治一八（一八八五）年一二月には官制の大改革により、太政官制度が廃止され、近代的内閣制度が導入される。これによって公家支配に名目上も終止符が打たれ、国家指導の地位は形式上広く国民に開かれることとなった。それは同時に、天皇に責任を負いながらもそこから自律した政治執行部の確立を意味している。

またヨーロッパにおいて伊藤は、シュタインの影響のもと、立憲政治を支える行政の原理に開眼していた。そのために不可欠なのは、近代的官僚の存在であり、そのリクルート・システムである。明治一九（一八八六）年三月、帝国大学令が公布され帝国大学が設立される。「国家ノ須要ニ応スル学術技芸ヲ教授シ及其蘊奥《うんのう》ヲ攻究スル」（帝国大学令第一条）と掲げられていたことから窺われるように、それは国家体制との連関を強く意識して設けられた高等教育研究機関であった。帝国大学は翌年七月に制定された文官試験試補及見習規則ならびに官吏服務紀律とセットとして、立憲国家を行政的に支える官僚養成システムを形作るものなのであり、それらをひとまとめにして「帝国大学体制」（中野実）と呼ぶことができる(2)。

## 天皇の政治活動の制度化――枢密院の創設

さらに明治二一（一八八八）年四月には枢密院が開設され、伊藤が初代の議長に就任した。枢密院は、当初は憲法や皇室典範などの国家基本法案の審議のために設けられた制度であるが、そこには立憲君主制の要諦としての意義があった。伊藤は、枢密院設置の意義を井上毅に説明していう。

愚案ニ而ハ、英国ニ倣ひ俄ニ議会政府ヲ設立スルコトモ不出来、又孛相ノ説ノ如ク之ヲ政略ニ委シテ優勝劣敗ニ帰セシムルカ如キコトモ、事実我国情ニ於テ頗危険ナル而已ナラス、第一至尊之御困難不可謂コトト存候而、全ク小子ノ新発明ヨリ起候事ニ有之候。抑《そもそも》我憲法ノ主義ヲ討窮スル時ハ着々主権ヲ王室ニ帰シ、極処ニ到テハ至尊之御裁断ヲ以終局之決定ト取極置候ニ付而ハ、万一政府議会之間協議不相調時ハ、聖裁ニ依リ大臣之辞職ト相成カ、又ハ議会之解散ト相成ルカ、両途之外ニ不出。此場合ニ於テ国家ノ大勢、国民之感情ヲ明察シ、抑揚其宜ヲ得ルニハ善良ナル勧告ヲ呈スル顧問官ナカルベカラズ。之ヲ枢密院ニ不求シテ他ニ求ムル所ナシト断定候……(3)

ここで伊藤は、議会と政府が対立した際の天皇の政治的決定権を指摘している。そしてそのための顧問団として枢密院が考案されているのである。伊藤は、この制度は日本の立憲政治がイギリス流にも、またプロイセン流にも阿《おもね》らないための独自の制度であり、「全ク小子ノ新発明」だと自負している。

もっとも、伊藤の発案が、何らの国家学的後ろ盾なしに編みだされたものともいえないだろう。明治二〇(一八八七)年二月にウィーンを訪れた小松宮彰仁親王は、シュタインの講義を受講したが、そのなかでシュタインは、君主の政治的仲裁機能を論じている。シュタインによれば、君主が「行政立法ノ上ニ立〔チ〕、万機ヲ総轄」するためには「常ニ

至尊直ニ忠良ノ人」を用いて顧問とし、「広ク内外国ノ状態形勢ヲ知悉シ」て「万機ヲ判決」しなければならないとされる。(4)

つまり、天皇の政治的行為のための諮問機関、それが枢密院なのである。なお、ここで天皇が「万機ヲ総轄」すると謳われているからといって、その政治的主権者性を高く見積もることはできない。むしろ、枢密院の設置とは、天皇の政治的突出にたがを嵌《は》めるものであったといえよう。これによって天皇の政治的意思形成は、宮中の奥深くから連れださされ、枢密顧問官という国家評議員たちの面前で彼らの審議を通じて遂行されることとなったのである。前記の宮中府中の別によって、天皇の政治的君主化は妨げられたが、枢密院の創設により、天皇の政治活動も明確に制度化されることになる。かくして、天皇の立憲君主化が促進されるのである。

### 伊藤の敷いたレール

以上のように、伊藤の帰国から憲法発布までの期間とは、単なる憲法条文の作成作業にとどまらず、国制の枠組みそのものが再編制されていた時期だった。それらが全体となって立憲国家としての明治国制が形作られるのであり、それは伊藤の強力なリーダーシップに負うものだったのである。帰国後伊藤は、自らの描く立憲国家化の設計図に則って、井上毅ら配下の法制官僚を駆使して、上述のような国家諸制度の改革を指示し実現していく。

それは、憲法調査時におけるシュタインの教えの実践に他ならない。ここで伊藤は、シュタインの講義に忠実に、立憲政治の受け皿となる行政システムの構築を営々と進めていたのである。

他方で、伊藤は滞欧中、ドイツ諸国が直面している立憲政治の危険性と困難についても洞察を深める機会をもった。しかしそれは議会制度の排斥を帰結したのではなかった。伊藤のなかで議会政治への信念は揺らがなかったのである。伊藤が感得したことは、立憲政治のもとでは議会政治の伸長は不可避であるが、それは国民意識という確固とした公共心に裏打ちされていなければ、党派主義によって解体してしまうということであった。したがって、議会制度の導入は憲法制定によって完結するものではなく、その定着のためにはさらに忍耐強い政治努力が必要とされる。憲法調査の過程で伊藤は、シュタインの示唆を受けることにより、「来る憲法」を越えて、より長いスパンで「あるべき国制」を実現していくという政治目標の転換を遂げたと考えられる。

実際、議会開設後の伊藤の政治指導はこの点一貫している。東アジア初の議会制度は当初から困難の連続に直面した。議会を基盤とする反政府勢力と政府ならびに官僚との対立により、何度も憲法停止の危機が訪れた。それを乗り越えることができたのは、伊藤の柔軟な対議会政策による部分が大きい。伊藤は最大野党自由党の切り崩しや提携を通じて、絶えず議会内に多数派を形作ることに腐心し、議会と政府の対立を穏便に乗り越えていくこうと努めた。いよいよの危機的状況の際には、天皇の議会への介入を求めた。フランツ・ヨーゼフ的君主像の限定的な採用である。

明治三三（一九〇〇）年、年来の政治的交渉相手である自由党を母胎に、伊藤は自ら立憲政友会を組織し、政党指導者として議会政治に参入していく。伊藤自身は明治四二（一九〇九）年に世を去るが、その後わが国で政党政治が進捗し、大正七（一九一八）年には原敬《はらたかし》のもとで本格的な政党内閣が実現することは、伊藤の敷いたレールがなければ不可能だったであろう。(5)

## 「不磨の大典」

このような国家諸制度の改革・創設の連なりの果てに、明治二二（一八八九）年二月一一日、憲法典は公布された。この日は憲法のみならず皇室典範の制定も告げられ（皇室家法という建て前、公布というかたちはとられていない）、さらに諸々の憲法付属法も公布された。議院法、衆議院議員選挙法、会計法、貴族院令がそれである。いわゆる大日本帝国憲法のみが憲法の名称を冠せられているが、実際にはこれら諸法が一体となって明治日本の constitution が構成されたのだった。したがって、国家の基本法という次元で論じるならば、これらの制定法をワンセットにしてとらえる必要がある。それらによって日本は近代的な皇室、議会、内閣といった制度的外観を整え、立憲国家としての歩みをはじめ

るのである。(6)

そうしてみると、明治憲法と実際の日本の constitution との間には大きな隔たりがあるということになる。国家を成り立たせる基本法にも様々なものがあり、憲法はそのひとつに過ぎない。もちろん、「不磨の大典」として発布された憲法がその他の通常法律と同列であるわけがない。両者の間には規範的な優劣のうえで格段の差がある。しかしたかだか七六条の条文数しかもたない憲法によって、国家生活のすみずみが規定され尽くすということは到底無理である。憲法が constitution に達するには、様々な立法や政治、行政による媒介が必要とされるのである。(7)

### 統合とシンボル

ではそのような憲法の限界を認めたうえで、その意義はどこに求められるのだろうか。まずそれは基本法中の基本法だといえる。抽出された文言は、国家の構成を指示する根本原理に他ならない。だがそういった場合も、その根本原理の性格をどう考えるかが問題である。明治憲法はよく知られているように、強大な天皇大権を定め、天皇が統治を総攬するという天皇主権を謳った。しかしすでに見てきたように、起草者伊藤の真意は別のところにあった。伊藤の志向していたのは制限君主制であり、政府と議会の共同作業として政治がおこなわれることを彼は理想としていたのである。

それならば、憲法制定の意義とは何なのか。それによって何が変わったのか。本書が特に注目したいのが、すでに何度か言及してきた統合とシンボルの機能である。憲法によって諸々の国家制度を束ねる求心力が設定され、国家の統合原理が確立する。特にそれによって国の最高規範が定立されたことの意味は大きい。これまで時局に応じて恣意的に発せられてきたきらいのある諸法令がいまや、憲法という基準にしたがい、それとの整合性をつねに意識して定められることになった。国家は、憲法を頂点とする首尾一貫した法体系として構築されることになったのである(8)。

憲法のシンボル的機能とは、対外的対内的のふたつの意味がある。対外的には、憲法の発布とは、何よりも文明国参入への意思表示であった。条約改正を悲願としていた当時にあって、憲法は文明国のシンボルと観念されていたのである。

また、公布というかたちで広く国民に向けて国家の成り立ちを開示したことによって、憲法は国民を政治的に活性化させ、国家へと統合していく作用を担いうる。憲法を通じて、国民の政治的エネルギーを国政の場に汲み上げる水路が設けられ、国民のほうも憲法を通じて、国の統治作用に影響を及ぼしていく可能性が保障されたのである。その意味で、憲法は疑いもなく国民国家としてのシンボルだった。

「和魂」と「洋才」

憲法発布の際の様々な情景は、憲法のそのようなシンボル的側面を垣間見せてくれる。まずは発布式の模様から。

憲法発布の式典は、この年の一月に新竣なった皇居で挙行された。明治六(一八七三)年五月に江戸城内の旧皇居は炎上し、それ以後一〇年以上もの間、天皇は赤坂の旧紀州藩邸に仮寓していた。この日の式典には、新しい皇居のお披露目の意味合いも込められていたのである。

式典に先立ち、宮中賢所において紀元節御親祭が執りおこなわれた(9)。集まった華族や顕官たちの前に「古代服」で登場した天皇は、御簾のなかに入り、皇祖皇宗に宛てて憲法発布の御告文を奏した。かつて五箇条の御誓文を神霊に奉ったのと同様に、憲法の発布はまず何よりも、「復古」の枠組みのなかで遂行されたのである。

ここで、第一章で触れた岩倉使節団の出立の模様を思い起こしてみたい。その際にも、遣外使祭という古式に則った祭式によって、使節一行は送りだされた。だが、そのような「復古」の精神は、出港のときから後景に退いていっていた。おなじ構図がこの憲法発布のときにもあてはまる。

賢所での祭式の後、参列者一同は正殿に移動した。つぎにそこでおこなわれる発布式に列席するためである。ここで式典は、それまでの秘儀的な装いを脱し、華美で荘厳な演出をまとって進行する。そのありようを当時お雇い外国人として宮中に勤めていたオットマール・フォン・モール（Ottmar von Mohl, 1846–1922）はつぎのように伝えている。

天皇はその後、洋式の軍服を召され、宮中の人々とともにいかめしい行列をつくり、今回の目的のためにつくられたきらびやかな玉座の間に入られた。広間にはすでに玉座の右側に皇后と内親王、そして左側に親王と外国外交団の面々が整列していた。(10)

宮中奥深くの神殿で憲法を「奉納」した天皇は、その祭儀を終えるや洋装へと身を変じ、今度は憲法を国民に下賜する式典に臨んだ。天皇の洋装に象徴されるように、発布式は打って変わって洋風でおこなわれた。式を前にして、参列者たちの間では洋礼服の新調が相次ぎ、都下の洋服店や帽子屋・靴屋は挙って品切れの状態だったという。(11)またもや岩倉使節団を想起させる話だが、今はとにかくモールの引用をつづけよう。

天皇は玉座から高いはっきりしたお声で、日本国民に憲法を与える宣言を朗読された。広間は荘重な様子を示した。天皇と向かいあって日本の高位高官と有名人、それに来るべき衆議院、貴族院両院の議員たちが幾列も並んでいた〔華族や府県会議長たちを指しているのであろうか——瀧井〕。天皇の右側には皇后が内親王の方々やお供の女官らとともにいくぶん高い壇上にお立ちになっていた。皇后は洋式のダイヤをちりばめた宝冠をおかぶりになり、バラ色の衣裳に、やはりダイヤをちりばめたリヴィエラ風のアクセサリーをつけておられた。皇后と傍の内親王の方々はいずれも日本の勲章をおつけになっていた。皇室のご婦人たちの一団、それに優雅な女性たちの群れは非常に好ましい印象を与えた。宮中につとめる男性は天皇ご夫妻の後方、広間の壁際に整列した。外交団の面々は、めったにないことだが、すっかり顔をそろえており、彼らの色とりどりの軍服や衣裳は祝典をいやが上にも活気づけた。(12)

長い引用になったが、発布式の光景がよく窺える文章だろう。御親祭とは一転、ヨーロッパの宮廷セレモニーと見紛うかである。「和魂」を奥に秘めつつ、憲法は「洋才」の衣裳をまとって世に出でたのだった。

そう考えてみると、右の引用にあるように、各国外交官の一群が招かれたことの意味は深長である。ちなみに、招待された外国人は外交官にかぎられていたわけではない。そこには、いわゆるお雇い外国人として招聘されていた西洋人たちも大挙して招かれていた。彼らを憲法誕生の立会いとしたことには、明らかに一定のメッセージが込められている。それは、今や日本は文明国として憲法を導入したのだという、西洋へ向けてのメッセージである。ここで憲法は、前述のような対外的な文明シンボルの意味合いを仮託されているのである。

憲法の威信を懸命に高めるかのように、この日天皇は精勤をきわめた。発布式典の後、午後一時には青山練兵場に行幸し観兵式を挙行、五時に還御、息つく間もなく七時からは宮中にて憲法発布式の参列者を中心に三〇〇名以上を招待した大晩餐会を開催し、それは真夜中までつづいた。さすがの天皇も最後のほうには疲労の色を隠せず、夜一〇時を回ってからはじまった（！）舞楽の最中には疲れがピークに達し、そのためにいったん公演が中断されたという(13)。

「憲法発布式」（和田英作筆、聖徳記念絵画館蔵）

**予期せぬ椿事**

天皇を中心に据えた立憲セレモニーの陰では、当然、政府首脳陣も大《おお》童《わらわ》であった。舞台裏の繁劇に輪をかけるように、発布式の当日、三つの予期せぬ椿事がもち上がった[14]。

まずは有名な森有礼暗殺事件である。文部大臣として内閣に列していた森が、この日の朝、式典に出かけようとしたまさにその時、刺客によって襲撃されたのである。なかなか現れない森をやきもきしながら待っていた関係者一同は、凶変の報に接し、大きな衝撃に見舞われた。このことが列席者に知られては、式が混乱を来すかもしれない。政府は式の終了まで森遭難の報を隠匿することに決し、森不在のなか、式典は粛々と進行したのである。

第二は、伊藤の憲法正本忘失事件である。伊藤はこの日、憔悴した面持ちで側近たちの前に現れたという。流石の伊藤も昨夜は緊張で寝られなかったのであろうか。そのような伊藤に、井上毅・伊東巳代治とならぶ憲法起草スタッフの一人金子堅太郎が「憲法は?」と尋ねた。すると、何たることか、彼は前日に紫の袱紗に包んで渡されていた憲法の正本を官邸に置き忘れてきたのである。直ちに使いの者が送られ、それを持参してきたが、「藤公一生の大失策」であった。

最後に、井上毅の日付誤記事件である。この日天皇が発布式で朗読し、官報にも掲載された憲法上諭文中に、日付の誤記があった。すなわち、明治一四(一八八一)年の国会開設の勅諭に触れた箇所で、その公布日が一四年一〇月一二日ではなく、一四日と誤写されてしまっていたのである。影の憲法起草者として憲法制定に獅子奮迅の働きをなしてきた井上が、最後の最後でやってしまった「筆の誤り」である。軽微な瑕瑾《かきん》といってしまえそうだが、当の井上は「進退伺」を出し、「相当ノ御処分」を依願した。のみならず、井上は「死を以て申訳するの外な」しとまで思い詰めていたらしい。精巧かつ緻密な頭脳を誇り、「井上の立案だから万に一つ疎《そ》漏過誤《ろうかご》のあるべき筈がない」(金子)との全幅の信頼をほしいままにしてきた彼にしてみれば、まさに「九仞《じん》の功を一簣《き》に虧《か》く想い以上のもの」(大石眞)であったろう。この一件は、結局伊藤の取り成しによって事なきを得た。

以上のように、発布式典の裏では、政府当局者が冷や汗の連続であった。特に伊藤と井上という二人の立憲カリスマが、ともに失態を演じたという話はできすぎている。両者の椿事から浮かび上がってくるのは、二人の対照的な精神像である。一字一句を忽《ゆるが》せにしない謹厳実直な「精忠の士」井上に対し、伊藤のほうは、発布式当日によりにもよって憲法典そのものを忘れながら、どこか恬然としているように思われる。(15)それは、憲法に内在化し、その化身となろうとする一人の高潔な官僚と、憲法をあくまで運用の対象とみなし、それを駆使してさらなる国家理念の実現をめざしていこうとする政治家の姿の違いといえないだろうか。

## シニカルなまなざし

つぎに、国民は憲法の公布をどのように迎えたのか。巷の祝賀ぶりの一方で、「だが、こっけいなことには、誰も憲法の内容をご存じないのだ」[16]とはお雇い医師エルヴィン・ベルツ（Erwin von Bälz, 1849–1913）の有名な観察である。ここでは、ベルツと同じお雇いドイツ人で帝国大学の政治学教授であったカール・ラートゲン（Karl Rathgen, 1856–1921）の書簡を紹介したい。それによれば、憲法が発布されると聞いても、人びとは何のことかわからず、当初は無関心であったらしい。

二月十一日に憲法が公布されるとのニュースが広まったとき、国民は極めて無関心でした。政府があからさまに期待していた歓喜の表現は見られませんでした。しかし政府の考えるところ、国民は喜ぶべきなのです。地方官吏と新聞は指令を受けました。即座に次のような記事が出ました。この日には礼服を着て、酒を飲み、お祝いするのが、忠誠な者全員の義務である、と。地方官吏は名士たちを呼び集め、この日はお寺のお祝い（祭り）のかたちで祝わなければならない、それがお上の御所望だと彼らに言い聞かせました。これに背く者は、これから先祭りを祝ってはならないというのです。当日お店を開けたり、仕事をするのは禁じられたとのことです。私の料理人の語ったところでは、辺り一帯が大きな憂鬱のなかにあるとのことでした。[17]

憲法発布上野の賑（憲政記念館蔵）

政府の祝賀要請に国民は最初戸惑いを隠せなかったことが窺える。だが、上からの執拗なお祭りモードの醸成が功を奏してか、次第に国民感情の昂ぶりが見られてきた。

ここ数日、人々が自分たちなりのお祝いの準備に精出してようやく、事態は少し生彩に富んできました。町も至るところお祝いの飾り付けで、すっかり美しく映えてきました。群衆が皇居の驚くほど近くで膨れていきました。どれくらいのいざこざが起こったのか、はっきりとは分からないでしょう。こんなただならない群衆を規制することなど警察にはとても無理でしたが、にもかかわらず、狭い城門と橋の上でそれ以外には何も起こらなかったのは、不思議です。それは、われわれには理解の及ばないほどの規律と忍耐と穏便を有した日本人の国民性のおかげです。発生した多くの事故の主たる責任は、重々しい牛車で皇居の周辺に乗り付け、それでその周りを延々と行進した大勢の輩にあります。車の多くは、極めて華美に富み、興趣尽きないものでした。しかしこのような愚行が憲法や政治的成熟とどう関係するのか、理解しかねるものがありました(18)。

ラートゲンはさらに、「日本に来て初めて本当の取っ組み合いのけんかを見た」と記し、ふるまわれるただ酒、日に夜に打ち上げられる花火、街全体を彩るイルミネーション、学生たちの松明《たいまつ》行列を報じている。しかしすでに引用したなかにも表れているように、そのような騒ぎを見つめる彼のまなざしは、ベルツ同様、シニカルなものである。「あらゆる喧騒やけたたましい歓楽にもかかわらず、すべては作為的で、心底から共感している者など誰もいません」、とラートゲンは締め括っている。

「噫憲法よ汝巳に生れたり」

憲法発布に伴う巷の乱痴気騒ぎは、エトランゼの冷徹な視線を通して見れば、鼻白むものでしかなかった。だが、この憲法を軸にしてこれから展開されていく憲政にあずかる者たちにとっては、受け取り方はちがったはずである。憲法を希求していた自由民権の人びとは、政府の発した憲法にどのような反応を示したのだろうか。

当時の民権派の新聞・雑誌は総じて、憲法の発布を歓迎している。(19)「余は大日本帝国憲法を良憲法と思ふなり、聞しに優る良憲法と思ふなり」とは、改進党の論客高田早苗《たかださなえ》の評である。これは改進党の共通見解といってよいもので、毎日新聞の記者をしていた肥塚《こえづか》龍《りゅう》も新聞紙上で「大体に於いては実に称賛すべきの憲法なり」と記していたほか、ある党員は憲法を一覧して「満腔《まんこう》の歓喜の情を催した」と述べながら、「私共ばかりぢやない、全国の国民中一人として不満を称へるやうなものはなかつたやうに思ひます」との談話を残している。(20)

改進党の人びとの好意的な評価の背景には、前年二月における大隈重信の入閣という事態があったであろう。だがそれにとどまらず、彼らの示す歓迎には、もっと実質的な感激も込められていた。例えば、後に衆議院議長を務めることになる大岡育造《おおおかいくぞう》（当時東京府会議員）は、憲法発布時をふりかえってつぎのように回顧している。

憲法発布の当日。一県会議員に至る迄宮中の御式に参列さしたと云ふ事を聞いた時、どんなに私は驚いたらう。今迄身分ある相当の人々でさへも、宮中に入る事が出来ずに遥かに皇居を伏拝んで御門の砂を押戴いて来たと云ふ話を屢聴いた。然るに其当日一平民たる県会議員迄が宮中に参内する光栄を得た、何と云ふ著しい変化であらう。(21)

実際に式に参列することのできたのは府県会議長までであったが、広く県会議員までが参列を許されたとの風聞が巷間に広がり、民心をとらえていたということは重要である。この日宮中は政治に携わる者に広く公開され、政府と敵対していた者でさえ議員であれば招き入れられたと観念されたのである。新装の宮中正殿は、憲法の下賜を通じて、これまでの政治的対立を宥和する場としてお披露目を遂げたといえよう。憲法発布と同時に、政治犯として獄にあった民権派の壮士たちが挙って大赦を得て釈放されているが、それも憲法が宮中から発する政治的宥和のメッセージとみなすことができる。このように憲法の制定によって民権派は、自分たちの存在が体制によって認知され、国政にあずかる道が切り開かれたという実感を抱いた。その意味で、彼らも憲法を政治的なシンボルとして受容することに吝かではなかったのである。植木《うえき》枝盛《えもり》の筆になると伝えられるある新聞記事が、「噫《ああ》憲法よ汝已に生れたり、吾之を祝す、已に汝の生れたるを祝すれば随つて又汝の成長するを祈らざるべからず、汝尚《ねがわ》くば健食せよ」[22]と記すように、憲法ができ議会は開設される、とにもかくにも闘いの舞台は揃った、というのが彼らの偽らざる感慨だったであろう。

以上のように、宮中での憲法発布式ならびにそこから発信されたイメージは、疑いもなく政治の新しいあり方を告げるものだった。政治を目的として築かれる私人たちのネットワークや結社、そしてそれらを通じて人びとが構築し、あるいは動員されていく政治の空間をドイツの哲学者ユルゲン・ハーバーマスにならって「公共圏(Öffentlichkeit)」と呼ぶならば、明治憲法の発布はまさに国民国家としての公共圏が明治日本にもたらされたことを告げる一大イベントだったのである。もっともそれはハーバーマスがいうような下からの市民的公共圏というよりも、宮中を発信源とする欽定的公共圏と呼ばれるものなのであろうが。(23)

### 公共圏の成立を前にした緊張感

憲法は制定されたが、これによって国民の政治参加や民党勢力の政権参加が一挙に進んだわけではもちろんない。よく知られているように、選挙権を有していたのは、二五歳以上の男子で直接国税一五円以上を納めている者にかぎられていた。よほどの大地主でなければ有権者たりえなかったのである。

加えて、政府部内でも民権アレルギーは払拭されていたわけではなく、民党忌避の念には根強いものがあった。起草者の伊藤博文自身が、憲法発布の数日後、府県会議長を集めてつぎのように訓戒していた。

今後議会を開き政事を公議輿論に問はんとするに当り、遽《にわか》に議会政府即政党を以て内閣を組織せんと望むか如き最も至険の事たるを免れす。蓋党派の利を説くもの少なからすと雖も、既に一国の基軸定り政治をして公議の府に拠らしむるには充分の力を養成するを要す。若し此必要を欠て容易に国家の根本を揺撼するか如きことあらは、将来の不利果して如何ぞや。是予の私《ひそか》に憂慮する所なり(24)。

伊藤はここで、政党政治を頭から否定しているのではない。議会の場を政党勢力が席捲することを不可避とみなしながら、それによって国の統治が党派主義によって蹂躙されることを危惧し、憲法が施行されても議会政治や政党内閣はまだ時期尚早であることを説諭しているのである。

憲法発布の翌日、黒田清隆首相によって、政党政治の断固排斥を唱えた有名な超然演説がなされていたが、黒田の後を受けて、伊藤も右のように述べなければならないほど、民権派を抱えこんだ公共圏の成立を前に、政府部内では戦々兢々とした緊張感が漲っていたのである。憲法が成立し、維新以来の営々として築き上げられてきた国づくりにひとつの画期がもたらされたとはいえ、政府内の指導者たちは民権運動家のように気勢をあげたり、まして世間の喧騒に酔い痴れることなどできはしなかった。彼らはすでにつぎなる課題、すなわち翌年の議会開設後いかに政党勢力と与《くみ》し、国家を運営していくかという難問と直面していたのである。

憲法発布のその時、ヨーロッパの地でまさにこの問題を独り見据えていた政治家がいた。元勲の一人、山県有朋である。

この時山県は、ヨーロッパでの視察旅行の途上にあった。視察の目的を彼はつぎのように説明している。

此際往復凡八箇月間ノ積ヲ以テ欧州諸国ヲ巡廻シ其海岸砲台ヲ視察シ、且現今各府県ニ於テ市町村制実施ノ準備ニ着手シ来年四月ヲ以テ施行センコトヲ期スルノ情況ナレハ、欧州巡廻ノ序ヲ以テ普国地方制度施行ノ実況ヲモ視察セハ、参考上其得ルトコロ亦尠カラサル可シト思考ス(25)。

山県有朋

ここでは旅の名目として、欧州の地方制度ならびに軍事制度の調査が掲げられている。実際、山県は、行く先々で、「地方制度ノ実際ヲ視察シ、且ツ軍事ノ大班ヲモ研究スル(26)」ために来訪したとくりかえし説明している。

だが、その旅にはもっと奥深い意義があった。そもそも山県は、後に伊藤のライバルとして政界を二分することになる人物である(27)。伊藤がやがて立憲政友会の党首として政党政治の確立に邁進していくのに対し、山県は内務省をはじめとする官僚層、陸軍、貴族院、枢密院、そして宮中に山県閥と呼ばれる影響網を張り巡らし、政党勢力の封印に精魂を傾けることになる。まさにこの両人の対立と拮抗のなかで、憲法制定後の明治憲法史は進展していくのである。

そのような山県が、明治憲法誕生というハレの場を欠席しながら敢行したその旅は、岩倉使節団、伊藤につぐもうひとつの「憲法」調査の性格を帯びている。はたして山県は、遠くヨーロッパの地でいかなる国制構想を育んでいたのだろうか。

## 2　山県有朋の欧州視察

「有馬で温泉に入らないようなもの」――シュタイン詣で

明治二一（一八八八）年一二月二日、内務大臣だった山県は、その職を松方正義《まつかたまさよし》に預け、欧米へ向けて旅立った[28]。翌年一〇月二日に帰国するまでの一〇カ月間、山県は日本を留守にする。伊藤の憲法調査にせよ、今回の山県にせよ、政府の中心にある人物がかくも頻繁に長期間本国を不在にするとはいささか奇異に思われる。山県の場合にも、この時期にあえて長期の旅行をおこなうにあたっては、様々の政治的要因があったであろうことは想像に難くない[29]。だがその背景には、そもそも明治一五（一八八二）年の伊藤の渡欧以来、政府高官の間で洋行がブームとなっていたという事情もあったことを忘れてはならない。

　この点を象徴するのが、「シュタイン詣で」と呼ばれる現象である。すでに前章でも示唆したが、伊藤の帰国後、彼がウィーンで師事したシュタインのもとへと日本人がひっきりなしに訪れるという特異な事態が招来される。その概要を、かつて筆者は年譜にしてまとめたことがある。(30)

日本人に講義をするシュタイン（左から２人目）

　それを一瞥したときに目を引くのは、「参詣者」の多彩な顔ぶれである。伊藤を嚆矢として、有栖川宮熾仁親王（明治一五年一〇月）、小松宮彰仁親王（明治二〇年二月）といった皇族、大山巌《おおやまいわお》（明治一七年一一月）、谷干城《たにたてき》（明治一九年七月）、西郷従道《さいごうつぐみち》（明治一九年）、黒田清隆（明治二〇年一月）、山県ら政府の要人たち、三島通庸《みしまみちつね》（明治一八年一一月）や金子堅太郎（明治二二年一一月）などの著名官僚、さらに当時在野にあった者としても、後藤象二郎（明治一五年一二月）や陸奥宗光（明治一八年六月）といった名が見られる。また、実際にシュタインと面会することはなかったとはいえ、井上馨や松方正義のような元勲、さらには明治天皇その人も、書面を通じてあるいは人を派遣してシュタインの意見・講説を享受していた。

以上の他にも、シュタインの門を叩いた日本人としては、鳥尾小弥太《とりおこやた》（明治一九年一〇月）、乃木希典《のぎまれすけ》（明治二〇年一月）といった軍人、有賀長雄《ありがながお》（明治二〇年七月）、金井延《かねいえん》（明治二二年一二月）といった学者たち、さらには北畠道龍《きたばたけどうりゅう》のような宗教家や荘田平五郎《しょうだへいごろう》のような実業家、はては一介の学生までといった、じつに多様な人びとがいた。その模様は、「欧州視察に行く者、博士に面会せざれば、有馬に行って温泉に浴せざるの心地したり」(31)と揶揄されるほどのものだったという。

その驥尾に付すかのように、山県もウィーンにシュタインを訪ねている。だが、単にシュタインに会うことのみが、山県の旅のすべてであったわけではない（同じことは他の「参詣者」についてもいえよう）。以下、山県の旅程を辿り、その意義を追究していこう。(32)

「独逸風」の「狂風」

明治二二（一八八九）年一月九日、山県一行を乗せた船はマルセイユ港に到着した。八カ月間に及ぶ欧米巡遊の始まりである。一行がまず向かった先はフランスの首都パリであった。ところが、そこで山県はいきなり難局に突き当たることになる。

一月一一日、パリに着いた山県は、一六日に時の外相ゴブレ（René-Marie Goblet,

1828-1905）と面会した。第一弾の公式行事といえるこの面談で、あろうことか山県はつぎのような冷言を浴びせられた。

近来貴国ハ我国ノ外ニ他ノ一国ニ対シテ殊更ニ御親密ナル様子ニテ、我国ヨリ派遣セル将校ノ御雇続モ相成ラサル次第旁双方共甚タ困難ナル事情ニ立至リ甚タ遺憾ニ堪ヘス。(33)

近頃あなた方の国は、わがフランスとは別のある国と特にご親密な様子で、そのためにわが国から派遣した将校の契約継続もままならず、解雇のうえ帰国という羽目になってしまった、このために両国間に甚だ困難な問題が生じてしまい、大変遺憾である――ゴブレはそのように言い放ったのである。

日本が友誼を深めている「他ノ一国」とは、他でもないドイツである。明治一四年の政変をきっかけとして、政府部内では体制イデオロギーとしての「ドイツ学」への転換が大がかりにおこなわれていた。ゴブレの上記の発言は、そのような日本の動向に対するフランス人の皮肉交じりの苦言なのである。ゴブレ発言の背景を理解するために、ここで多少迂回して、当時の日本の「ドイツ化」の趨勢を瞥見しておくことにしたい。

「ドイツ化」の大きな後押しとなったのが、既述のように明治一四年の政変であった。大隈追放の同日に出された「国会開設の勅諭」は立憲化に急進主義でなく漸進主義でもってのぞむことを宣言したが、この時政府首脳部の念頭にあったのは、プロイセン型立憲君主制を来るべき憲法のモデルとすることであった。その理論武装のために政府は、ドイツの国家学＝独逸学の振興を推し進めることになる。政変を陰で画策していた井上毅は、クーデターの激震冷めやらぬ一一月に提出された意見書において、「独乙学ヲ奨励ス」ることを提言し、その際、序章でも引用したように、「今天下人心ヲシテ、稍ヤ保守ノ気風ヲ存セントセハ、専ラ孛国〔プロイセン〕ノ学ヲ勧奨シ、……英学ノ直往無前ノ勢ヲ暗消セシムベシ」と力説している。[34]

この井上の言葉そのままに、以後独逸学はまさに英仏学を「暗消」させる勢いをもって急ピッチで導入されていくことになる。政変の直前の明治一四年九月に独逸学協会が設立されているが、井上の尽力により発足・運営された同会は、伊藤博文、山県有朋、井上馨、松方正義、西郷従道といった明治の元勲を網羅した、まさに「体制の学」をシンボライズする組織であった。同会はドイツの法学政治学上の著述を陸続と刊行してその普及に務め、そして明治一六（一八八三）年一〇月には独逸学協会学校を設立し、学の再生産機構を備えるに至る。同校のもと、支配層への独逸学の浸透という当初の目的も促進され、官僚向けのドイツ型政治経済学講習会[35]の開講や『独逸学協会雑誌』の刊行によって、一連の学の制度化が遂げられるのである。

このような独逸学の席捲は、政府部内にとどまるものではなかった。例えば、当時の代表的な総合雑誌にはつぎのような記事が掲載されており、独逸学の隆盛の模様をうかがい知ることができる。

嗟呼吹けよ独逸風吹けよ政治も汝の風となれ、学問も汝の風となれ、陸軍も汝の風となれ、書生の帽子も汝の風となれ、麦酒も汝の風となれ、吾人は汝の来るを知る、然れとも其の何故に来るかを知らさるなり。社会学先生曰く是れ狂風なりと、吾人其の故を問ふ、先生笑て答へす。[36]

当時、社会や文化の諸局面で、「独逸風」という「狂風」が吹き荒れていたのだった。はたしてそれは為政者の権力的関心に迎合した突風だったのか、換言すれば、今日でもわが国に往々にして認められる、浅薄な思想のモード現象のはしりに過ぎなかったのか、またそもそも伊藤をはじめとする指導者の間で志向されていたのは、単なる日本のドイツ化だったのか、といった疑問が湧いてくるが、これらの問題について筆者は別著で論じているので、ここではこれ以上深入りしないことにしたい。[37] ただここで問題なのは、陸軍の「独逸風」である。そのあおりを喰らって、お雇いとして来日していたフランス人将校が解雇され、それをゴブレは取り沙汰しているのである。

## 日仏間の確執

よく知られているように、幕末から明治初年にかけて、日本が陸軍制度の整備にあたって範としたのはフランスであった。江戸幕府とフランス政府の密な関係を背景として導入された軍事制度を、明治政府も当初踏襲していた。

だが、軍事大国としてのドイツ、特に一八七一年に普仏戦争でフランスに勝利し、圧倒的な軍事力でドイツの統一を成し遂げたプロイセンの存在が脚光を浴びるにつれ、陸軍部内でのドイツの模範国化が進んでいく。明治一八(一八八五)年、政府はドイツ帝国陸軍参謀本部からクレメンス・メッケル(Klemens Wilhelm Jacob Meckel, 1842-1906)を陸軍大学校教師として招聘する。日本陸軍のドイツ軍制への傾斜は決定的となった。面白くないのは、それまで陸軍の顧問として採用されていたフランス人将校たちである。フランス当局も面子を潰されたと感じたであろうことは想像に難くない。メッケルの招聘の際には、フランス公使館より激しい抗議があったという。

フランスの横槍はこれで終わりではなかった。中村赳氏の『新説明治陸軍史』には、陸軍お雇い教師を巡る日仏間のさらなる確執が興味深く綴られている。以下、中村氏の研究に拠りながら、事態の推移を辿っていこう。[38]

明治二一(一八八八)年三月、メッケルの雇用契約満期に伴い、その後任人事が懸案となった。陸軍省はふたたびドイツ政府に人選を依嘱した。その矢先の同年四月一一日、陸軍省はまたもやフランス公使館からの抗議に際会する。メッケルの時と同様、日本側は今回もフランスからのクレームを突っぱねたが、フランスの根深い怒りに面食らい、そして辟易したに違いない。同年一二月一四日、内閣総理大臣黒田清隆は、陸軍大臣大山巌につぎのような内訓を発した。

其省ニ於テ仏蘭西独逸両国政府ニ依頼シ雇入タル士官ノ儀ハ外交上ニ関係モ有之ニ付、技術ニ関スル者ヲ除クノ外ハ現在ノ雇期限迄ニテ解任可取計此旨内訓ス。

フランスの抗議に屈するかたちで、日本政府は陸軍のお雇い教師との契約延長ないしその新規採用をフランスからもドイツからもやめてしまったのである。この方針によって、メッケルの後任のドイツ人士官ヴィルデンブルッフは明治二三（一八九〇）年四月、当初の契約期限満了と同時に帰国している。

だが厄介なのは、それに先駆けて明治二二（一八八九）年一月、まさに山県のフランス滞在中に、当時日本にいたフランス人教師三名も契約不継続を告げられ、帰国の途に就いていたことである。これらのなかには雇用期間を残して帰国した者もおり、日本政府は任期の終わるまで職にとどまることを要求したが、フランス公使館は彼らを一斉に帰国させてしまった。日本がフランスを見限り、ドイツに擦り寄っていると見たフランス側による強硬措置である。この頃パリの日本公使館に在勤していた原敬が告白しているように、「日仏両国の交際は甚だ円満を欠けり」というさまだったのである。[39]ゴブレ外相が山県に見せた冷たい態度の理由はこれであった。これまでの日本政府の対応から、今回陸軍からフランス人顧問が一掃されたと考えたのであろう。山県にすれば、何とも間の悪いときにフランスに来てしまったことになる。

### 苦し紛れの辻褄合わせ

だが、このような事態を山県がまったく想定していなかったわけではないであろう。むしろ、一定の覚悟をもって彼が会談に臨んだことも推定できる。[40]閣僚の一人として、陸軍を舞台とする外交上の摩擦は当然山県の耳に入っていた。それどころか、山県は当時こそ陸軍行政に直接タッチしていなかったとはいえ、初代陸軍卿を務め、徴兵制度の成立に功あった軍人政治家である。陸軍は彼本来の畑であったといって過言ではない。

そのように考えると、伊藤の憲法調査と異なり、山県がドイツより先にフランスを訪れたことには、明確な外交的配慮があったといえよう。すなわち、山県は自らフランス首脳陣と面談し、フランス側の真意を確かめ、そしてこれまでのお雇い軍人を巡る日仏間のいざこざを洗い流そうという思惑だったと考えられるのである。[41]

しかし、機先を制されるかたちでゴブレに冷たくあしらわれ、流石の山県も取り乱してしまった。その日のうちに彼は日本に宛てて、つぎのように書いている。

本日当外務大臣え面会致候処、陸軍教師帰国云々之一事より影響を与へ、小生陸軍之一斑を視察之点ニ付而ハ、随分冷淡なる言辞ニ渉り申候。此後陸軍大臣面会之情況如何と考慮罷在申候。(42)

予想外に頑なな外相の態度に接し、山県は調査の進展に暗雲が立ちこめるのを感じた。これから陸軍大臣に会うことになっているが、どうなることかと頭を抱えているさまが窺える。五日後、張り詰めた思いで山県は、陸軍大臣フレシネ (Charles Louis de S. de Freycinet, 1828–1923) との面会に臨んだ。席上、陸相が「我邦人ハ貴国人ヲ親愛ス。貴国人ノ御世話ヲ致タスハ我邦人ノ好ム所ナリ。是レ全ク我邦人カ貴国ニ於テ同様ナル待遇ヲ受クレハナリ」と話を向けてきた。山県は「来た!」と思ったであろう。直ちに彼は「今回教師雇続ヲナサ、ルコトニ付尚ホ一言ヲ陳シ置キタシ。暫時間御聴取ヲ煩ス」と応答し、つぎのように語を継いだ。

我陸軍中ニハ従来貴国ノ御引立ニ依テ本国及貴国ニ於テ修業ノ将校追々出来上リタル

ヲ以テ爾来ハ試ニ彼輩ヲシテ教官ノ地位ニ当テシメント欲ス。依テ外国教師ハ何レノ国ヨリ招聘セルモノノ総テ雇期ノ満ツルニ従ヒ解約スルコトト昨年政府ニ於テ議決セリ。右ハ雇続ヲナサヽル所以ノ事実ヲ有ノ儘閣下ニ申述ル迄ナリ。只管閣下ノ御諒承アランコトヲ乞フ。(43)

今回貴国の軍人を解雇したのは、わが国でもぼちぼち軍事教官たりうる将校が育ってきたので、彼らに教務を委ねようとの考えからであって、他意はない。そもそもいずれの国を問わず、この度雇用契約が満期を迎えた者とは解約するというのが政府の方針である。このように山県は述べて、理解を求めた。苦しい言い訳である。政府の下した決定とは、前記の内訓にあったように、外交上の配慮から外人士官の招聘を見合わせるというものであったのだから。

山県の苦し紛れの辻褄あわせに対して、フレシネの答えは拍子抜けするものだった。フランスの将校はなお依然として貴国に対して有用な存在であることを疑わない旨述べたものの、彼は「貴政府ノ御処置ハ固リ貴国ノ必要ヲ見認テ決行セラル、コトニテ余輩ハ夫ニ対シ毫モ不満ノ念ヲ懐クヘキ筈ナシ」と語って、日本政府の措置を不問に付す姿勢を見せたのである。(44) 山県は大きく安堵したであろう。一時はフランスでの調査がまったくの徒労に終わることも覚悟したに違いないが、陸軍大臣の鷹揚な姿勢に接し、彼は気を取り直して視察に入ることができた。

はたして蓋を開けてみると、フランス当局は随所できわめて協力的であったらしい。山県は調査の状況を、「地方庁事務取扱之実際ヲ目撃研究シ、軍事上ニ付而も学校其他一々巡覧ヲ遂候処到ル処頗ル優待ヲ蒙リ誠ニ予想外之好結果を得申候」[45]と日本に書き送っている。その後面談した首相兼内相フロケ（Charles Floquet, 1828-1896）からも、「閣下ノ御希望ハ拙者ノ力及ハン限リ何事ニテモ貴命ニ応シテ便宜ヲ計ルヘシ」との言葉をかけられ、実際にその場で県庁・市庁での地方行政実務の見学に周旋をしてもらうなどの厚遇を受けた[46]。当初の煩悶は杞憂に終わり、山県の調査旅行は何とか上々に滑りだすことができたのだった。

### 軽挙妄動

ここで目を転じて、山県滞仏時の彼の地の政治情勢について言及しておこう。当時のフランスはブーランジスムと呼ばれる政治的危機の渦中にあった[47]。ブーランジスムとは、普仏戦争などに参加した勇将ジュルジュ・ブーランジェ（Georges Boulanger, 1837-1891）を中心とするポピュリスティックな反政府運動である。共和派政府のスキャンダルによる国民の不満、ドイツに対する敵愾心、体制改革の要望といった当時の様々な政治的奔流を一身に集め、ブーランジェはフランス救国のイコンとして喝采を浴びていた。

そのような気運に乗じて、ブーランジェ本人も自ら選挙に出馬し、政権獲得への意欲を見せる。「議会解散、憲法改正、あらたな立憲議会」をスローガンに各地の補欠選挙に打って出たブーランジェは、当選しては辞退し、さらに立候補をくりかえすという戦術で国民大衆を糾合した。一月二七日にはブーランジスムの熱波は山県滞在中のパリにまで及び、この日おこなわれた選挙でブーランジェは圧勝で下院議員に当選する。その夜、歓喜した群衆はブーランジェに迫り、大統領官邸に乗り込んでクーデターを実行することを彼に懇請するという事態にまで発展した。パリはまさに一触即発の状況だったのである。

結局のところクーデターの計画はブーランジェ自身によって退けられ、それに伴って民衆のブーランジェ熱も一気に冷めていくという結果に終わる。大衆から見捨てられたブーランジェはベルギーに亡命し、二年後ピストル自殺を遂げる。

このようにしてブーランジスムは最高潮から一転、急速にしぼみこみ、フランス第三共和制存亡の危機も回避された。だが、この一連のドラマは、議会制民主主義の負の部分を露呈した事態だったといってよい。炯眼な山県はこの点を見逃さなかった。大衆の政治的過熱化とそれに起因するフロケ内閣の更迭を指し、「中央集権ヲ国会ニ放任スルノ弊此ニ至ルヤ」(48)と感想をもらしている。フランスで山県は、地方行政の見学という公務以上に、むしろこのような国会を中心とする大衆政治の軽挙妄動を強く印象づけられたと思われる。そこから彼は、明年に迫った日本の議会制開設に思いを致したのではなかったろうか。

## 「桃色紙事件」――一大スキャンダル

二月一七日、山県はパリを後にし、イタリアに入った。約一カ月そこで調査に従事した後、彼はドイツへ向かった。三月一八日、ベルリンに到着した山県一行は、公式の目的である地方自治の実情を旺盛に取り調べたほか、帝国議会を見学し、その建物の詳しい内部構造を記録に書き留めている。(49) 四月一六日にはビスマルクに面会、また五月一三日には前年皇位に就いた新帝ヴィルヘルム二世（Wilhelm II, 1859-1941）から謁見を賜っている。蛮勇に富んだこの青年皇帝が老臣ビスマルクと衝突し、彼を辞任に追い込むのは一年先である。以後ヴィルヘルム二世は自ら政治を取り仕切り、やがてはドイツを第一次世界大戦へと導いていくことになる。はたして山県は、後年の皇帝親政による国政壟断の片鱗でも感じ取らなかったであろうか。

それはさておき、山県のベルリン滞在のハイライトは別のところにあった。それは、かのグナイストによる個人講義である。五月三日から一五日まで毎日二時間、山県はグナイストから懇切な指導を受けた模様である。

この時期の「シュタイン詣で」の華々しい展開は既述の通りである。だが、前章でも示唆したように、その一方で、山県をはじめ「グナイスト詣で」に参じる日本人もいた。なかでも特記されるべきは、伏見宮貞愛親王と小松宮彰仁親王の二人の皇族である。それぞ

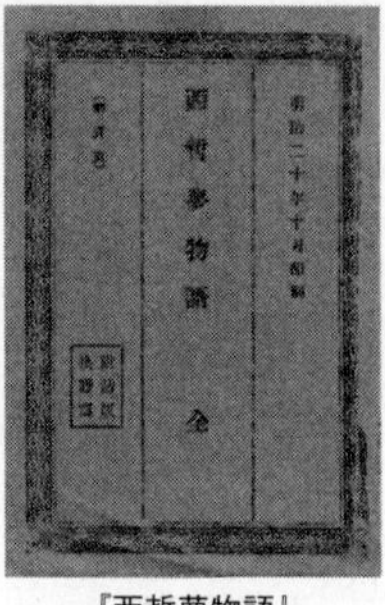
『西哲夢物語』

れ明治一八（一八八五）年一〇月から翌年三月にかけて、そして明治二〇（一八八七）年一月から九月の期間にグナイストのもとで個人的に指導を受けている。伏見宮の講義の記録は「グナイスト氏談話」と題して国立国会図書館憲政資料室の『伊東巳代治関係文書』のなかに今日収められており、また小松宮のものは、『ク《ママ》ナイスト師講義聞書』として宮内庁書陵部にある。

このうち前者が自由党員に漏洩し、伊藤を中心に政府内部で極秘裡に制憲作業が進められていた明治二〇年一〇月、『西哲夢物語』と題して秘密出版された。この一件は「桃色紙事件」（桃色の表紙を付して出版されたことからこのように称せられる）と呼ばれ、政府当局者を周章狼狽させた。折りしも不平等条約改正交渉をめぐって政府内が紛糾し、ただでさえ民権派の運動が過熱していた矢先であった。政府を厳しく問い詰めていた民権派は、政府の機密文書ともいえるこの講義録のスクープを通じて、憲法起草の内幕をも暴いたとして意気軒昂となる。劈頭「日本ニハ国会開設ノ催アル由ナルカ外交兵制経済ノ三ヶ条ハ決シテ吻ヲ入レサス可カラス」と相変わらずのグナイスト節を掲げる同書の刊行は、民権運動家を大いに刺激したであろうことは疑いない。この同じ月には、政府の施政を厳しく糾弾する三大事件建白書が元老院に提出されており、反政府運動は盛り上がりを見せた。危機感を募らせた政府は、一二月、保安条例を発し、運動の弾圧に乗りだす。『夢物語』の出版は、明治憲法制定史を彩る一大スキャンダルだったのである。

グナイストの名は、先の伊藤渡欧の際の高踏的発言とこの秘密出版事件によって、これまで明治憲法史上専ら語られてきた。しかし、前章でも示唆したように、そのような断片的エピソードの域を越えて、グナイストと明治憲法との間にはもっと本質的な関係があったのではないかという推測が成り立つ。この点を、伏見宮と小松宮にひきつづき、ベルリンでグナイストの謦咳に接した山県のケースについて検討してみよう。

### ボトム・アップ型秩序形成

山県のグナイスト講義の記録は、随員としてつきしたがった中山寛六郎《なかやまかんろくろう》の残した資料群のなかに残されている(50)。かぎられた時間のもと、グナイストはプロイセン国の歴史的歩み、地方行政や帝室財産制度のあり方、行政裁判や国会政治への警鐘というトピックに絞って、山県に講話をなした。ここではそのうち、グナイストの地方行政論と国会論を中心に考察し、山県に与えた影響を考えるよすがとしたい。

五月三日にはじまったグナイストの講話は、まず地方行政についてなされた。それは日本にとって最良の地方行政制度を問い質す山県の求めに応じてのものであった。日本に渡っていた弟子モッセから新たに成立していた地方自治法（明治二一年公布の市制・町村制）について書面で知らされていたグナイストは、大小を問わずすべての市町村に自治権を与えようとするものであり、ドイツの制度を大幅に採り入れたものと見受けられると総括したうえで、新法の問題点をそれが大きな都市や町のみを念頭に置いているのではないかと思われる点だと指摘する。(51)

しかしグナイストによれば、地方制度の要諦はむしろ小規模な町や村にこそ求められる。

ドイツの行政においては、国家活動は国民の最下部の秩序に立脚している。活動の端緒はそこに求められるのである。しかしフランスの行政では、上部の秩序において活動は開始される。下部の秩序から始動することは従来最も困難なことであるが、〔国家の〕最強の基盤はそれによって創り出されるのである。(52)

このように論じ、グナイストは「日本の政治組織の基盤は住民、すなわち下部の秩序に据えられるべきである」と述べる。ここで説かれているのは、国家の秩序形成のあり方である。すなわちグナイストは、国家の秩序はフランス的な上意下達式のトップ・ダウン型ではなく、ドイツ的な下からの積み上げ式、すなわちボトム・アップ型で形作られるべきとしている。

ここから一見窺えるのは、グナイスト講義の〝民主的〟側面である。そこでは上からの官主導の行政が排され、地域に根差した自治が賞揚されている。それこそが一国の秩序の土台であり、国力の基盤だと説かれる。そのような主張のもとで、グナイストが強調するのは、その土地の名望家を中心とする住民の自発的な隣保活動である。道路や橋の補修、治安、救貧といった諸問題を例にとり、町村を単位とする地域社会の自主的かつ独自の行政処理が推奨されるのである。

**開発独裁論**

しかし、そのような町村自治を高く掲げる一方で、グナイストの国会にかんする言説は例のごとく保守的な色彩を帯びている。

今日ハ国会ヲ開クコト猶早シ。成ル可ク従来ノ執政ヲ改メス、執政ニ自由ヲ与ヘ、国ノ進歩ヲ速カニセシメ法律ノ全ク備ハランコトヲ求ムヘシ。(53)

国会開設を時期尚早と警告し、これまでの統治を改めず、むしろ政府に自由を与えて「国ノ進歩」を推し進めるべきだと説く。先の地方行政論で反〝官〟的な議論を展開したのとは一転、極端な官治政治の勧めである。山県に対するグナイスト講義のもうひとつの特徴は、このような政府の役割とそのための政府への強い権限付与の是認にある。今日、日本国は日一日と開化を進めていく大切な時期にあるのであるから、政府にできるだけ多くの自由を与え、その手足を萎縮させるべきではない。グナイストはそのように説くのである。

もっともグナイストとて、民意からかけ離れた政府の一方的専制政治を良しとしているのではない。他方で彼は政府のモラルというものを力説する。政府たるものは人民を指導すべきものなのだから、彼らを安堵させることを義務としなければならない、これに反して人民を抑圧し、苛酷な刑罰を設けるようなことは、政府の本旨に背くものである──そのように彼は別の箇所で述べている[54]。政府はあくまで善政を布くことを使命としなければならないのである。

だが、「国会ヲ開クコト猶早シ」との論断からも明らかなように、グナイストが政府活動への民意の参入を徹底して排斥していることは覆うべくもない。彼が重視するのは、強権をもった政府による迅速かつ効果的な施政である。そしてこのような施政の効率性という点において、グナイストの説くところは一貫していたと考えられる。地方行政において町村の自治を高唱していたことも、じつはその側面から理解できるであろう。また、彼は府県行政のレベルにおいてはドイツよりもフランスの制度に倣うべきだと論じているが、その理由を前者では何事につけ法律に詳細な規定があり、「県令」の命令権を束縛する傾向があるが、後者では「県令ニ命令ヲ発スルノ権ヲ充分ニ与ヘ」ているからと説明している。[55]

以上を総括するに、グナイストの講義は、政府の強大な権限と行政の効率性を求めるという意味で典型的な開発独裁の主張だったといえる。憲法の発布が済み、議会開設を来年に控えていたにもかかわらず、彼は執拗に国会政治の非を唱え、自由な行政による国家経営を説いてやまない。その姿が山県にどのような印象を与えたか。この点は後述に委ねよう。

### 利益圏が独立国家の要件

五月中旬、山県はベルリンでのグナイストの講義をいったん中断し、ウィーンへと向かった。そこでも地方制度や軍事組織、特に陸軍学校について視察する一方、当時の日本人の例に漏れず、シュタインとコンタクトをとっている。

山県へのシュタインの教示を伝えるのが、明治二二（一八八九）年六月の日付をもつ「斯丁氏意見書」と題する資料である。[56] その内容はすでに加藤陽子氏によって詳しく紹介されている。[57] そこにおいて加藤氏は、明治二三（一八九〇）年一二月、第一回帝国議会に首相として臨んだ山県が施政方針演説で展開した有名な主権線・利益線論のルーツが、このシュタイン意見書にあるという重要な指摘をされた。すなわちシュタインはここでつぎのように述べ、後年の山県の議論を先取りしていたのである。

凡ソ何レノ国ヲ論セス、又理由ノ如何ヲ問ハス、兵力ヲ以テ外敵ヲ防キ、以テ保護スル所ノ主権ノ区域ヲ権勢疆域《マフトスフヘーレ》〔Machtsphäre；権力圏〕ト謂フ。又権勢疆域ノ存亡ニ関スル外国ノ政事及軍事上ノ景状ヲ指シテ利益疆域《インテレッセンスフヘーレ》〔Interessensphäre；利益圏〕ト云フ[58]。

「凡国トシテ主権線、及利益線ヲ保タヌ国ハ御座リマセヌ。……一国ノ独立ヲ維持スルニハ、独主権線ヲ守禦スルノミニテハ、決シテ十分トハ申サレマセヌ、必ス亦利益線ヲ保護致サナクテハナラヌ[59]」と説く後年の山県演説との符合は明らかだろう。さらにシュタインは、「日本ノ利益疆域ヲ保護スル大主義ハ、現今及将来トモ朝鮮ノ現状ヲ保存スルニアルナリ」と明記し、ここでも朝鮮の独立を日本の国益問題と位置づける山県にお墨つきを与えていたのである。

なお、シュタインが伝授した利益圏論には、権力政治を主体とする国際関係観に立脚した彼独自の国家論が込められていたことにも注意しなければならない。シュタインは権力圏のみならず利益圏を確立し、それを維持していくことを独立国家の必須要件とみなしている（「権勢疆域ト相並ヒ、又ハ其外ニ渉リテ利益疆域ヲ造成セサル可ラス」）。国家は利益圏の設定があった場合には、他国の外政的進出に対する干渉の権限を国際法上得ることができるのであり、換言すれば、利益圏の存在こそがその国の外交政策を決定する(「多少ノ利益疆域ヲ有スル国ニアラサレハ、真成ノ外交政策ヲ有セス」)。この点はさらにつぎのように敷衍される。

到底一国ノ政略ハ初ヨリ明晰ニシテ一定ノ方針ヲ取リ、和戦トナク其方針ニ依テ挙動ヲ定ムルニ非サレハ、外国ノ尊敬ヲ受ケス。又外国ニ対シ勢力ヲ及ホスコト能ハサルナリ。(60)

確固とした利益圏を有し、そこにひとたび外国勢力が進出してきた際には毅然とした措置を取るという一貫した外交方針を具えてはじめて、一国は外国の尊敬を受け、そして他国に勢力を及ぼすことができると説かれている。

すなわち固有の利益圏があってはじめて、その国に国際関係上独立のアクターとしての地位が認められるとされるのである。

これまで日本人に専ら内政の仕組みやあり方を教授していたシュタインであるが、それとは打って変わって、山県に対する指導は日本の外政的独立の奥義を諭すものだったのである。

## 「国会意見」の影響

ウィーンで山県が影響を受けた識者は、シュタインだけだったのではない。これから紹介したいのは、シュタイン同様、ウィーンの地から明治国制の形成に少なからぬ足跡を残したヨハン・フォン・クルメツキ（Johann Freiherr von Chlumecky, 1834-1924）なる人物である。

クルメツキの名は、今日では本国オーストリアにおいてもとりわけ著名というわけではない。だが、彼はオーストリア・ハンガリー二重帝国の時代にオーストリア政府の農務大臣と商務大臣を歴任し、後にはオーストリア議会の副議長、さらには議長として活躍した当代の政治家であった。

明治立憲制の確立にあたってこの人物が果たした役割に注意を促され、彼に日本憲法史上の一定の地位をあてがわれたのは大石眞氏である。以下、大石氏の研究にしたがって、クルメツキと日本の関係について記しておこう。(61)

発端は明治二〇（一八八七）年一二月、元老院議官海江田《かえだ》信義《のぶよし》がシュタイン詣ででウィーンを訪れていた時に遡る。この時、オーストリア下院副議長をしていたクルメツキとも親交を結んだ海江田は、彼からも大きな感化を受けた。海江田は日本に向けて盛んにクルメツキのことを喧伝し、そしてクルメツキは海江田に請われてひとつの意見書を草することになるが、その意見書は憲法起草と同時に進められていた議院法制の制定に「転回」

（大石）をもたらすことになる。

「国会意見」と名づけられたこの意見書[62]は、多彩な内容をふくんでいたが、特に注目に値するのは以下の三事項である。①天皇が議長を任命すること（議長勅任制）、②議長の懲罰権を強化すること、③議事規則を法律で定めること、である。

このようなクルメツキ意見書に基づいて、明治政府の当局者たちはそれまでの憲法草案に定められていた衆議院議長公選制を削除し、また退会・除名処分をふくめた議員懲罰のあり方について、議院法に詳しく規定した。そして、詳しく改定された議院法の議員懲罰規定はそのまま実現し、また議長の選任も各議院で数人の候補者を推薦し、そのなかから天皇が勅任するというかたちで成立した。議事規則の法律化――議院の規則制定権の制限――は、日本側の既定方針でもあったが、ヨーロッパの議会政治家からお墨つきをもらったことの意味は大きかったであろう。クルメツキの見解は、憲法と議院法に独特の刻印を与えたのである[63]。

ヨハン・フォン・クルメツキ

このクルメツキの遺文書（『クルメツキ家文書』）が、チェコのブルノに残されている。以前に筆者は同地へ赴き、同文書のなかに日本関係の資料がないか調査したことがある。そして、そこに伊藤や山県からのものをふくむ計四三通の日本人書簡を見出した[64]。

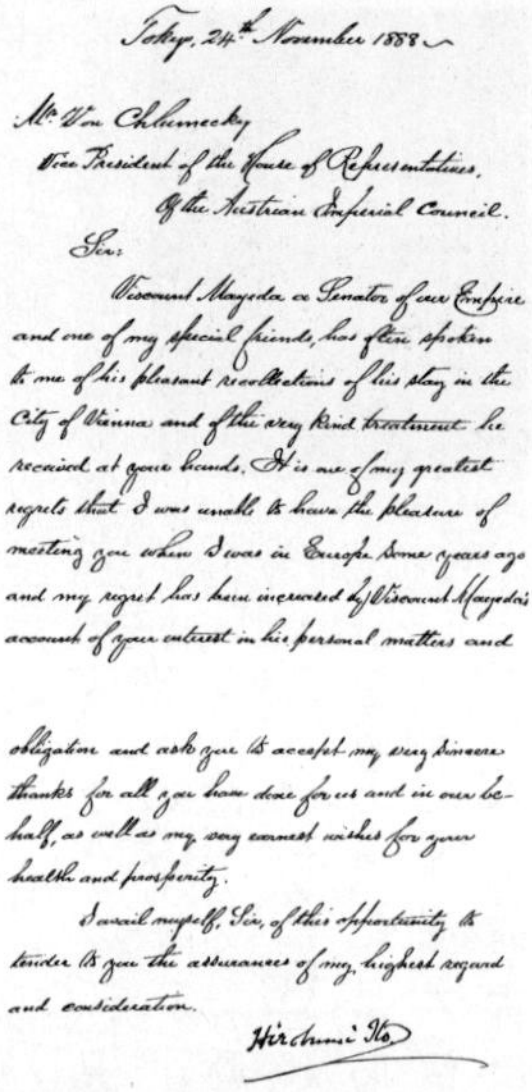

Tokyo, 24th November 1888.

Mr Von Chlumecky
Vice President of the House of Representatives,
Of the Austrian Imperial Council.

Sir:

Viscount Mayeda a Senator of our Empire and one of my special friends, has often spoken to me of his pleasant recollections of his stay in the City of Vienna and of the very kind treatment he received at your hands. It is one of my greatest regrets that I was unable to have the pleasure of meeting you when I was in Europe some years ago and my regret has been increased by Viscount Mayeda's account of your interest in his personal matters and

obligation and ask you to accept my very sincere thanks for all you have done for us and in our behalf, as well as my very earnest wishes for your health and prosperity.

I avail myself, Sir, of this opportunity to tender to you the assurance of my highest regard and consideration.

Hirobumi Ito

明治21年11月24日付クルメッツキ宛伊藤博文書簡の冒頭（上）と末尾（下）

このうち伊藤の手紙は、明治二一（一八八八）年一一月二四日の日付で、件のクルメッツキ国会意見書に接した感銘を綴ったものである。書中、伊藤は、副議長としての長年の実務的経験に基づくクルメッツキの助言は、わが国議会制の形成にあたってもっとも深甚で有用な知見を提供するものと謝意を述べている。同意見書が明治政府首脳部に及ぼしたインパクトを物語る貴重な資料である。伊藤はさらに、「数年前に私が渡欧した時にあなたにお目にかかる機会を逸したことは、私が最も後悔していることのひとつです」と記している。クルメッツキの名が当時政府要人たちの間で高まっていることを窺わせる。

### クルメッツキの実務的洞察

実際そのような流れのなかで、山県もクルメッツキとの面談を乞うたのであろう。山県のクルメッツキ宛第一信は、ウィーンを発った後の明治二二（一八八九）年八月一三日、ニューヨークで認《したた》められている。それによれば、山県はクルメッキから新たに意見書を手交されたことが記されている。そしてその意見書は、自分が日本に持ち帰ることのできるもっとも重要なウィーンからのお土産だと述べている。

つづく第二信は帰国直後の一〇月一三日付である。そこで山県は、「あなたが私に忝《かたじけな》くも授けてくださった意見書を私はあれから通読し、多くの有益な知見を見出しました。それ故に私は、それを仕上げてくださったあなたのご厚情に深い感謝の念を表さずにはいられません」と書き送っている。

山県に托したという第二のクルメッキ意見書とはどのような内容のものなのか。残念ながら、それに該当するものを筆者はまだ見出していない。だが、明治二二年五月二七日の日付をもつ、「墺地利国会第一副議長フォン・クルメッキ氏談話（国会運営関係）」という資料が残されている。(65) この日、クルメッキを自宅に訪ねた山県との会見である。とりあえずその内容を検討しておこう。

山県に与えたクルメッキの説示も、多岐にわたっている。だがそれらはいずれも、来る国会開設を睨んだ実務的・実用的観点からのかなり細かい政治対策上の指針という点では変わらない。重要と思われる部分をいくつか摘記しておけば、つぎのようになる。①議員のなかに「政府ニ友達タル人」を作りだすこと、②そのために、選挙制度をじゅうぶんに練り上げておくほか、選挙と議会召集の間を空けておき、なるべく多くの議員をその期間に手なずけておくこと、③政府とのパイプ役となる議員の領袖を見出しておくこと、④議長や委員長は政府の息のかかった者が選定されるように働きかけること、⑤充分な量の議事事項を準備しておくこと。議員たちに何もすることがなければ、「悪事ヲ計ルノ発端」となる。⑥詳細な議事章程を制定すること、⑦懲戒権を議会にではなく、議長に与えること、⑧議院からの質問（interpellation）の書面提出請求権を政府に認めること、⑨政府の停会・解散権は何度でも行使できるようにすべきこと、などである。

これらのうち、①から③は、議会が反政府的にならないようにするための方策であり、④以下は政府による議会コントロールの担保を政略（④、⑤）と法制（⑥〜⑨）の両面にわたって掲げたものとまとめられよう。これらの措置をあらかじめ講じることによって、政府が議会を馴致し統制すべきことが期される。クルメッツキ自身の言葉を使えば、政府は「議院トノ気脈ヲ通」じる一方で、「国会ノ『タヅナ』ハ常ニ政府ニ於テ之ヲ握ル」よう努めなければならないのである。

以上のようなクルメッツキの指南は、まだ見ぬ国会に神経を研ぎ澄ましていた山県を大いに啓発するものであった。敬服した山県は、発布なったばかりの憲法やその他の付属法の英訳をクルメッツキに手渡し、それらに対する意見書の執筆を請うた。山県の依頼はクルメッツキの快諾を得、その意見書を手土産に山県が帰国したこと前述の通りである。海江田に与えたものにつづくこの第二のクルメッツキ意見書は、今のところ幻であるが、山県との談話記録からその片鱗を窺うことはじゅうぶん可能だろう。クルメツキの実務的洞察は、まさに山県が望んでやまなかったものだったのである。

六月一日、山県の一行はウィーンからペテルブルクへと発ち、一三日、ベルリンに戻った。同地でひきつづきグナイストの指導を仰ぐなどした後、同月二八日にベルリンを離れ、ベルギーを経て、七月一七日、イギリスに入った。そして、同地で三週間近く過ごした後、一行はアメリカへと渡り、約一カ月かけてアメリカ大陸を横断、サンフランシスコに達した。英米における山県の調査については、資料の不足もあり、確かなことはわからない。ロンドン市議会を見学するなど(66)、ひきつづき地方制度の実状を中心に視察をおこなった模様であるが、詳細は残念ながら不明である。

九月一一日、山県一行はサンフランシスコを出港、一〇月二日、無事日本の地に帰着した。こうして、山県の欧米巡歴は幕を閉じたのである。

## 3　もうひとつの「憲法」調査

### 前途多難

山県の旅は、既述のように、〝もうひとつの「憲法」調査〟の意味合いを帯びている。巡遊の表向きの目的が、彼自身重ね重ね述べているように、地方行政と軍事組織の観察にあったことは事実である。たしかに彼は、行く先々でこれらの施設に頻繁に足を運ぶほか、専門家の意見を旺盛に聴取している。

だが、これまでの論述からもわかるように、山県の調査はこれらにとどまるものではなかった。国会対策や外交政策といった国政の全般にわたって、山県の関心は及んでいた。そしてそれらの調査内容はいずれも、一年先に控えている帝国議会開設以後の政治のあり方如何という大テーマを巡って旋回していたとみなしうる。この意味で、山県の洋行も紛れもなく、constitution＝国制の調査であった。以下、この点の論証に努めよう。

憲法発布当時にもう一度話を戻すことにしたい。既述のように、憲法成立の現場に山県は居合わせず、遠くパリの空の下でその知らせに接した。この日パリの日本公使館でも、憲法発布を祝う晩餐会が催された(67)。宴もたけなわのなか、政府から憲法発布の電報が届き、その場で来会者に披露された。日本を離れていたとはいえ、山県もこの時、大きな歓喜と喝采の輪のなかにいたと推測される。「憲法発布之大典挙行相成候趣御同慶之至ニ候(68)」。そう山県は早速日本へ向けて発信し、生み落とされた憲法を言祝《ことほ》いでいる。

だが他方で彼は、憲法の成立に浮かれる周囲を尻目に、つぎのように付言することも忘れなかった。「将来御互之責任之重きと困難之多きハ予想之外ニ可出(69)」、と。憲法発布の報に接しても、山県はどこか醒めていた。彼には、憲法誕生の光輝よりも、憲法政治を布いた立憲国家の前途多難さのほうが視界にちらついていたのである。そしてその傾向は、この旅行を通じて加速し、決然たる信念と化した。そのプロセスを辿るために、山県のヨーロッパ像を確認していこう。山県はヨーロッパのなかに何を認めたのだろうか。

## 西洋文明の影

山県の訪欧は、これが二度目であった。明治初年（明治二年六月〜翌年八月）、彼は一年以上の長きにわたってフランス、プロイセンを中心に西洋諸国を視察している。ご多分にもれず、山県もこの時、西洋文明の隆盛に圧倒され、それ以降「ヨイカシラン、イケルカシラン」(70)と彼我の違いを周囲に吐露していたらしい。

それから一八年の星霜を経て、山県はふたたび欧州の土を踏んだわけである。目の前にあったのは、相も変わらぬ文明の懸隔であった。前回の訪問では、パリは有名なオスマン知事による都市改造なってまもなくであり、山県はその繁栄に目を見張った。だが、一八年後の花の都との再会は、さらに大きく彼我の違いを見せつけるものだった。「先年漫遊之節とハ事物之変化、文運之発達、百事一新之景況、前途甚遠、痛歎之至ニ候」(71)。そのように山県は嘆息している。かつて岩倉使節団の折に、大久保がもらした「もう駄目じゃ」との呟きが思い出される。

しかし他方で、山県のなかでこの時西洋は、安易に追従すべき模範ではなくなってもいた。前述のように、パリで山県が認めたのは、ブーランジスムに揺れる不穏な政情であり、議会政治による政府の瓦解という事態だった。「中央集権ヲ国会ニ放任スルノ弊此ニ至ル」と山県が述懐していたことは既述の通りであるが、このような議会政治に対する警戒の念は、欧州各国を歴訪し見聞を深めていくなかで、いよいよもって強まっていった。

小官巡遊中、一二上下両院会議之形況より、選挙之方法を目撃するに、沈着老成之論議は勿論喝采を得ず、急躁過激之空論を主張するの徒は、漸次名望を博するの影響は、文運発達に随ひ、尚ほ一歩を進むるの状勢也。(72)

議会を中心とする大衆政治の趨勢のもと、「沈着老成之論議」は顧みられず、「急躁過激之空論」ばかりがもてはやされており、その状況は文明の度が進むにしたがい、加速していくであろうと観察されている。山県は、西洋文明の光よりもむしろ影の部分を凝視している。「文明」だからといって、やみくもに倣うには値しない。議会制度についても、山県はつぎのように断言する。

国会は文明之華実、政治家之精神とも申べしと雖、其弊や国家を玩弄視するに到ては、実に慨嘆に堪えず候。(73)

西洋文明のひとつのシンボルととらえられていた国会であるが、山県はそれによって国家が転覆するかもしれないという危惧を抱いた、グナイストが説くように、国会の開設は時期尚早なのではないか。「我国今日之情勢を以、之を推考するに、議院設立之儀は、種々之困難予想外に相生じ申べし(74)」、と山県は警告している。

このように、山県にとって西洋は反面教師としても立ち現れていた。「欧州之形勢ハ至極不穏(75)」。そのように山県はヨーロッパからくりかえし報じている。いたずらに西洋文明を礼賛するのではなく、肝要なのは「宜シク欧州今日ノ事情ヲ洞察シ、其弊害ノ生スル所ヲ反復熟考(76)」すべきことである。そして山県自身は、この弊害を「自由放任ノ制」によって生じたものとみなしている。日本から治安立法のひとつである集会条例改正の動きが入ってくるや、山県はそれに異を唱えて言う。

現行集会条例或ハ少シク出版新聞ノ二条例ト権衡ヲ得サルコトアルヘシト雖モ、若シ一度之カ検束ヲ解クトキハ百弊為メニ起リ、復タ拾収シ得ヘカラサルノ勢アラン(77)。

いったん条例を改正し緩和化すると、民権運動にふたたび火がつき、収拾不能の事態となるだろうと述べられている。むしろ、「今一層政党向厳整ニ取締リ相成候てハ如何や(78)」。つまり、政党の取り締まりを一層厳重にすべしというのが、山県の見解である。そもそも、欧州諸国では政治活動が自由放任に委ねられ過ぎた結果、各国ともその対処に苦慮しており、フランスに至っては、「新聞ノ弊害稍々其極ニ達スルヲ以テ、条例ノ制定ヲ要スルニ到」るほどなのだからである。[79]

かくして、山県の目には、自由放任という文明の病弊に侵された西洋は、予防されるべき病理現象としても映じていた。加えて、議会政治と相対する彼の地の要路の人びとからも、彼は「欧羅巴之情勢を痛論」する談話を往々耳にし、「我国将来ニ論究シ、戒心注意ヲ喚起」されていた。[80]西洋の政治流儀に対する警戒の念は、今や揺るぎない信条となっていたはずである。

## 「急躁過激」の輩への対抗策

しかし、そのような欧風文明政治は、日本へと確実に押し寄せてきていた。外遊中の山県のもとへは、内務省を中心とする配下の者たちからの通信が頻繁に寄せられていた。それらを通じて地方議会や各地の政党の状況についても逐一報告を受けていた山県は、民権家の運動を「恰モ狂者之東奔西走スルカ如」[81]しと痛罵し、議会の状況は「一層熱度ヲ上進シ、殆乱暴狼藉之境域ニ立到候」[82]と憂いの色を強めている。

このままでは、国会開設を機に、日本の政治も欧州同様、議会を巣窟とする「急躁過激」の輩によって蹂躙されてしまうかもしれない。憂慮した山県は、いくつかの対抗策を練っている。そのひとつが、上述の治安立法による民党の取り締まりであるが、さらにつぎのような提言がなされている。

まず地方制度の確立である。ヨーロッパにおける国会政治の現状に批判の眼差しを向けていた山県であったが、地方議会についてはその穏健ぶりに感銘を受けていた。「何卒本邦地方議会モ斯ノ如キ状況ヲ以テ養成致度事」(83)。イタリア、ドイツを巡覧した後、彼はそのように記しているほか、ロンドンで市議会を参観した際にも、議員たちの「春風和気」とした様子と議事の「平々坦々として進行する光景」を目の当たりにし、感嘆することしきりだったという(84)。

目を日本に転じれば、地方議会たる府県会は、既述のように民権派による政争の場と化してしまっている。地方自治が志士的政論家たちによる「天下の大政を議するの」舞台ではなく、「老成着実の人士」による行政実務の場たるべきことは、渡欧前から山県が力説していたところであったが(85)、ここ欧州で彼はそれをあらためて痛感したであろう。

第二は、強靭な内閣の樹立である。三月二一日付の書状で、山県は井上馨に宛てて、つぎのように書き送っている。

已ニ我帝国之針路相定候上ハ、内閣ハ一致協力一層堅牢鞏固之手段ヲ第一之目的ニスル外他ニ道ハ有之間布。百年之長計ヲ立、帝国ヲ永遠ニ維持スルモ亦他ニ良策ハ無之(86)。

こう述べて、山県は「如何ナル金科玉条之名法按も運用妙ハ人ニ存」すと喝破する。憲法という不磨の大典も、運用を誤れば何の役にも立たない。そしてそれを運用し、生かすも殺すも「人」に尽きている。その「人」の最たる者として、内閣の要路にある者は、一致協力して、事にあたらなければならないとされる。

### 山県の求める「人」

ところで、右の井上馨宛書簡は、調査の途上での中間考察に過ぎないにもかかわらず、これまで詳論してきた山県の西洋体験のエッセンスがすでに、伊藤とならぶ立憲派の雄・井上に対して間然するところなく開陳されている。その内容をここでもう一度くりかえす必要はない。ただ、文中に挿まれた一見些細なひとつのエピソードに触れておくのは無駄ではない。

フランスを後にした山県は、つぎの訪問国イタリアにおいて、同地の公使館に参事官として勤務していた周布《すふ》公平《こうへい》と再会した。周布の父は、幕末の長州藩の改革に辣腕を振るった周布《すふ》政之《まさの》助《すけ》である。同郷の士・山県の来訪に、周布は死期の迫っている祖国の母に一目会いたいと帰国許諾の斡旋を懇願した。[87] 同情した山県は、早速井上への書中で、帰朝の許可を外務大臣に働きかけるよう強く求めた。ご存知のように周布は幼年の折、父と死別しているところ（政之助は第一次長州征伐を前に自刃）、この度母危篤の報に見舞われ、「万里外ニて安座」できないでいる。「親子之情聊御憐諒被下度候」、と。

そのように認《したた》めたうえで、山県はさらにつぎのように激しい筆致で書いている。

文明之書を読、文明之風を学ひ、亜西亜風習之痴情を陳ルハ何ノ事ソヤなと喋々議論相起り候ハヽ、高論一撃砕破所希候。

老母を想う周布の姿が山県をとりわけ打ったのは、そこに彼が日本伝来の美徳を認め、西洋文明の波濤に対する橋頭堡を重ね合わせたからであった。周布の姿は、山県の求める「人」に他ならなかったのである。

書簡末尾、山県は「憲法発布当日森氏ハ不慮之災害ヲ蒙リ遂ニ遠逝。実ニ遺憾之至ニ候。油断大敵一身保護ハ深ク御注意所祈候」と森の暗殺に弔意を述べている。あるいは山県は、森の災難に憲法下の国家の命運を重ねなかっただろうか。岩倉使節団の時から過激な欧化論者として名を馳せてきた森は、まさに「文明之書を読、文明之風を学」んできたその人であった。そのような森がテロによって倒れたことは、「文明之華実」を追い求めてきた明治国家の行く末を案じさせるものだったのではないか。憲法発布当日の奇禍は、不吉な符合として山県の脳裏をよぎったとしてもおかしくはない。凶刃はやがては、文明の証したる憲法によって運営される国家そのものに及ぶかもしれない。

かくして、ヨーロッパから山県は、ひとつの決意を胸に帰朝した。それは、憲法が既成事実化した今、その憲法を「人」によって可能なかぎり減殺するということである。

註

(1) 明治憲法制定までの伊藤による国制改革については、坂本・前掲『伊藤博文と明治国家形成』、第二章以下、ならびに前掲拙著『ドイツ国家学と明治国制』第六章を参照。

(2) 参照、中野実『近代日本大学制度の成立』(吉川弘文館、二〇〇三年)。

(3) 明治二一年四月二〇日付井上宛伊藤書簡、『井上毅伝』第五巻、三七頁。坂本・前掲『伊藤博文と明治国家形成』、二四八頁も参照。

(4) 『スタイン師講義聞書』(宮内庁書陵部所蔵、国立国会図書館憲政資料室『憲政史編纂会収集文書』に写本あり)、明治二〇年二月一五日の部。堀口修「小松宮彰仁親王とシュタイン及びグナイスト講義」、『書陵部紀要』第五四号も参照。

(5) 以上の経緯については、伊藤之雄『立憲国家の確立と伊藤博文』(吉川弘文館、一九九九年)、同著『立憲国家と日露戦争』(木鐸社、二〇〇〇年)、および同著「近代日本の議会制の発展と立憲君主制の形成」、前掲・比較法史学会編『法生活と文明史』所収が是非参照されるべきである。

(6) 憲法付属法までふくめた一連の「実質的意味の憲法」制定過程とその成立について卓越した概観を提供するのが、大石・前掲『日本憲法史』、第四章以下である。

(7) このような視点から著された優れた憲法「学」の解説書として、小嶋和司『憲法学講話』(有斐閣、一九八二年）がある。
（8）参照、初宿正典「政治的統合としての憲法」、佐藤幸治・初宿正典・大石眞『憲法五十年の展望Ⅰ』（有斐閣、一九九八年）所収。初宿氏の議論は立憲君主制とは区別された立憲主義的意味の憲法を対象としている。しかし、ある程度明治憲法にも応用可能と考えられる。
（9）憲法発布当日の一連の行事については、明治二二年二月一一日付の官報・号外の記事のほか、宮内庁『明治天皇紀』第七巻（吉川弘文館、一九七二年）、二〇五頁以下、指原安三「明治政史」、明治文化研究会編『明治文化全集』第十巻（日本評論新社、一九五六年）、六頁以下を参照。
（10）モール（金森誠也訳）『ドイツ貴族の明治宮廷記』（新人物往来社、一九八八年）、一九一頁。
（11）明治ニュース事典編纂委員会編『明治ニュース事典』第四巻（毎日コミュニケーションズ、一九八四年）、四七六頁。
（12）モール・前掲『ドイツ貴族の明治宮廷記』、一九一〜一九二頁。
（13）お雇い法律顧問アルベルト・モッセ夫人の一八八九年二月一四日付両親宛書簡、S. Ishii, E. Lokowandt, Y. Sakai (Hrsg.), *Albert u. Lina Mosse. Fast wie mein eigen Vaterland. Briefe aus Japan 1886–1889*, München, 1995, S. 416.
（14）林田亀太郎『明治大正政界側面史』（大空社、一九九一年〔初出一九二六年〕）二〇一頁以下。大石眞『日本憲法史の周辺』（成文堂、一九九五年）二四四頁も参照。
（15）そもそも、当日の憔悴も前の夜に寝つけなかったからでなく、前祝として伊藤得意の芸者遊びにうつつを抜かしたからではないかと勘繰りたくなる。
（16）トク・ベルツ編（菅沼竜太郎訳）『ベルツの日記』上巻（岩波文庫、一九七九年）、一三四頁。
（17）一八八九年二月一五日付書簡。バルトルト・ヴィッテ（Barthold Witte）氏所蔵。

(18) 同右。
(19) 稲田『成立史』下巻、九一二頁以下。
(20) 加藤政之助談、尾佐竹猛『日本憲政史大綱』下巻（宗高書房、一九三九年）、七九七頁。
(21) 尾佐竹・前掲『日本憲政史大綱』、七九六頁。
(22) 稲田『成立史』下巻、九二一頁。
(23) 参照、ユルゲン・ハーバーマス（細谷貞雄・山田正行訳）『公共性の構造転換〔第二版〕』（未来社、一九九四年）。公共圏の有する問題状況について、メディア論の立場からの佐藤卓己氏の諸業績が示唆的である。ここでは特に、『『キング』の時代──国民大衆雑誌の公共性』（岩波書店、二〇〇二年）、そして同氏の訳業ゲオルゲ（ジョージ）・モッセ（佐藤卓己・佐藤八寿子訳）『大衆の国民化』（柏書房、一九九四年）のみを挙げておく。
ちなみに、後者の原著者ジョージ・モッセの大伯父にあたるのが、本書でも再三その名の出てきたグナイストの弟子のお雇い法律顧問アルベルト・モッセである。この点につき、『大衆の国民化』に付された佐藤氏による「訳者解説」ならびに下記の文献を参照。S. Ishii, E. Lokowandt, Y. Sakai (Hrsg.), *a.a.O.*, S. 534, Elisabeth Kraus, *Die Familie Mosse*, München, 1999.
(24) 指原・前掲「明治政史」、四一頁。
(25) 御厨貴『明治国家形成と地方経営』（東京大学出版会、一九八〇年）、一七八頁掲載の『官吏進退明治二一年内務省』（国立公文書館所蔵）の一節。
(26) 「大統領及諸大臣面話覚書」、『中山文書』六─一二八所収の「二二年一月十六日 仏国外務大臣ゴブレー氏ト応接ノ大意」。
(27) 日本近代政治史上における山県の存在については、古典的なものとして岡義武「山県有朋」、『岡義武著作集』第五巻（岩波書店、一九九三年〔初出一九五八年〕）があるほか、近時の業績として川田稔『原敬と山県有朋』（中公新書、一九九八年）を参照。

(28) 一行の顔ぶれは、山県のほか以下の通り。古市公威、荒川邦蔵、寺崎遜、中山寛六郎（以上、内務省）、平佐是純、中村雄次郎、小坂千尋、賀古鶴所（以上、陸軍省）。『山県伝』中巻、一〇二七〜一〇二八頁。

(29) 当時山県は、官有林野払い下げ構想や井上馨の自治党結成構想、さらには郡制府県制制定といった諸案件につき、井上馨、井上毅、さらには伊藤などとも対立しており、その渦中で政治的リーダーシップを一時的に放棄し、洋行することでしばらく国内情勢を静観することにしたことが指摘されている。御厨・前掲書、一八四頁。長井純市「山県有朋と地方自治制度確立事業――明治二一年の洋行を中心として」、『史学雑誌』第一〇〇編第四号（一九九一年）、四〜五頁。

(30) 前掲拙著『ドイツ国家学と明治国制』、一三四頁以下。

(31) 林董・前掲『後は昔の記他』、二二四頁。

(32) 東京大学法学部附属近代日本法政史料センターには、この時に秘書官として山県に同行した中山寛六郎の残した資料が保管されている（『中山文書』）。そのなかにはこの洋行関係の資料も網羅されており、以下の論述ではそれらを大いに活用した。

(33) 前注26に同じ。

(34) 「人心教導意見案」、『井上毅伝』第一巻、二五一頁。

(35) 独逸学導入の過程と意義につき、山室信一『法制官僚の時代』（木鐸社、一九八四年）、二五〇頁以下、堅田剛『独逸学協会と明治法制』（木鐸社、一九九九年）、森川潤『井上毅のドイツ化構想』（雄松堂、二〇〇三年）を参照。また、筆者も前掲・拙著『ドイツ国家学と明治国制』第六章において、この件につき論じておいた。
(36)「独逸風吹き来れり」、『国民之友』第二号（一八八七年）所収。山室・前掲『法制官僚の時代』三一三頁も参照。
(37) 前掲・拙著『ドイツ国家学と明治国制』。
(38) 中村赳『新説明治陸軍史』（梓書房、一九七三年）、一六二頁以下を参照。
(39) 原奎一郎編『原敬日記』第一巻（福村出版、二〇〇〇年（初出一九六五年））、明治二三年一月一七日の条、一三七頁。
(40) ゴブレと面会したあと、山県は松方に宛ててその模様を伝え、つぎのように書いている。「勿論出立前困難之事情を喚起し居候儀は、外務、陸軍両大臣より承り、其覚悟にて百事注意を致し、田中公使共談話を遂、手落之無き様工風を尽し、応接致し候事に御座候。去り乍ら外交政略上之時に触て之変態を顕し候は、面白からず候得共、余り偏頗に流候も、如何と察申候」。明治二二年一月一六日付松方宛山県書簡、『山県伝』中巻、一〇三二～一〇三三頁。
(41) 実際そのように山県の訪仏を説くのが、秋山好古大将伝記刊行会編『秋山好古』（秋山好古大将伝記刊行会、一九三六年）、六二頁以下、である。
(42) 前注40の松方宛山県書簡、『山県伝』中巻、一〇三二頁。
(43) 前掲「大統領及諸大臣面話覚書」所収の「二二年一月二一日　仏国陸軍大臣フレシ子ー氏ニ面会応接ノ大意」。
(44) 同右。
(45) 明治二二年二月一六日付芳川顕正宛山県書簡、『井上馨文書』六三九—四。
(46) 前掲「大統領及諸大臣面話覚書」所収の「二二年二月二一日　仏国内閣議長兼内務大臣フロケー氏

ト応接ノ大意」。

(47) ブーランジスムについては、Jean-Jacques Chevallier, *Histoire des institutions et des régimes politiques de la France de 1789 à 1958, 9e édition*, Paris, 2001, p. 386 et s. のほか、柴田三千雄・樺山紘一・福井憲彦編『フランス史』第三巻（山川出版社、一九九六年）、一三五頁以下を参照した。

(48) 前注45。

(49) 「巡欧日誌」、『中山文書』六—一二七。

(50) 『中山文書』中には、「Lectures by Prof. Gneist」（四—四〇—七）、「(Lectures by Prof. Gneist)」（四—四十—八）、「グナイヒ《ママ》ト氏答議（法律命令ノ区別・帝室並皇室財産）」（六—三七七）、「グナイヒト氏講義」（六—三七八）といったグナイストの講義の記録が収められているほか、「ドイツ調査書類」（六—一五〇）と題する資料にも、「魯氏〔ロェスラー〕ト愚氏〔グナイスト〕トノ論弁」、「グナイスト講義」という関連資料が残されている。

(51) 前注50の「Lectures by Prof. Gneist」。このノートには、五月三日の日付が付けられている。

(52) 前掲「Lectures by Prof. Gneist」。

(53) 前掲「グナイヒト氏答議」。

(54) 同右。

(55) 前掲「グナイヒト氏講義」。

(56) 「斯丁氏意見書」『中山文書』六—一三七。前掲「巡欧日誌」にはシュタインと面会の記載がない。あるいはシュタインからの調査は書面を通じておこなわれたのかもしれない。なお、山県一行は六月一日にウィーンを発ち、ロシアへ向かっている。

(57) 加藤陽子『戦争の日本近現代史』（講談社現代新書、二〇〇二年）、八五頁以下。

(58)前掲「斯丁氏意見書」。
(59)「施政方針演説」、大山梓編『山県有朋意見書』(原書房、一九六六年)、二〇三頁。
(60)前掲「斯丁氏意見書」。
(61)大石・前掲『日本憲法史の周辺』、一七二頁以下。同『議院法制定史の研究』(成文堂、一九九〇年)、一〇七頁以下。
(62)これは今日、国立国会図書館憲政資料室所蔵の『伊東巳代治関係文書』のなかに収められている。また、同内容の意見書は『井上馨文書』にも見出されるほか、伊藤博文編『秘書類纂 憲法資料』中にも「日本憲法ヲ創設スルニ関スル意見書一般ノ理解」(前掲『憲法資料』中巻)、「クルメッキ氏日本憲法ノ施行ニ関スル意見書」(前掲『憲法資料』下巻)と題して収められている。参照、大石・前掲『日本憲法史の周辺』、一七四頁。
(63)以上につき、前注61の大石氏の業績を是非参照。
(64)参照、拙稿「チェコに残る伊藤博文の手紙――ブルノに『クルメッキ文書』を訪ねて――(一)」、『書斎の窓』第四七五号(一九九八年)、「同(二・完)」『書斎の窓』第四七六号(一九九八年)。
(65)「墺地利国会第一副議長フォン・クルメッキ氏談話(国会運営関係)」、『中山文書』六一―一三六。
(66)『山県伝』一〇四〇頁。
(67)前掲『原敬日記』第一巻、一三九頁。
(68)前注45の芳川宛山県書簡、『井上馨文書』六三九―四。
(69)同右。
(70)明治一八年四月二二日付山県宛野村靖書簡。長井・前掲「山県有朋と地方自治制度確立事業」二五頁より重引。

(71) 前注40の松方宛山県書簡、『山県伝』中巻、一〇三三頁。
(72) 明治二二年四月五日付芳川顕正・田中光顕宛山県書簡、『山県伝』中巻、一〇五一頁。
(73) 同右。
(74) 明治二二年六月五日付山田顕義宛山県書簡、『山県伝』中巻、一〇六〇頁。
(75) 明治二二年五月一二日付陸奥宗光宛山県書簡、国立国会図書館憲政資料室蔵『陸奥宗光関係文書』四一―三。
(76) 「巡欧中書簡案」、『中山文書』六―一四九。
(77) 同右。
(78) 明治二二年六月二二日付芳川顕正宛山県書簡、『井上馨文書』六三九―三。
(79) 前掲「巡欧中書簡案」。
(80) 明治二二年三月二一日付井上馨宛山県書簡、『井上馨文書』五七六―一。
(81) 前注78の芳川宛書簡。
(82) 前注80の井上馨宛書簡。
(83) 明治二二年五月二二日付芳川顕正宛山県書簡、『井上馨文書』六三九―一。
(84) 『山県伝』中巻、一〇四〇頁。
(85) 参照、岡・前掲「山県有朋」、三三五頁。
(86) 前注80。
(87) 山県の書状に先立ち、周布は自ら井上に陳情をおこなっている。明治二二年三月一八日付井上馨宛周布書簡、『井上馨文書』六二八―一二八。

# 終　章　外から見た明治憲法

## 1　国際的に認知された明治憲法

### 新憲法お披露目の旅

明治二二年（一八八九）七月、伊藤の配下として明治憲法および憲法付属諸法の起草に活躍した金子堅太郎が、欧米巡遊の途に就いた。目的は、翌年の議会開設を前に、「彼国議院内部の組織を始め議事規則、議院建物の管轄、院内の警察権、議事の速記」といった「憲法政治の実況」を調査することである。[1]以後約一年の間、金子は欧米諸国の議院制度を実務的見地から視察することになる。

この旅にはもうひとつ重大な使命があった。それは、発布なった大日本帝国憲法ならびに伊藤博文が編集したその公定注釈書たる『憲法義解』の英訳を携え、各国の政治家・学者から日本憲法の批評をうかがうというものである。これまで詳論してきたように、明治憲法は岩倉使節団派遣以来の文明国参入という日本の国是に合わせて、文明国のシンボルとして制定されたのだった。したがって、憲法が国際社会——西洋社会——に受け入れられるか否かは、大きな試金石であった。[2] 金子の派遣はいわば、西洋諸国への新憲法のお披露目の旅でもあったのである。

金子はドイツでグナイストやイェーリング、オーストリアにおいてシュタインやクルメッキといったすでに本書で馴染みの面々から意見を仰いだほか、イギリスではスペンサー、憲法学者アルバート・ダイシー（Albert Venn Dicey, 1835-1922）、倫理学者ヘンリー・シジウィック（Henry Sidgwick, 1838-1900）ら当代の著名学者と面会、さらにアメリカでは後の連邦最高裁判事オリバー・ホームズ（Oliver Wendell Holmes, Jr., 1841-1935）などと会った。

金子堅太郎

これらの批評の全容については、金子の旅行記が今日、大淵和憲氏の手によって翻刻されているので、それを参照されたい。[3] ここでは、欧米人の反応のなかから、とりわけ特徴的と思われる点に触れておこう。

「実に賢明なる処置」

まず、金子から憲法を提示された者のほとんどは、そこにドイツ憲法の色濃い影響を認めた。この点を特に指摘したのが、イギリス人たちであった。とはいっても、彼らの言葉にイギリスの立憲君主制を採らなかったことへの指弾の響きはない。イギリス流「法の支配」を憲法学上定礎したことで夙に有名なダイシーは、日本がドイツ憲法に倣ったことを「実に賢明なる処置」[4]と述べ、つぎのように語っている。

独逸は目下隆運に昇進しつゝある邦国にして、将来最も属望すべき国なり。また、現今宇内の君主中、独逸の皇帝ほど権力の強大なる帝王は、外に比類稀なるものとす。けだし、君主政体を永く維持せんと欲せば、帝王の大権をして強大ならしめざるを得ず。英国の君主政体は、英国に特有にして、他国において容易にこれを模倣するを得ざるものなり。[5]

強力な君主大権を定めたドイツは、目下国運隆々として繁栄の途上にあるとして、ドイツを模範国としたことを支持したうえで、イギリスの制度はイギリス独自の歴史的過程の末に形成されたものであって、他国が簡単に真似できるものではない、とダイシーはいう。

ここでいわれているイギリス独自の「君主政体」とは、「議会のなかの君主（King in Parliament）」と呼び習わされる議会主権の制限的君主制を指すものであるが、シジウィックなどはダイシーよりもさらに進んで、そのようなイギリス流議会政治を排斥していう。「目下欧州において立憲君主政治の傾向は、漸次英国に行はる議院政治に陥るの衰運」にあるが、日本憲法はその六三条、六七条、七一条においてそれを防ごうとしている、自分

は「財政案に関る議会の重大なる権限を制限したるを賛成する」、と。(6)

シジウィックは後日さらに長文の意見書を金子に寄せたが、(7)そこでも「立憲君主政体が、英吉利に存するが如き議会政治に推移するの傾向を防制する」ことを説いている。

### 明治憲法の議会主義的側面

他方で、明治憲法にイギリス立憲主義の精神を認めた論者もいた。フランスで面会したルボン（André Jean Louis Lebon, 1858–1938）は、「日本の憲法は全く日耳曼《ゲルマン》主義に基きたるものたることを信ず。しかれども、その精神を探究すれば、英国の憲法の主義も余程その中に包含せられたり」(8)と日本憲法のイギリス的側面に注目している。ルボンが指摘しているのは、立法権の行使が天皇単独でおこなえるものではなく、つねに議会の同意が必要とのこと、また軍事費など国家予算上の費目の増額にも議会の同意が不可欠であることである。ルボンは、明治憲法の議会主義的側面をめざとく剔抉したのである。

このことをさらに深く論及したのが、イギリス人のウィリアム・アンソン（William Reynell Anson, 1843–1914）であった。アンソンも、日本憲法の「精神は全く天皇の大権をして悉く天皇に帰せしめ、君主をして万機を統宰せしむるに在り。これ世人の日本憲法を評して、独逸主義を学びたりとなす所なり」と憲法のドイツ的側面を認めている。だが、その一方で彼は、「予は日本憲法の精神を以て、全く英国憲法の主旨に適合せるものなりと云はんとす」と論じている[9]。

アンソンのこの評は、純粋に法制面からなされたというよりも、立憲政治に内在されている必然的傾向性にかんする洞察からのものであった。アンソンは、「凡そ何れの政府といえども、議院制度を採用したる以上は、政府独り政党の上に超然卓立して政治を施し得るものにあらざるなり[10]」と断言している。ドイツで政党政治がおこなわれていないのは、ひとえにビスマルクの政治指導に負うものであって、ビスマルク亡き後は、ドイツといえど政党政治を免れられないであろう、とアンソンはいう。彼によれば、立憲政治を布いた後は、政党政治への道はもはや不可避なのである。したがって重要なことは、いかにその道のりを円滑にできるかだ、というのがアンソンの教示であった。

## 国家事業としての歴史編纂

以上のように、論者によって明治憲法のドイツ的側面を賞賛するか、イギリス的側面を評価するかの違いはあったが、いずれの者も憲法それ自体の出来には太鼓判を押したのである。むしろ問題はこれからである。一八七六年、オスマン帝国下のトルコで、ヨーロッパ圏外で初の立憲主義的憲法が制定されていたが、それは充分に機能せず、成立の翌年停止されていた。欧米の世論には、いくら近代的な憲法を制定したからといって、日本もトルコの轍を踏むだけではないかとのシニカルな観測がはびこっていた。シュタインは、そのような西洋の眼差しを撤回させるために、歴史編纂の必要を説いている。「日本においてこの憲法を制定するには、必ずその歴史の存在するならん。もしこれと密接の関係ある歴史を添付せざれば、世人は単に土耳其《トルコ》の憲法と同一視するならん」というわけである。つづけて彼は、「けだし、歴史はその国の成立、また国民の始祖等を知るがためには、もっとも有益にして不可欠の学科なり」と述べたうえで、「日本の歴史を知らずして、何くんぞ皇室の独立と尊厳とを保つことを得んや」と力説し、歴史編纂を国家事業として遂行することを勧めている。(11)

歴史編纂の重要性は、社会進化論者スペンサーとアメリカ司法界の巨星ホームズによっても強調されている。スペンサーも、シュタインと軌を一にしていう。議会開設が明年に迫った今、喫緊の課題は「日本の歴史を編纂してこれを欧文に反訳して出版すること」である、と。(12)

法や制度がその国の歴史や慣習の産物ととらえる点において、スペンサーの社会進化論は当時のドイツ歴史法学と何ら異なるところはなかった。できあがった憲法が日本の歴史と乖離したものでないことが証明されるならば、立憲制導入の第一のハードルはクリアーされる。その後に第二のハードル、すなわち立憲制度の定着の問題がつづく。スペンサーはこの点をつぎのように述べている。「その国の歴史習慣を基礎とし、傍ら欧米各国の憲法主義を採用して、日本旧来の政体をして欧米の立憲主義に適用せしむるを必要とす」、と。[13]

そのような「漸進保守の主義」こそ、スペンサー社会進化論の要諦であった。もっとも、その果てに彼が思い描くのは、「政府の事業をして漸次軽減し、人民各個をしてその事業を自ら経営せしむる」[14]という自由放任主義にもとづく最小国家の構想である。[15]政府機能の極端な縮減を理想化するスペンサーの議論は、金子にはまだ何の実感も伴わなかったのではないだろうか。

## 日本と西洋の絶妙なブレンド

スペンサーの意見とほぼおなじトーンをもっていたのが、ホームズの談話である。曰く。

この憲法につき予がもっとも喜ぶ所のものは、日本憲法の根本は、日本古来の歴史、制度、習慣に基き、而してこれを修飾するに、欧米の憲法学の論理を適用せられたるにあり。[16]

西洋の文献のみならず、古事記・万葉集をはじめとする和書の典籍をもふんだんに援用して肉付けされた『憲法義解』を金子から示されたホームズは、そこに「日本の憲法は日本の歴史、制度の習慣より成り立たざるを得ざる」ことの明証を認めた。他方で、この憲法には、「天皇といえども濫りにこれを変更することを得ざるの政体」、そして「人民もまた政治上に参与するの権限を得たるの政体」が保障されている。(17)君主権の制限と国民の政治参加という立憲主義の精髄はしっかりと堅持されている。つまり日本憲法は、日本の歴史的伝統と西洋の立憲主義との絶妙なブレンドの賜物なのである。そう賞賛したうえでホームズは、つぎのように語っている。

本年議会開設の後は、日本の政治家たる人はこの憲法の精神に基き、行政上においても古来の法律習慣を研究し、国家の歴史慣例を標準として、漸次欧米の立憲政治の論理を適用せられんことを望む。何となれば、前に述べたる如く、欧米の憲法学はいまだ変遷の時代にして、一定の原則あらず、全く各国の政治上の事実および状態によって左右せらる、、変遷極まりなきものなればなり。(18)

ホームズは、日本で徐々に欧米の立憲政治が実現されていくことを祈念しているが、そのような日本の事例は欧米の憲法学にも大きな寄与をなすものとみなしている。それというのも、日本の経験は、立憲主義実現の法理を幅広く究明するための一助となると期待されるからである。「日本の歴史習慣をして欧米の学者社会に知らしむることは、独り日本のためのみならず、宇内の学理を増進せしむるの一端となるべしと確信す」(19)。そうホーム

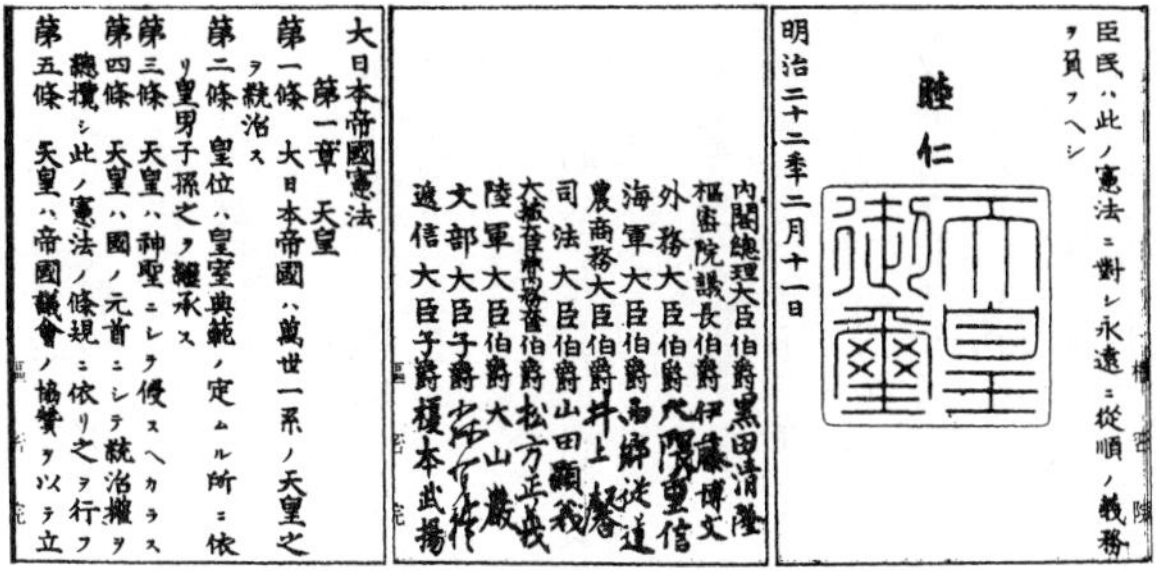
臣民ハ此ノ憲法ニ對シ永遠ニ從順ノ義務ヲ負フヘシ
睦仁
天皇御璽
明治二十二年二月十一日
内閣總理大臣伯爵黒田清隆
樞密院議長伯爵伊藤博文
外務大臣伯爵大隈重信
海軍大臣伯爵西郷從道
農商務大臣伯爵井上馨
司法大臣伯爵山田顯義
大藏大臣兼内務大臣伯爵松方正義
陸軍大臣伯爵大山巖
文部大臣子爵森有禮
遞信大臣子爵榎本武揚
大日本帝國憲法
第一章 天皇
第一條 大日本帝國ハ萬世一系ノ天皇之ヲ統治ス
第二條 皇位ハ皇室典範ノ定ムル所ニ依リ皇男子孫之ヲ繼承ス
第三條 天皇ハ神聖ニシテ侵スヘカラス
第四條 天皇ハ國ノ元首ニシテ統治權ヲ總攬シ此ノ憲法ノ條規ニ依リ之ヲ行フ
第五條 天皇ハ帝國議會ノ協贊ヲ以テ立

明治憲法（国立公文書館蔵）

ズは自らの意見を結んでいる。

## 「実に悦ばしい」

以上のように、明治憲法はいずれの識者からも好意的な評価を得ることができたのである。それは単に憲法の完成度の故ばかりでなく、当時の西洋を覆っていた歴史主義の思潮に棹差《さおさ》して周到に作成された『憲法義解』の存在も大きかった[20]。憲法典と『義解』の両者をワンセットとした作品としての明治憲法は、幾人もの有識者からドイツ型やイギリス型に偏らない日本の歴史に根差した日本固有のナショナルな憲法との評価を得ることができたのだった。帰国後、金子の口から派遣の成果を耳にした伊藤は、さだめし我が意を得た思いだったであろう。

実際、伊藤は金子の帰国後の報告を聞いた後、つぎのように語ったという。

吾輩は君が出発してから帰つて来る迄小田原の別荘

にて、日夜どう云ふやうに欧米の政治家や憲法学者が批評するであらうかと内心びくびくして居つたが今君から詳しい報告を聴いて安心した。啻に非難せぬばかりか賞賛の言葉を聴くに至つては実に悦ばしい。明日は早速上京して陛下に拝謁を願ひ憲法起草の責任解除を奏請せん。(21)

明治憲法が国際的に認知されたことを知り、伊藤はようやく憲法制定の荷を降ろすことができたのである。

## 2　明治憲法の求心力と遠心力——伊藤と山県

### 漸進主義の立憲論

ところで、金子の派遣に先駆けて、伊藤は自らウィーンのシュタインに宛てて、つぎのように書き送っている。この憲法は、「いかなる点においても、他のあれこれの憲法の単なる模倣ではな」く「徹頭徹尾日本的なもの」なのである、と。(22)欧米に認められるためには、憲法は「日本的」たらねばならない。それは西洋人の指摘を待つまでもなく、伊藤自らが強く肝に銘じていたことであった。では、伊藤は憲法の何を指して、「日本的」と呼んでいるのだろうか。それは、歴史を粉飾して形作られた憲法の外面だけの問題なのであろうか。「日本的」憲法の奥に、伊藤は何かより実質的なものを込めてはいなかったのか。この点の究明には、また別個の研究が必要だが、少なくとも伊藤のこの言葉から、強大な天皇大権や神がかり的な国体思想を温存させた外見的立憲主義憲法の正当化を結論するのは妥当ではない。本書の論述によって確認されたのは、天皇の政治的特化を制御し、議会制度の漸次的導入を図っていく「立憲カリスマ」伊藤の姿である。

かつて岩倉使節団が体得したように、西洋文明とは何よりも力の論理であった。文明国に伍していくためには、憲法を通じて国民の政治的活力を常に発揚し、国政の場に注入していくことが求められる。そのためには、議会制という国民の政治参加のフォーラムが保障され、国民国家としての政治的活力の促進が必要とされる。

しかしこれは両刃の剣でもあった。ヨーロッパにおいて伊藤は、議会制度運営の困難さについても洞察を深めた。したがって彼の念頭にあったのは、この文明の制度が免疫不全を起こすことなく無事日本に移植されるための種々の制度的保障であった。国民の政治的活力の秩序化である。そもそもシュタインが伊藤に教示したように、立憲主義の眼目は、君主・議会・行政という国家の三機関の調和に置かれる。各部が政治的に突出しないように精巧に諸々の制度を布置することが要請されるのである。そのために伊藤は、議会権限の当初の広範な制約や天皇の立憲化のための様々な措置、行政システムの近代化といった諸法制を考案したのだった。それらを綜合した明治の constitution = 国制こそ、伊藤が「日本的」と呼ぶものであろう。西洋と文明の理念を共有しつつも、そのモメントたる力《パワー》の発現の方法と形態に創意工夫をこらした日本型立憲国家がここに成立したのである。

もとより、それはいまだ制度の外枠にとどまっており、その内側でいかなる立憲政治の実践が積まれ、憲法慣習が形成されていくかはこの時点では未知数である。国制という入れ物をつくった今、憲政という精神を今後の実践によってそこに注入していくことが課題となる。憲政の成熟にあわせて、国制もまた変容していく。伊藤にとって憲法秩序とは、憲法典の発布によって確定されたものではなく、時勢の進展に合わせて絶えず進化していくべきものだった。当時の言葉でいうならば、「漸進」である。この文明受容のキー・コンセプトに開眼し、それを基軸とする憲法論を展開したのが岩倉使節団から帰国後の木戸と大久保であったが、この両者の衣鉢を継いだ伊藤によって、漸進主義の立憲論は、大隈重信・岩倉具視(井上毅)両憲法意見書の挟撃をかいくぐり、立憲国家としての明治国制に結実し、明治国家は文明の海原へと船出したのである。

### 明治維新という神話への回帰

もとより、その航路が順調であったわけではない。立憲政治を押し進めようとする伊藤に対して、ことごとく待ったをかけたのが山県であった。後年の二人の熾烈なライバル関係は、明治立憲制のあり方を大きく規定することになるが、その前哨戦はすでに憲法制定期からはじまっていた。山県は伊藤の構築した明治国制に様々な人的かつ制度的掣肘の網の目を張りめぐらすが、それは明治国制のもうひとつの姿といってよい。明治国制における山県的なるものを整理すれば、つぎのようになろう。

まず何よりも、伊藤の国制観が社会の動きに応じて変容していける柔軟なものとして観念されていたのに対して、山県のそれは国家体制の不動性を求めて止まないものだった。そこにはおそらく、両人のメンタリティが色濃く反映している。この点、つぎの逸話は示唆的である。

山県は毎年京都無鄰菴の別宅に滞留したが、その都度幕末維新の志士たちを祀った霊山に登り、墓前に参拝したという。この習慣は高齢になってもつづけられ、ある時山県の身体を心配した側近の者が、自分たちが代拝するから、麓から遥拝するにとどめてはどうですかと申し出ても、「いや、足腰の立つ中は自身参拝せねば気が済まぬ」といって、「彼の高き山坂を五歩登つては休み、十歩進んでは休んで、遂に例の通り参拝を了はられた」という。[23]

ジョージ・アキタと伊藤隆の両氏は、このエピソードを引きながら、「自分がその創造のために尽力したものを、単に外部からの脅威からだけではなく、内部の混乱からも守っていかねばという極めて強い欲望」[24]を晩年の山県のなかに読み取っているが、これとおなじ情念は、すでに本書の対象とした時期から彼を支配していたと考えられる。欧州において憲法発布を知ったとき、山県はそれを「第三之維新」と呼んだ(25)。しかし、そこで彼は、「維《こ》れ新たにする」という意味で憲法を語ったのではなく、むしろ新時代に対抗して、神話化された明治維新という歴史的経験への回帰を促すものとして、この言葉を使ったものと思われる。憲法の制定がもたらすであろう「内部の混乱」から維新の大業を守らなければならないというのが、山県の思惑だったのである。彼の思考は、明治維新という神話へ絶えず回帰していくものだったといえよう。この点は、伊藤の思考が未来に開かれた進化的なものだったことと大きなコントラストをなしている。

### 一致協和

「第三之維新」のために山県がとった施策を概観しておこう。まず挙げられるべきは、前章末尾で触れた地方自治制と内閣制度である。

　地方自治について、山県は帰国後おこなった演説のなかでも、その意義を政党勢力の伸長を防ぐことに求めている。しかし、目下地方は「政論紛擾の巷と為」りつつある。その原因は次の点にある。

　地方事務と中央政治とを混淆し、其の市町村の公益を忘れ、大局の政論に狂奔するの致す所に由らずんばあらざるなり。[26]

すなわち、山県が地方自治のもとで指向しているのは、政論にうつつを抜かさず、地方自治に参加して国家の公益を磐石ならしめる「忠良なる臣民」の育成である。「言論に齷《あく》齪《さく》し、実業を怠るは、決して良民の為す所に非」[27]ず。そう述べて山県は、公共の場から可能なかぎり政論を放逐し、党派の抗争を取り除くことを意図する。「憲法制度は、人民の親和協同の精神に倚るにあらざれば、之を安全に実行すること能は」[28]ず、と。

内閣制度については、その本質が国政を担う者たちの「一致協力」の精神にあることを前章でみた。この精神の顕現のために山県が打ちだしたのが、内閣官制である。

明治二二（一八八九）年一二月、第一次山県内閣が成立した。山県が組閣の大命を拝するにあたって出した条件、それが内閣職権の改正とそれに代わる内閣官制の成立だった。これによって、内閣の組織原理に重大な変更がもたらされる。すなわち、従来法律命令の成立には所轄の国務大臣の副署と同時に、内閣総理大臣の副署も必要とされていたのが改められ、総理大臣の副署は必要なしとされたことである。

これによって、総理大臣が行政各部を統制し、国政の方針を定めるという宰相主義は払拭され、各々の大臣が自らの職務責任をもって天皇に直属するというあり方が取られるようになった。条約改正問題を巡って分裂と紛糾をくりかえす内閣を是正し、その「一致協和」を回復するには、天皇の内閣を前面に押し出すべきと考えられたのである。[29]

### 臣民精神の注入

なお、内閣論を展開するにあたって山県が重視したのが、既述のように「人」ということであった。曰く。

之〔政略〕を統轄するは人に在り。之を断行するも亦人也。之をして良結果を得せしめるも亦唯人に存する而已。唯内閣一致協和之如何に存在するなり。[30]

山県は、人の上に立ち国を導いていく者として、内閣の閣員が、内紛することなく「一致協和」して国政に与ることを何より要請しているのである。

このようにみてくると、下は地方自治論から上は内閣論まで、山県の秩序観は一貫して「人」のあり方を問うものだったことがわかる。その「人」とは、前記のような「良民」というものに他ならない。孝忠を旨とする非政治的な臣民と言い換えることもできよう。そのような臣民精神の注入のために、山県は明治二三（一八九〇）年一〇月、かの教育勅語を制定・渙発せしめた。[31]

すでに明治一五（一八八二）年、当時陸軍卿だった山県は軍人勅諭を制定し、「世論に惑はず、政治に拘ら」ないことを忠節なる軍人の本分として定めている。[32]「一介の武弁」を自称した山県であったが、その活動の範囲は内政から国政全般へと徐々に及んでいった。山県はそれにあわせて、軍人勅諭の精神を国家の隅々まで行き渡らせようとしたのである。地方自治制度も教育勅語もその一環に他ならないといえよう。事実、後年山県は、教育勅語制定の際、「軍人勅諭ノコトガ頭ニアル故ニ教育ニモ同様ノモノヲ得ン」との思慮で作業にあたったと述懐している。[33]

かくして、軍のみならず、国家秩序のあらゆる局面において、山県は自らの思い描く「人」を配置せんとする。そのような「人」によって立憲政治の制約、場合によっては封印を導くこと、それが山県のヴィジョンだったのである。

## 求心力と遠心力と

明治二二（一八八九）年にいったん成立した明治憲法体制は、決して一枚岩のものだったわけではない。そもそも、国家の基本法というものが、様々な政治勢力の競合と妥協の産物だともいえる。明治憲法体制として成立した明治国制も、少なくとも体制内部に二つの相反する勢力を内包するものとして出発した。

ひとつは明治憲法への求心力であり、もうひとつはそこからの遠心力である。前者を明治国制における伊藤的なもの、後者を山県的なものと呼んでもよいだろう。伊藤が憲法を制定し議会制度をわが国に導入することによって、国民の政治的糾合を図り、ゆくゆくは議会と政府の協働による立憲政治の完遂を志向するのに対し、山県は中央・地方の官界や軍部などに自らの閥族を配置するほか、教育勅語の初等教育への浸透を通じて、それら諸制度の立憲政治からの隔離を画策する。

かつて伊藤は欧州において、立憲政治を充全に機能させるため、議会政治に傾斜した憲法論を行政によって相対化する術に開眼した。伊藤の頭のなかで、行政部や君主制などの議会制度以外の国家諸制度は、全体としての立憲体制を構成するものとして有機的に結び合っていた。これに対して山県においては、議会以外の諸機関の自律化が進み、やがてはそれらの肥大化によって立憲制度そのものの相対化がもたらされようとする。

明治という「国のかたち」は、この二つのファクターの潜在的葛藤をふくんだものとして成立し、そして両者のせめぎ合いとつばぜり合いのなかで展開・変容していくのである。本書はその端緒を素描したものに過ぎない。明治の constitution = 国制の以後の展開過程については、別の一書が必要とされよう。

註

(1) 金子堅太郎『憲法制定と欧米人の評論』(日本青年館、一九三七年)、一九七頁。大淵和憲「解説・あとがき」、金子『巡回記』、一九五頁も参照。

（2）このような観点から明治憲法の成立を捉えたとき、金子の欧米巡行とならんで興味深いのが、憲法発布の二カ月後の一八八九（明治二二）年四月一七日にアメリカのジョンズ・ホプキンス大学で開催された明治憲法発布を記念する祝賀会である。同大学学長や陸奥宗光駐米公使も列席し、また後のアメリカ大統領で政治学者でもあったウッドロー・ウィルソン（Thomas Woodrow Wilson, 1856-1924）が祝福の手紙を寄せるなどしたその会合では、当時同大学で政治学を学んでいた家永豊吉が、"Japan's Preparation for her Present Constitution"（大日本帝国憲法への道程）と題した講演をおこなっている。この講演と家永が同大学に提出した博士論文"The Constitutional Development of Japan, 1853-1881"（日本における立憲政治の発達――一八五三～一八八一年）、そして前記のウィルソン書簡などを訳載した貴重な業績が、太田雅夫編・監訳『家永豊吉と明治憲政史論』（新泉社、一九九六年）である。なお、ウィルソンは手紙のなかで、日本憲法が明らかにプロイセンをモデルとしているとしたうえで、つぎのように記している。「日本の現在の発達段階を考慮に入れると、プロイセン憲法は模写するのに非のうちどころのない法であるといえましょう。日本がそれをモデルとして選択したことは、まれにみる賢明さまれにみる学習能力の証明に他ならないのです。そして、それこそが日本の最良の憲法でありその成功を約束するものです」（同書、二四八頁。訳文を多少変えさせていただいた）。
（3）金子『巡回記』。
（4）同右、九八頁。
（5）同右、九九頁。
（6）同右、一三七頁。
（7）同右、一四〇頁。
（8）同右、七六頁。

(9) 同右、一一五頁。
(10) 同右、一一九頁。
(11) 同右、四八頁。
(12) 同右、一〇七頁。
(13) 同右、一〇四頁。
(14) 同右、一〇六頁。
(15) スペンサーのこの側面については、Herbert Spencer, *The Man versus the State*, London, 1884. シュタイン同様、スペンサーもこの時期の日本で盛んに受容された社会科学者であるが、この点については、山下重一『スペンサーと日本近代』(御茶の水書房、一九八三年)が是非とも参照されるべきである。
(16) 金子『巡回記』、一七七頁。
(17) 同右、一七六頁。
(18) 同右、一七七頁。
(19) 同右、一七八頁。
(20) 『憲法義解』の作成過程については、稲田『成立史』下巻、八五九頁以下を参照。
(21) 金子・前掲『憲法制定と欧米人の評論』、三九〇頁。
(22) 明治二二年三月一日付シュタイン宛伊藤書簡、シュレスヴィヒ・ホルシュタイン州立図書館所蔵『シュタイン文書(Der Nachlass Lorenz von Steins)』、4.2: 04.21-8
(23) 入江貫一『山県公のおもかげ』(偕行社編纂部、一九三〇年)、五五頁。
(24) ジョージ・アキタ、伊藤隆「山県有朋と「人種競争」論」、近代日本研究会編『年報・近代日本研

究七――日本外交の危機認識』（山川出版社、一九八五年）、一一一頁。
(25) 前掲・明治二二年六月五日付山田顕義宛山県書簡、『山県伝』中巻、一〇六一頁。
(26) 『山県伝』中巻、一〇九九頁。
(27) 『山県伝』中巻、一一〇二頁。
(28) 『山県伝』中巻、一一〇三頁。
(29) 明治四〇年公布の公式令により、内閣総理大臣は一切の法律勅令（軍令を除く）に副署すべきものと定められ、内閣職権の立場が復活する。
(30) 『山県伝』中巻、一〇六一頁。
(31) 教育勅語制定における山県の役割につき、梅溪昇『教育勅語成立史』（青史出版、二〇〇〇年）を参照。
(32) 軍人勅諭と山県の関係については、梅溪昇『軍人勅諭成立史』（青史出版、二〇〇〇年）を参照。
(33) 国民精神文化研究所編『教育勅語渙発関係資料集』第二巻（コンパニオン出版、一九八五年）、四五三頁。

# 補章① 大久保利通と立憲君主制への道

## 1 大久保の天皇観

### 問題の所在

天皇を、大久保利通はいかに観念し、国家体制のなかに位置づけようとしていたのか。それが、本稿の課題である。明治維新後、天皇はそれまでの御簾の奥にましますす聖なる存在から、西洋的な君主に比肩すべきものへと変容を余儀なくされた。そのひとつの帰結が、明治二二（一八八九）年の大日本帝国憲法の発布であり、これによって天皇は万世一系の正統性を有し、統治権を総攬する神聖かつ絶対的な君主として定立されることになった。

他方で、そのような主権者的絶対君主の装いとは裏腹に、実際の天皇大権の行使が様々な立憲的制約を受けたものであり、帝国憲法のデザイナーである伊藤博文からして、後の美濃部達吉に代表されるような天皇機関説と同視し得る天皇観や憲法観を有していた(1)。近代天皇制は、憲法外在的な国体論的天皇崇拝と憲法内在的な立憲君主制の両面を備えたものとして構築された。

そのような両面性は大久保利通においても共有されていた。[2] 周知のように、大久保は明治一一（一八七八）年にこの世を去っており、憲法制定の実際のプロセスには全く関与していない。しかし、すでに彼のなかに、上述のような二面的天皇像を認めることができる。ただ問題は、その二面性が大久保においていかにブレンドされていたかである。本稿はそのことを考察し、明治維新から帝国憲法への成立へと至る過程に明確な一本の筋道を見出そうとするものである。そして、明治維新に始まるそのような政治的変革の筋道を指して、立憲革命と称することも許されると考えられる。

そのような観点から、以下、大久保の天皇観を再構成していきたい。

## 大久保の政治思想——理の国制化

本論に入る前に、まず大久保の政治思想について、筆者なりに概要しておきたい。大久保の思想とは、奇異に響くだろう。岩倉具視は大久保のことを「才なし、史記なし、唯確乎動かぬが長所なり」と評していたとのことである（『保古飛呂比』五、九〇頁）。ぶれることのないリーダーシップの持ち主だが、学問は無いというのが、在世時からの大久保のイメージであった。そもそも彼は、福沢諭吉のような当代の啓蒙家ではなく、一介の政治家に過ぎない。思想というような高尚なものとは無縁の存在のように思われる。

なるほど、大久保は、決して文才の持ち主だったとは言えまい。自らの思想を表明し表現することが、彼の生業《なりわい》だったのではない。そうではなく、彼の行動や政治指導を観察し、それを成り立たしめている思想的契機を抽出してそれを論理的に体系化することで、大久保の政治思想を問うことができる。そのように本稿では考えている。

大久保の思想は、次のように概括できる。まず、幕末期の大久保の行動原理として挙げられるのは、「理」である。当初の大久保は、御多分に漏れず、尊王攘夷に突き動かされた過激な志士の一人であった。しかし、名分や大義を堅持して軽挙を戒める島津斉彬や久光の薫陶を受け、大久保もまた理と義を弁別する境地から支配の理非曲直を判断するようになる。それは、時代の勢いに浮かされた草莽の志士たちとは別の境地だった。彼らが処士横議を掲げて下から公議公論を唱えるのに対して、大久保は数による勢いに恃んだ公議や衆論は決して理に基づく公論を担保するものではないとして、立ちはだかった。大久保は理に基づく新たな国家の体制（国制）を希求していたのである。

そのような大久保の思想性を表すのが、「非義の勅命は勅命に非ず」との有名な一喝である。これは、慶応元年（一八六五）九月に朝廷が幕府に押し切られるかたちで長州藩再征の勅命を下したことに際して、発せられたものである。朝議の模様を伝え聞いた大久保は、中川宮朝彦親王のもとへ駆けつけ、長州再征勅許の非を説いた。その時の言である。

若朝廷是を許し給候ハヽ、非義之勅命ニ而、朝廷之大事ヲ思列藩一人も奉し候ハす。至

当之筋を得天下万人御尤と奉存候而こそ勅命ト可申候得ば非義〔の〕勅命ハ勅命ニ有らす候故、不可奉所以ニ御坐候。(3)

至当の筋を得て、天下万人が納得してこそ勅命たり得る。そうでない勅命は義を欠いた勅命であって、勅命とは言えない。そう大久保は啖呵を切った。ここには、尊王のさらに上位に君臨する天下国家（公的なもの）の原理を彼が明確に意識していたことが示されている。

この点については、すでに佐藤誠三郎氏による明快な論究がある。佐藤氏によれば、「大久保はすでに幕末に、『衆議』と『公論』を峻別し、『衆議』への安易な依存は『因循』をもたらすのみであり、国家の行動準則たる『公論』は、しばしば無責任無定見な現実の『衆議』から、あくまで方法的に抽出されねばならないと主張していた」とされ、彼は「『公論』との同一化に支えられた熱烈な使命感と不動の信念」を政治家の資質として弁えていたことが論じられている。(4) したがって、大久保は、政談の徒と化して処士横議を口にし、言路洞開を主張する浪士らに信を置かなかった。また、旧習に拘泥する公家勢力に対しても同断だった。因循をもたらすということでは、彼らは同類だったのであり、それを断つことが、大久保の維新となった。

もとより、断ち切ることによって維新は完成したのではない。言葉の真の意味において革命であるために、更地から新たな秩序が立ち上がらなくてはならなかった(5)。理の国制化である。維新なったその後、大久保は何度も、制度、制度と唱えている。大久保といえば、専制主義の政治家というイメージがつきまとうが、彼は彼なりの公論に立脚した国制を希求していた。それは、佐藤氏が剔抉《てつけつ》されるように、勢いに駆られた激情の暴発に流された衆議であってはならない。その代わりに、彼が新しい国制を支える人として見出したのが、知識をもった有徳の士であった。彼は、自らの統治の府としての内務省に、旧幕臣や佐幕派からも広く人を募った。それが知識の持ち主であるならば、かつての来歴は不問に付された。国家を成り立たせる有益な知を糾合しつなぎ合わせることがこころがけられたのである。

つまり、大久保にとって、維新とは結ぶものだった。人と人を結ぶものであり、知と知を結ぶものである。そうすることによって、幕藩体制に代わる国民国家を建立することが、大久保の関心事であった。そのセクターとして機能したのが、大久保を内務卿に仰ぐ内務省だった。同省は殖産興業を推進し、大久保流の開発独裁の府と見なされることがあるが、むしろ大久保はそこを中心に広く有為の人々を登用し、結び合わせることに腐心していたのである。大久保の政治人生とは、理の国制を追求し、そのために旧習を裁ち、国民的紐帯を結び合わせようとするものだったのである(6)。

## 遷都論と君主としての天皇

慶応三年一二月九日（一八六八年一月三日）に発令された王政復古の大号令によって、薩長両藩を中心とする倒幕勢力主導の明治維新が緒に就いた。大久保にとっても、新たな政体を樹立する営みが本格的に始まったのである。

その嚆矢として彼が提言したのが、遷都であった、慶応四年一月二三日、大久保は大阪への遷都の建白書を朝廷に提出した。ここで注目に値するのは、大久保が延々と展開する天皇論である。大久保は、天皇が「玉簾の内」を出て、「民の父母」として「国中を歩き、万民を撫育する」存在へと変貌すべきことを主張し、次のように説く。

> 主上ト申シ奉ルモノハ玉簾ノ内ニ在シ、人間ニ替ラセ玉フ様ニ纔《わずか》ニ限リタル公卿方ノ外拝シ奉ルコトノ出来ヌ様ナル御サマニテハ、民ノ父母タル天賦ノ御職掌ニハ乖戻シタル訳ナレハ、此御根本道理適当ノ御職掌定リテ初テ内国事務之法起ル可シ。右ノ根本推窮シテ大変革セラルヘキハ、遷都ノ典ヲ挙ケラル、ニアルヘシ。(7)

ここに示されているのは、天皇観の根本的転換である。長らく天皇は朝廷の場において、統治の主体としてよりも儀礼を司り、形式的な権威の源泉として位置づけられていた。それは、御簾の裏に隠された秘教的存在だったのである。大久保は、そのようなあり方を抜本的に変えることを説く。大久保によれば、「広く世界の大勢を洞察し、数百年来の間に凝り固まった因循の腐臭を一新し、官武の別を撤廃し、国内が同心合体した天下の主上」を仰ぐ必要がある。そのようなありがたき主上と頼もしき下々の者たちが「上下を一貫し、天下万人が感動涕泣いたし候ほどの御実行が挙がり候ことが、今日急務の最も急なる」もの。それがすなわち遷都である。

このような論旨から明らかなように、大久保の遷都論は、天皇像の刷新、すなわち世俗化した政治的君主としての天皇の創出と連動したものとなっていることが見て取れよう。これに続けて草せられた別の意見書では、万機を親裁する天皇のあり方が、次のように提示されている。天皇は巳刻から申刻まで執務し、総裁以下議定参与に謁見し万機をきこしめられるべきこと、世界の大勢を知るために、それに通じた侍読を置くこと、馬術に通じ、軍事調練を叡覧されるべきこと、などなどである。(8)宮中の奥深くで祭祀を執りおこなうだけなど最早許されない。統治者として人臣の前に屹立する政治的君主が求められている。

いずれにせよ大久保は、天皇に拝謁できるのを一部の公卿に限ってそのような者たちを雲上人と称したり、龍顔は国民の拝せないもの、玉体は地を踏んではならぬものなどといたずらに聖別化する習いを取り払い、むしろ天皇は国中を歩き、万民を撫育するものでなければならないと説く。それこそが君道であり、そのような君主に従い、それを盛り立てるのが臣道とされる。言うならば、そのような政治的君主のもとでの一君万民の体制を築くために不可欠なものとして、遷都が唱えられているのである。
このような遷都の建言と車の両輪をなしていたのが、二カ月後の三月一四日の五箇条の「御誓文」である。ここでは特に、第二条から第四条に注目したい。そこに謳われているのは、公家や武家、さらには庶民に至るまで（「官武一途庶民ニ至ル迄」）、上下の違いなく国民がひとつとなって（「上下心ヲ一ニシテ」）国を盛り立てること、そのために旧来の因習を打破すべきとのことである。先ほどの大久保の遷都の議とこの点、共鳴している。そのことは、「御誓文」が出されたのと同じ日、天皇が国内に向けて発した宸翰にも表れている。該当箇所を引用しよう。

近来宇内大に開け、各国四方に相雄飛するの時に当り、独我邦のみ世界の形勢にうとく、旧習を固守し、一新の効をはからず、朕徒らに九重中に安居し、一日の安きを偸み、百年の憂を忘るゝときは、遂に各国の凌侮を受け、上は列聖を辱しめ奉り、下は億兆を苦しめん事を恐る。故に朕こゝに百官諸侯と広く相誓ひ、列祖の御偉業を継述し、一身の艱難辛苦を問ず、親ら四方を経営し、汝億兆を安撫し、遂には万里の波濤を拓開し、国威を四方に宣布し、天下を富岳の安きに置んことを欲す。汝億兆旧来の陋習に慣れ、尊重のみを朝廷の事となし、神州の危急をしらず。朕一たび足を挙れば非常に驚き、種々の疑惑を生じ、万口紛紜として、朕が志を為さゞらしむる時は、是

朕をして君たる道を失はしむるのみならず、従て列祖の天下を失はしむる也。(9)

天皇の口を借りた堂々たる為政者の宣言である。大久保の君主論と見事に通底している。「汝ら億兆の民は旧来の陋習に慣れて、朝廷を敬うばかりで、神州が危急にあることを知らない。朕が立ち上がり前へ進もうとすると、非常に驚き、口々にこれを止めようとする。それは、朕の君主としての道を阻むものである」とは、遷都に反対する朝廷の守旧勢力に対する強烈な牽制であろう。

このように見てくると、大久保の遷都論が形を変えたものとして、「御誓文」を捉えることも可能だろう。実際の「御誓文」と件の宸翰は、ともに木戸孝允の強力な意向のもとに作成されたが、(10)一月に遷都を建議して以来、大久保と木戸は密に提携して朝廷の抜本的改革に向けて共闘していた。(11)「御誓文」と遷都とは、木戸と大久保による朝廷改革の車の両輪と考えられる。「御誓文」公布の翌日の一五日、天皇の大阪への親征が令せられた。天皇を京都から引き離し、新たな君主としてのイメージを確立するための第一歩である。「御誓文」というバックアップを得て、遷都へ向けた布石が打たれようとしていた。

天皇の大阪行幸は、数日後の二一日に敢行された。行幸中、大久保は大阪の行在所で天皇に拝謁した。「無位無官の藩士が天皇と対面した、未曾有の大事件」(12)である。大久保も感涙にむせび、「実ニ卑賤之小子殊ニ不肖短才ニシテ、如此玉座ヲ奉穢候義絶言語恐懼之次第、余一身仕合候、感涙之外無之、尤藩士ニハ始メテノ事ニ而、実ハ未曾有之事と奉恐懼候」[13]と日記に書き記しているが、そもそも万民に姿を現し、権威を示す存在へと天皇を化すことは、大久保が仕組んだことである。日記の記載は、大久保の凱歌と言えよう。

もっとも、この時の天皇の大阪滞在は短期間にとどまり、天皇はまた京都に還幸した。大久保としては、この親征を口実に遷都を実行するとの目論見があったが、それは叶わなかった。翌月の閏四月二日付の木戸孝允宛書簡で、大久保は還幸の評議が京都から届いたことを受けて、「全体御親征之発端は遷都之御意味柄よりして御施行被為在候処、重々機会を被失終に半途之者と相成、今日之御姿にては全有名無実之義に落申候」として、このうえは早急に還幸するにしくはないと溜息交じりに記している[14]。

天皇は京都に戻ったが、大久保は公家の守旧派に対する反撃に向けて虎視眈々とその機会をうかがっていた。天皇の京都帰還後の閏四月二〇日、議定・参与一同が小御所にて天皇に拝謁し、酒肴を賜わった。大阪では大久保単身の謁見だったが、今回は天皇を前にして重臣一同が居並び拝謁した。これは、かつての堂上の公家も大久保のような一介の藩士も天皇の前では同列との絵柄を皆に提示するものとなったろう。

そして翌日の二一日、政体書（正式名称は「政体」）が公布された。五箇条の「御誓文」に立脚した政府組織を定立するために出された根本法であり、日本で初めて三権分立を明記した法令として特筆される。だが、ここで注目したいのは、その付録において規定された措置である。それによれば、禁裏御所における維新官僚の居場所が、詰所は錦鶏白張間、休所は外様小番所と定められた。これによって、「禁裏御所の内部深く、かつての公家の場に彼らは進入したのである」[15]。

じわじわと朝廷内守旧派の切り崩しを進めるなか、遷都論も新たな局面に移る。天皇の御東行、すなわち江戸への遷都である。やはり閏四月に岩倉に宛てて差し出された意見書において、「東京之説被相定、御親征神速御決定、列藩ヲ鼓舞シ兵隊ヲ備ヘラルヘキ事」[16]との文言が見られる。今度は東へと「御親征」をおこない、東方で戦う官軍を鼓舞すべしとの提言であるが、それにとどまらず東にも都を建て、東京とすることが唱えられている。七月一七日、江戸は東京と改称された。そして、一〇月一三日に、大久保念願の東京への天皇の行幸（京都からの別離）が実現したのである（その後、天皇はいったん京都に戻り、翌年の明治二年三月二八日に東京に再幸し、以後、江戸城を皇城としてそこにとどまった）。

以上のように、京都からの遷都は、新国家の基軸となる政治的君主の創出を意味していた。公家の朝廷を刷新し、国民の政治的一体性を具現するような新しい天皇像を確立するという目論見と遷都は連動していた[17]。

そのような存在としての天皇には、特別の克己と君徳が要請された。天皇は、民の父母たらねばならない、民を撫育するものでなければならない、と大久保が重ねて論じていたことはすでに紹介したが、そのように天皇を導く臣下の役割が不可避とされる。大阪遷都の議に際して草された意見書において、大久保は「名卿賢侯」を侍読に採用することを提言していたのだが、京都還御直後にも、岩倉に宛てて、君徳培養の重要性を説いて言う。

如何様　聖君トイヘドモ、耳目鼻口備ラズシテハ、決而　御盛徳御六ヶ《むつか》鋪《しき》カラン歟、依而只今之内其御任ヲ被為選、早速御居へ相成候様有御座度、偏ニ奉祈候、才略ハ欲セザル処ニシテ、人君タルノ御体被為備候様、頻ニ誠願スル処ナリ。(18)

天皇の耳目鼻口となるのは、それにふさわしい臣下の者である。逆に言えば、天皇とはそのような有能な人材というパーツを寄り集めた存在なのである。(19) 天皇を御簾の中から招き出し、国民に見える存在とすることは、国家を盛り立てる国民を創り出すという企てでもあったということができよう。

## 2　立憲君主に向けて

### 君主専制から君民共治へ

次に、大久保の憲法意見書として有名な「立憲政体に関する意見書」を取り上げ、そこにおける君主の位置づけを考察していこう。この意見書は、明治六（一八七三）年の末にとりまとめられた。いわゆる岩倉使節団での欧米視察の成果として作成されたものである。その背景として、この年の十月に発生した征韓論政変を受けて、政府の体制を建て直すことも念頭にあった。[20]

この意見書を作成する過程で草された草案がある。国立国会図書館憲政資料室所蔵『大久保利通文書』のなかに入っている「政体意見（抄録）」と題された史料がそれである。そこでまずは、「政体意見」の内容を上記の観点から摘記しておこう。

「政体意見」は三つの項目からなっているが、[21]その第一がまさに政体論であり、日本は全ての権力を君主に帰属させ、「君主と国民の共同統治の国王とは違い、君主の権力を制限するものなど無く（君民共治ノ国君ト違ヒ権ヲ制限スルモノ無ク）」しなければならないとする。すなわち、君主専制の政体である。

その一方で、君主専制も君民共治も政府の職掌においては異なるところはないとされる。それは、「民を安んじ、国を保つの実をあげる（安民保国ノ実ヲ挙クル）」ことである。それ故、君主専制を採る日本においては、「天皇の御地位は最も重大（主上ノ御任最重大）」であり、彼を補佐する大臣の職責も甚大とされる。

毎事輔佐ノ大臣ト相共ニ諮リ、聖衷ヲ以テ万機ノ政ヲ聞食サレ、輔佐シ奉ル所ノ大臣

ハ主上ノ御職掌ヲ分任スル者ナレハ、毎事ニ責ニ任シ担当シテ国事ニ従事

すなわち、天皇は何事も補佐の大臣とともに諮り、聖断をもって万の政治を執りおこない、補佐奉る大臣は天皇の御職掌を分担する者として、万事に責任を負って国事に従事すべしと説かれる。

以上のような君主像をもつ「政体意見」を受けて、大久保による国制案である「立憲政体に関する意見書」が取りまとめられた。大久保はこの意見書を伊藤博文に手交した。政府に制度取調局が設けられ、伊藤がその掛となったことを受けてである。次に伊藤の元に残されていた同意見書の内容を見ていこう。意見書は、次の文句で始まる。

世ノ政体ヲ議スル者輒《すな》ハチ曰ク。君主政治。或ハ曰ク。民主政治ト。民主未タ以テ取ル可カラス。君主モ亦未タ以テ捨ツ可カラス。然リ而シテ此政体ハ実ニ建国ノ楨幹為政ノ本源至大至高ナル者ナリ。其体確立セサレハ則ハチ国何ニヲ以テ建タンヤ。政何ニヲ以テ為サンヤ。(22)

現代語に訳せば、次のようになろう。政体を議する世の人はあるいは君主政治と言い、あるいは民主政治と言う。民主政治は未だ採るべきではない。君主政治も未だ捨てるべき

ではない。そもそも、君主政体は実に建国の根幹であり、施政の本源として至大至高のものである。その体制が確立しなければ、国はどうやって成り立つだろうか。政治は何をもってなされるというのか。

ここでは、政体とは国家建設の基軸であり、政治の本源をなす最重要のものであるから、その確定が急がれることが説かれる。注目すべきは、「民主政治は未だ採るべきではない。君主政治も未だ捨てるべきではない」との言明である。政体は大きく分けて、民主制と君主制とがあるが、大久保は、民主制はいまだ採用できない、君主制もいまこれを捨てるべきではない、とする。はっきりとどちらを採り、どちらを採らないと結論づけてはいないのである。

そもそも、一国の政治の体制とは人為によって自由に策定できるものではないというのが、意見書の立場であった。政治制度はその国の「土地風俗人情時勢」に従って構築されなければならないと説かれる。

抑政ノ体タル君主民主ノ異ナルアリト雖トモ、大凡土地風俗人情時勢ニ随テ自然ニ之レヲ成立スル者ニシテ、敢テ今ヨリ之レヲ構成スヘキモノニ非ラス。亦敢テ古ニ拠リテ之レヲ墨守スヘキモノニ非ラス。魯国ノ政体以テ英国ニ施行スヘカラスシテ、英国ノ政体以テ亜国ニ用ユヘカラス。亜ヤ英ヤ魯ヤ其政体以テ我国ニ行フヘカラス。故ニ我国ノ土地風俗人情時勢ニ随テ、亦我カ政体ヲ立テサルヘカラサルナリ。[23]

政体には君主制か民主制かの違いがあるとはいえ、おおよそ土地風俗人情時勢に従って自然に成立するものであって、あえて今これを創り出せるようなものではない。また、あえて古式に則って墨守するものでもない。ロシアの政体をイギリスに布くことはできないし、イギリスの政体をアメリカに用いることもできない。アメリカにせよイギリスにせよロシアにせよ、その政体をわが国にもたらすべきではない。故に、わが国の土地風俗人情時勢に従って、わが国の政体を確立しなければならない。そのように説かれている。つまり、一国の制度はその国の国情や国民性に沿って形作られるべきもので、妄りに欧州各国の制度を模倣すべきではないのである。大久保は、わが国には自ずから皇統一系の法統があり、また国民の開明の程度があるので、その得失や利弊を勘案斟酌して法制や法典を制定するべきと論じている（妄リニ欧州各国君民共治ノ制ニ擬ス可カラス。我カ国自カラ皇統一系ノ法典アリ。亦タ人民開明ノ程度アリ。宜シク其得失利弊ヲ審按酌慮シテ以テ法憲典章ヲ立定スヘシ[24]）。

すなわち、日本の歴史や現状から演繹される独自の政体を模索すべしとされるのである。その政体とは、差し当たり「君主擅制」＝君主専制だとされる。

其政ハ依然タル旧套ニ因襲シ、君主擅制ノ体ヲ存ス。此体ヤ今日宜シク之レヲ適用スヘシ(25)。

「政体意見」で唱えられたと同様、ここでも君主専制が弁証されている。だが、注意されなければならないのは、それが決して確固不抜の政体とは見なされていないことである。既述のように、民主制も君主制も決して固守されるべきものではないと説かれていた。大久保はこのことを次のように重ねて主張し、国の制度を規定する憲法＝「定律国法」も、わが国の「土地風俗人情時勢ニ随テ」定められなければならないと説く。

民主固トヨリ適用スヘカラス。君主モ亦タ固守スヘカラス。我国ノ土地風俗人情時勢ニ随テ、我カ政体ヲ立ツル宜シク定律国法以テ之レカ目的ヲ定ムヘキナリ(26)。

民主制にも君主制にも拘泥すべきではないとされる。むしろ解はその中庸に求められる。君民共治である。意見書では、それが次のように定義される。

君民共議以テ確乎不抜ノ国憲ヲ制定シ、万機決ヲ之レニ取ル。之レヲ根源律法ト謂ヒ、又之レヲ政規ト謂フ。即ハチ所謂政体ニシテ、全国無上ノ特権ナリ。此体一トタヒ確立スル時ハ、則ハチ百官有司擅マ、ニ臆断ヲ以テ事務ヲ処セス、施行スル所ロ一轍ノ準拠アリテ変化換散ノ患ナク、民力政権幷馳シテ開化虚行セス。此レ建国ノ楨幹為政ノ本源ニシテ、今日百般ノ務メニ従事スル着々茲ニ注意セスンハアル可カラサルナリ。(27)

長文なので、これも現代語に直しておこう。君民共治とは、君主と民が共に協議して確固不抜の憲法を制定し、万機をこれにしたがって決するものである。これを国家の根本法と言ったり、政治規範と言ったりする。すなわち政体であり、国家全体の最高規範である。この制がひとたび確立すれば、官吏や閣僚はほしいままに臆断をもって事務を処したりせず、彼らの施政には一貫した準拠があり、御都合主義というような患いもなく、民力と政府は並走して開化を遂げ、虚構に陥ったりはしない。これは国家建設の根軸であり、施政の本源なのであって、今日国家の様々な事務に従事している者は、徐々にこのことに注意しなければならない。そのように論じられている。

このように、日本は将来的に憲法を制定し、君民共治の国制を樹立すべきことが論じられるのである。大久保は、それこそこの国の歴史的なあり方だったとする。すなわち、民は忠君愛国の志に満ち、君はそのような民を愛し養う国柄だったとされる。西洋の歴史に見られるような君主と人民の対立と抗争のなかから言わば妥協と講和の産物としてできた君民共治ではなく、君民が宥和し一体となった政体が掲げられるのである。来るべき日本の憲法もまたそのようなものでなければならない。次の引用は、そのことを語って間然するところがない。

祖宗ノ国ヲ建ツル豈ニ斯ノ民ヲ外ニシテ其政ヲ為ンヤ。民ノ政ヲ奉スル亦豈ニ斯ノ君ヲ後ニシテ其国ヲ保タンヤ。故ニ定律国法ハ即ハチ君民共治ノ制ニシテ上ミ君権ヲ定下モ民権ヲ限リ至公至正君民得テ私スヘカラス。(28)

祖宗がこの国を建国したのは、民を度外視して政治をおこなうためだなどとどうして言えようか。民が政治を奉るにあたって、天皇を後回しにして国を保つなどということがどうしてあり得ようか。故に、定律国法〔憲法〕はすなわち、君民共治の制をもたらすもので、上は天皇の権力を確定し、下は民権を限定し、至公至正を尽くして天皇も民も地位を得て私物化してはならない。

### 立憲君主制への漸進主義

以上のように、「立憲政体に関する意見書」は将来の君民共治の憲法制定の指針を示した国家構想の書と言える。ここで、先に見た「政体意見」の内容に立ち戻り、それと照らし合わせて本意見書の特徴を再論しておこう。

まず「政体意見」では、君主専制が高唱されていた。これに対して、「立憲政体に関する意見書」が掲げるのは君民共治である。一見すると真逆の建策のように思われるが、両者は決して矛盾していない。立憲政体意見書も当座の体制は「君主擅制」＝君主専制としていた。だが、その実態は、大臣や参議という臣下たちによる天皇の補佐を実質化するものだった。以上詳論してきた本文に続けて、意見書は太政官職制と題した組織案を付している。ここで注目に値するのは、右院の位置づけである。意見書は、政府たる太政官に正院、左院、右院と式部寮を置くべしとする。そのなかで右院は、「天皇陛下が、太政大臣・左右大臣・参議および諸省の卿にして参議たる者に特に任じて、諸法案や事務の当否を協議し、指針を定め、太政大臣よりこれを奏上せしむるところ（天皇陛下太政大臣左右大臣参議及諸省ノ卿ニシテ参議タル者ニ特任シテ諸法案及事務ノ当否ヲ商議シ、定論ヲ立テシメ、太政大臣ヨリ之ヲ奏上セシムル所ナリ）」とされ、諸々の政策の上奏や布令はここでの評議を経なければ太政大臣といえども天皇の允裁を受けることはできず、ここで議決されたことは右院の全体が連帯して責任を負うものとなっている。実質的に内閣として国政の全般にわたって執務する機関として位置づけられているのである。

このような右院の地位は、君主専制を支える大臣の責任を強調した「政体意見」と軌を一にしている。「政体意見」も「立憲政体に関する意見書」も、ともに当面の統治体制としては君主専制を採るが、決して天皇の親裁を求めるのではなく、大臣・参議による補佐体制を実質とするものだったことが指摘できる。両意見書の第一の共通性である。

さらに第二の共通点として挙げられるのが、漸進主義である。「政体意見」は、「今日宜シク成功ヲ永年ニ期シ、目的ヲ立テ、順序ヲ定メ、苟モ速ナルヲ求メテ叨リニ定限ヲ犯スコトナカラシム可シ」との一節にうかがえるように、積極的開発主義を排し、漸進的開化主義を掲げた。そのような志向は、「立憲政体に関する意見書」にも見出せる。既に詳しく論じたように、そこでは将来の立憲政体のあるべき姿として、君民共治が掲げられていた。現時点では専制体制を布くが、理想の国制は君権と民権が調和してともに国を盛り立てていくものとされていた。そのためには、「封建ノ圧制ニ慣レ、長ク偏僻ノ陋習以テ性ヲ成ス」ような民が徐々に開化し、国を担う自覚と能力をもった存在へと変わっていかなくてはならない。「政体意見」も「立憲政体に関する意見書」もともに、漸進主義を採っていたのである。

## 3　君主としての可視化

### 東北巡幸と内国勧業博覧会

大久保にとって、維新とは人と人を結び合わせることだった。その営みに彼が本腰を入れて取り組むことができたのは、その早すぎる晩年になってからである。

不慮の死を遂げる前年の明治一〇（一八七七）年に挙行された第一回内国勧業博覧会、そしてそのまた一年前の明治九（一八七六）年五月から約二カ月にわたってなされた東北地方の巡察は、そのために敢行された。この二つの事業における天皇の関わりを見ておこう。

まず明治九年の東北出張である。これは、天皇の東北行幸の先発隊として、あらかじめ訪問地の視察をおこなうとの名目であった。しかし、大久保にとってこの視察は、東北地方の産業の実態とその可能性を探るための殖産興業の旅であった。そのことを示すものとして、六月一三日付の岩倉具視宛の大久保書簡を引いておこう。大久保は後発の天皇に供奉している岩倉に次のように書き送っている。

> 該地之如キハ曠野荒蕪渺茫タル原野多シト雖モ亦養蚕産馬鉱坑等之如キ産出物モ不少候間運輸之便利ヲ開キ一層力ヲ勧業ニ尽シ其宜キヲ制スルニ至ルトキハ独リ人民之贏《えい》利《り》ノミナラス幾分之御国力ヲ増加スル言ヲ竢タス。(29)

東北には未墾の沃野が広がっている。しかも、そこではすでに養蚕や牧畜など様々な生業も営まれている。それらの産物を流通させるために交通網を整備し、勧業に努めれば、必ずや国の富強に寄与するであろうと述べられている。勧業の素地は、すでにあるとして東北への投資が慫慂されている。六月二四日にも、大久保は岩倉に宛てて、「富強ノ基ハ此地ニ可有之ト奉存候」(30)と書き送っており、東北振興にかける思いが察せられるのである。

大久保が東北に見出したのは、単に開墾可能な原野のみだったのではない。彼は訪れる各地で、民を守り指導する豪農などの土地の名士と巡り合っている。彼らのなかには、養蚕や牧畜などの新規事業に先鞭をつけていた者もいた。そのような産業のイノベーションの試みを埋没させず、官の力で結び合わせて実りをもたらすことを大久保は構想した。

そのようなかたちでの産業振興のために、天皇という元首による鼓舞が必要とされた。大久保は、青森で牧牛を営み地域振興と貧民救済に尽力していた旧会津藩士広沢安任の心意気に感銘を受け、わざわざ広沢の牧場への天皇の臨幸を実現させている。これに象徴されるように、天皇にはその存在でもって民の活力を促成するシンボル的機能が期待された。そもそも、東北への巡幸ということが、戊辰戦争で賊軍の汚名を着せられた同地を慰撫し、そこの人々を日本国民へと統合していくためのページェントだったと見なし得る。

次に、内国勧業博覧会である。それは、結果的に大久保の事績の掉尾を飾るものとなった。西南戦争がいまだ終結していない明治一〇年八月二一日に開幕した同会は、単なる遊興の行事ではなかった。大久保のなかで、それは日本中に潜在している殖産興業の人と知を吸い上げ、それらを化合させる試みと観念されていた。そのことは、大久保による開会の辞にうかがえる。

惟ルニ博覧会ノ効績タル大ニ農工ノ技芸ヲ奨励シ、殊ニ智識開進ヲ資ケ、貿易ノ宏図ヲ介シ、以テ国家ノ殷富ヲ致ス。陛下叡聖至徳ノ治夙ク既ニ此典ヲ挙ク、真ニ偉大ナリト謂フヘシ。而シテ退テ会場ヲ観ルニ、陳列ノ品類殆ント四万点、出品者ノ員数二万ニ近シ。其産出ノ佳製作ノ美已ニ其業ノ奨励ヲ徴シ、将来興隆殷富ノ期果シテ立テ竢ツヘキナリ。実ニ此民ノ黽勉ナル能ク其奮励ノ効ヲ奏ス。陛下叡聖至徳ノ治蚤ク已ニ其徴ヲ得ル豈亦偉ナリト頌セサルヘケンヤ。嗚呼カノ億兆幸ニ奎運炳詔ノ時ニ遭ヒ万貨爛璨場ニ遊ヒ観覧以テ其智ヲ進メ、討究以テ其識ヲ伸フ。誰レカ感喜振興シテ、陛下叡聖至徳ノ治ニ報ヒ以テ丕績ヲ賛セサランヤ。(31)

ここで注目されるのは、博覧会とは知識をもたらす場とされていることである。すなわち、「智識開進ヲ資ケ」ることがその効能であり、観覧を通じて知がもたらされ、展示の物品を比較討究することで識見が高められることが期待されている。万物のひしめくこの場に遊ぶとはされているものの、博覧会とは討究の場とされた。

このような性格を帯びた博覧会に、天皇は精励して姿を現した。八月二一日の開会式は、天皇皇后の親臨を仰いで執りおこなわれた。天皇はこの日を含め、博覧会開催中の一〇月二六日に会場の巡覧に訪れ、そして一一月三〇日の閉会式にも行幸した。天皇の数次にわたる親臨を得て、この日本初の近代的博覧会は国家的な祭典となったのである。

## おわりに

大久保は、岩倉使節団から帰国後にとりまとめた政体改革の意見書においては君主専制を弁証したが、それは立憲君主制に漸進するためのものだった。また、君主専制も臣下たちの補佐というバックアップが不可欠とされていた。大久保において、国制から超越した天皇など論外であり、それはあくまで国の制度の枠内に位置づけられた存在だった。

そのような天皇観を彼が抱いていたのは、幕末における勅命の威信低下があった。時の政局に翻弄されるかのように便宜的に出される勅命に対して、大久保はそれだけでは信を置けなかった。「非義の勅命は勅命でない」と言い切った彼は、天皇のその上にある義や理という観点から国家を構想するに至っていた。そのなかで、天皇は制度化されていたのである。

制度化された天皇に対して大久保が何よりも求めていたのは、幕末の動乱で千々に裂かれた人心を束ねる役割であり、国民的一体性をシンボライズすることだった。そのために幾度となく、大久保は天皇の可視化を企てた。東京への遷都、東北巡幸、博覧会への親臨といったかたちで天皇が国民の前に姿を現すことによって、日本という地で人々が結びつき、国民という近代的政治単位が生み出されることが期待されたのである。

「将門均ヲ渠ルノ日、天子九重ノ内ニ在リテ威厳堂々下民仰ヒテ以テ神トナス、而シテ天子尺寸ノ権ナシ、一旦親カラ万機ヲ裁スルニ嘗リテ、下民始メテ天日ヲ拝シ至尊モ亦タ斯人タルヲ知ル」(32)と「立憲政体に関する意見書」にあるように、かつてのように神のごとく九重の奥に座すのではなく、万機親裁の人君として民の前に出て、国民をまとめ上げること。それが、大久保の描いた来るべき立憲君主としての天皇だった。

註

(1) 参照、伊藤之雄『明治天皇』(ミネルヴァ書房、二〇〇六年)、同『伊藤博文』(講談社、二〇〇九年〔後に、講談社学術文庫より文庫化〕)、拙著『伊藤博文』(中公新書、二〇一〇年)。

(2) 本稿とは異なった観点から大久保と天皇制の関わりを論じた最近の重要な研究として、勝田政治「大久保利通と宮中改革」明治維新史学会編『明治国家形成期の政と官』(有志舎、二〇二〇年)、同「天皇輔導と大久保利通」『国士舘史学』第二四号(二〇二〇年)がある。あわせて参照を乞う。なお、大久保のより全体的な思想像については、拙著『大久保利通』(新潮選書、二〇二二年)にて論じている。

(3) 日本史籍協会『大久保利通文書』第一巻(東京大学出版会、一九六七年)、三一一頁。以下、同書については、『大久保文書』と略記する。また、本稿では巻数はローマ数字で記す。

(4) 佐藤誠三郎「大久保利通」同著『「死の跳躍」を越えて』(千倉書房、二〇〇九年)、一六八～一六九頁。

(5) 大久保にとっての維新(革命)について、ハンナ・アレント(志水速雄訳)『革命について』(ちくま学芸文庫、一九九五年）の次の洞察が参考になる。「フランス革命の人びとは暴力と権力をどう区別するか知らないままに、全権力は人民からくるものでなければならぬと確信していた。そこでこの群衆の前政治的な自然的強制力の前に政治領域を開放したため、国王や旧権力が一掃されたように、今度は彼ら自身がその力に押し流されたのである。これと反対に、アメリカ革命の人びとは、権力を前政治的な自然的暴力とはまったく反対のものだと理解していた。彼らにとっては、権力は、人びとが集まり、約束や契約や相互誓約によって互いに拘束しあうばあいに実現するものであった」（二〇四頁）。

（6）参照、拙稿「知識交換の明治――大久保政権再評価への試論」瀧井一博編『「明治」という遺産――近代日本をめぐる比較文明史』（ミネルヴァ書房、二〇二〇年）所収。

（7）『大久保文書』Ⅱ、一九一頁以下。引用に際して、「〔大阪遷都建白書草案〕」（国立国会図書館憲政資料室所蔵『大久保利通関係文書』書類三六三）に照らして、字句を変えた箇所がある。

（8）『大久保文書』Ⅱ、二二八～二二九頁。

（9）『明治天皇紀』Ⅰ（吉川弘文館、一九六八年）、六五〇～六五一頁。

（10）大久保利謙「五ヶ条の誓文に関する一考察」同著『明治維新の政治過程』（吉川弘文館、一九八六年）。

（11）齊藤紅葉『木戸孝允と幕末・維新』（京都大学学術出版会、二〇一八年）、一七三頁。

（12）佐々木克『幕末史』（ちくま新書、二〇一四年）、二九六頁。

（13）「大久保利通日記」鹿児島県歴史資料センター黎明館編『鹿児島県史料　大久保利通史料　一』（鹿児島県、一九八八年）、二五七頁。

（14）木戸孝允関係文書研究会編『木戸孝允関係文書』Ⅱ（東京大学出版会、二〇〇七年）、一六七頁。

（15）高橋秀直『幕末維新の政治と天皇』（吉川弘文館、二〇〇七年）、五二七頁。

(16) 佐々木克［ほか］編『岩倉具視関係史料』上（思文閣出版、二〇一二年）、三七九頁。

(17) この時期に、大久保が旧幕勢力との宥和を図るかのようにかつての幕臣からの人材登用を唱え出したことも、これとの関連で理解される必要がある。天皇という君主のもとで、日本人が恩讐を越えて、国民として一体となることが求められたのである。

(18) 明治元年一二月二四日付岩倉具視宛大久保書簡、勝田孫弥『大久保利通伝』中（マツノ書店、二〇〇四年）、五九〇～五九一頁。

(19) この関連で参照に値するのが、明治二年七月二三日に大久保によって提議された「定大目的」と題する建言である。その第二条は次のように言う。

万機宸断を経て施行すへきハ勿論たりと雖も、公論に決するの御誓文ニ基き大事件ハ三職熟議し諸省卿輔弁官又ハ待詔院集議院へ其事柄ニ依り諮問を経たる後上奏宸裁を仰く可き事。（『大久保文書』Ⅲ、二二九頁以下）

ここでは、天皇親政と言えども、決して独裁となってはならず、「御誓文」にあるように公論に則ったものでなければならないとされる。その公論とは、各省や待詔院・集議院など政府の諸組織において十分に諮られたうえで大臣・納言・参議ら閣僚が熟議したものとされる。天皇は、その公論にしたがって宸裁を下すべきものとされており、後の機関説に通じるような天皇像が打ち出されている。

(20) この意見書については、本書八九頁以下も参照。

(21) 本史料の詳細な検討をすでにおこなっているのが、小幡圭祐『井上馨と明治国家建設』（吉川弘文館、二〇一八年）、一六〇頁以下であり、あわせて参照を乞う。

(22)『大久保文書』Ⅴ、一八二～一八三頁。
(23)『大久保文書』Ⅴ、一八四頁。
(24)『大久保文書』Ⅴ、一八八頁。
(25)『大久保文書』Ⅴ、一八五頁。
(26)『大久保文書』Ⅴ、一八五頁。
(27)『大久保文書』Ⅴ、一八七頁。
(28)『大久保文書』Ⅴ、一八六頁。
(29)『大久保文書』Ⅶ、一五三頁。
(30)『大久保文書』Ⅶ、一六七頁。
(31)「内国勧業博覧会開会式」『大久保文書』Ⅷ、三六八～三六九頁。
(32)『大久保文書』Ⅴ、一八七～一八八頁。勝田前掲「天皇輔導と大久保利通」、二〇頁も参照。

# 補章② 日本憲法史における伊藤博文の遺産

## 1 日本の憲法文化?――大日本帝国憲法と日本国憲法をつなぐもの

大日本帝国憲法（以下「明治憲法」）と日本国憲法の間には、まごうかたなき連続性がある。後者が前者の「改正手続」によって成立したという形式的な次元の話ではない。法的意味内容をまったく異にしていると一般に考えられている二つの憲法だが、両者の間には成り立ちや歴史的展開の面で興味深い類似性が指摘できるのである。憲法典が拠って立つところの日本の政治文化に根差す特質と言えるかもしれない。

そのように考える理由は三つある。まず第一に「欽定」性である。明治憲法が天皇による欽定という手続で発布されたことは言うまでもない。また、日本国憲法も純然たる民定憲法として成立したわけではない。それは占領下でアメリカ占領軍の主導のもと作成された。両者はその成立の端緒において、国民の関与を排して作られた。その意味で、ともに「押しつけ」憲法である[1]。

そのことは、日本国憲法の民主的性格を損なうものではない。日本国憲法の制定にあたって、鈴木安蔵、馬場恒吾、森戸辰男、高野岩三郎らによる民間の憲法研究会が政府の改正案よりもはるかに民主的な改正草案を起案し、それが占領軍の改正案にも影響を与えていたことが指摘される(2)。できあがった日本国憲法の民主的な装いは国民を驚嘆させたが、同時に歓迎され、スムーズに受け入れられていった。

同じことは明治憲法についても言える。日本が初めて西洋立憲主義に基づいた憲法典を有するに先立って、民間の自由民権運動の盛り上がりがあったことを看過することはできない。民権家による様々な憲法私案（私擬憲法）の提起が明治一四年政変を導出し、国会開設の勅諭を引き出した。そのような在野の動きを無視することはできず、藩閥政府の中ではドイツ流の欽定憲法主義を採用することが確定していたものの、明治憲法には臣民の権利が列条され（権利章典）、議会の予算審議権も明記されるなど立憲主義の大枠を踏み外すものではなかった。成立当初、それは海外の専門家から当時の諸外国の憲法と比べて遜色ないものとされ、また何よりも民権運動家からの歓迎を受けた。初期議会期に憲法停止の危機があったにもかかわらず、それを乗り越えて明治大正期の日本には議会政治の定着と進展がみられた。明治憲法の非民主性や外見的立憲主義の側面ばかりを強調するのは、歴史の実態には即していない(3)。

以上のように、二つの憲法には「民主」的性格ということでも共通性がある。「欽定」性、「民主」性に加えて、第三に指摘できるのが、両憲法の伸縮性である。ここには、起草者による明確な意図がある。明治憲法をデザインした伊藤博文は、簡素な憲法を心がけた。彼は自らの作った明治憲法を「不磨の大典」と位置づけた。後述するが、伊藤はこの世を変遷常なきものと捉えていた。そのようななかで、憲法という国の根幹は、皇室と同様に一定不動のものであることを求めた。そのために彼がとった方策、それが憲法条文の簡素化であった。憲法の中には極めて理念的な条項や統治機構および政治運営上の必要最低限の事柄のみを定め、政治社会の進展にいかようにも適応できる伸縮自在の金科玉条を伊藤は作り出そうとした。[4] 日本国憲法についてしばしば指摘される「解釈改憲」の歴史は、そのルーツを明治憲法にもっていると言うことができる。[5]

ところで、本章の課題は、憲法改正の歴史的事例分析である。本来、このテーマに応えるならば、明治憲法の「改正」と日本国憲法成立の経緯が取り上げられるべきだろう。しかし、それについてはすでにいくつもの良書に恵まれているので、[6] ここでは別の素材を提供することにしたい。本章で紹介したいのは、明治憲法のデザイナー・伊藤博文の憲法思想と国家構想である。上述のように、日本国憲法の上にも伊藤博文の影を認めることができる。憲法に対する基本的な考え方や姿勢を日本人の脳裏に刻み込んだという意味である。

しかしその一方で、伊藤その人の憲法に対する考えは十全には知られていない。明治憲法の〝起草者〟と一般に見なされているにもかかわらず、あるいはそれゆえに伊藤の憲法思想は真剣な検討の対象になってこなかったのであろう。

だが、日本に憲法のレールを敷いた人物の思想像を把握することは、それ自体として意義を有する。彼が敷いたレールの上を日本人は未だに走っているのかもしれないと考えあわせれば、なおさらである。本章では、日本憲法史における伊藤博文の遺産を提示し、そこから憲法改正論議に示唆するものを考えてみたい。

## 2 伊藤の憲法観――「一片の紙切れ」

### 枢密院憲法草案審議での発言

伊藤の憲法観を表明したものとして、おそらく最も引き合いに出されてきたのは、明治憲法の草案を審議する枢密院での彼の発言であろう。明治二一（一八八八）年六月一八日に始まった憲法草案の最終審議会の冒頭、議長の伊藤は憲法政治を施行するには、国民をまとめる機軸が必要であるとの考えを展開している。西欧において立憲主義が機能しているのは、キリスト教という機軸があって、それを通じて国民が一つにまとまっているからだという。憲法を制定する大前提としてそのような機軸の確立が不可欠とされるが、伊藤によれば日本においては宗教は「微弱」で、仏教も神道もその役割を担いえない。日本において機軸となるのは皇室しかないとして、次のように述べている。

我国ニ在テ機軸トスヘキハ独リ皇室アルノミ。是ヲ以テ此憲法草案ニ於テハ専ラ意ヲ此点ニ用イ、君権ヲ尊重シテ成ルヘク之ヲ束縛セサランコトヲ勉メタリ。(7)

徹底した君主主義の弁証である。君主権力の束縛を極力避けたとの言明であるが、この点さらに、「徒ニ濫用ヲ恐レテ君権ノ区域ヲ狭縮セントスルカ如キハ道理ナキノ説」と畳みかけられ、「敢テ彼ノ欧州ノ主権分割ノ精神ニ拠ラス。固ヨリ欧州数国ノ制度ニ於テ君権民権共同スルト其揆ヲ異ニセリ」と言い切られている。(8)天皇のもとでの国家権力の一元化、天皇主権の絶対性——このことを不動の原理として掲げることが、憲法制定者・伊藤の意思であった。

このような典型的な天皇主権説の表明でもって、憲法草案の審議はスタートした。それは、天皇絶対権力をカモフラージュする外見的立憲主義の憲法という明治憲法の世評を裏書きするもののように思われよう。しかし、当の伊藤は、実際の会議に入るや、前言を翻すかのように次のごとく弁じている。同じ日の数時間後、第四条「天皇ハ国ノ元首ニシテ統治権ヲ総攬シ此ノ憲法ノ条規ニ依リ之ヲ行フ」原案の審議に際しての発言である。

本条ハ此憲法ノ骨子ナリ。憲法ヲ創設シテ政治ヲ施スト云フモノハ君主ノ大権ヲ制規ニ明記シ其ノ幾部分ヲ制限スルモノナリ。又君主ノ権力ハ制限ナキヲ自然ノモノトスルモ已ニ憲法政治ヲ施行スルトキニハ其君主権ヲ制限セサルヲ得ス。故ニ憲法政治ト云ヘハ、即チ君主権制限ノ意義ナルコト明ナリ。[9]

第四条の「憲法ノ条規」以下の文言を削除すべきではないかとの山田顕義の意見に対する回答である。先に引用した伊藤の開会の弁に照らせば、しごく当然の意見であろう。伊藤は天皇の主権を制約してはならないと力説していた。しかし、その舌の根の乾かぬうちに今度は、憲法政治とは君主権を制限するものだと唱えているのである。矛盾している、どころの騒ぎではない。これは憲法の名のもと、あらゆる党派を取り込もうとした政治家的ご都合主義のなせる業なのだろうか。

しかし彼は、これ以後も恬然として立憲主義の正道を説き続けている。「法律制定ナリ予算ナリ議会ニ於テ承知スル丈ケノ一点ハ到底此憲法ノ上ニ於テ欠クコト能ハサラントス。議会ノ承認ヲ経スシテ国政ヲ施行スルハ立憲政体ニアラサルナリ」と述べ[10]、立憲政体下で政府は君主のみならず議会に対しても同じく責任を有していると断言する。

極めつけは、有名な森有礼との臣民の権利条項をめぐる一幕だろう。草案第二章の「臣民権利義務」を森は「臣民ノ分際」と改称するべきだと説く。天皇主権の憲法の手前、その天皇に対して臣民が権利を有するとは妥当とは言えない。臣民が天皇に対して有しているのは、「分際」、すなわち責任のみだと森は主張した[11]。

これに対して、伊藤は「憲法学及国法学ニ退去ヲ命シタルノ説」として、猛然と反論した。「憲法ヲ創設スルノ精神ハ第一君権ヲ制限シ、第二臣民ノ権利ヲ保護スルニアリ」と立憲主義の教科書的定義を持ち出したうえで、次のように論弁した。

若シ憲法ニ於テ臣民ノ権利ヲ列記セス只責任ノミヲ記載セハ、憲法ヲ設クルノ必要ナシ。又如何ナル国ト雖モ臣民ノ権利ヲ保護セス、又君主権ヲ制限セサルトキニハ臣民ニハ無限ノ責任アリ。君主ニハ無限ノ権力アリ。是レ之ヲ称シテ君主専制国ト云フ。(12)

会議の冒頭で憲法制定の趣旨をあたかも、絶対的な君主主権の確立にあるように謳いながらも、実際の逐条審議の過程では、正統的な立憲主義を祖述するかのように伊藤は立ち回っている。ここで想起されるのは、もうはるか半世紀も以前に、久野収＝鶴見俊輔『現代日本の思想』の中で提起された「顕教・密教」論である。この中では、スイスの歴史家ヤーコプ・ブルクハルトの名著『イタリア・ルネサンスの文化』に登場した「芸術作品としての国家」という概念を援用して、「伊藤が明治天皇を中心として作りあげた明治の国家こそは、何よりも一個のみごとな芸術作品のモデル」(13)とみなされている。久野と鶴見によれば、伊藤が作った明治国家の芸術性とは、天皇の権威と権力が、「顕教」と「密教」の微妙な運営的調和の上に成り立っていたことに求められる。その「顕教」と「密教」とは、次のように説明される。

顕教とは、天皇を無限の権威と権力を持つ絶対君主とみる解釈のシステム、密教とは、天皇の権威と権力を憲法その他によって限界づけられた制限君主とみる解釈のシステムである。はっきりいえば、国民全体には、天皇を絶対君主として信奉させ、この国民のエネルギーを国政に動員した上で、国政を運用する秘訣としては、立憲君主説、すなわち天皇国家最高機関説を採用するという仕方である。(14)

言い換えるならば、「タテマエ」としての天皇主権説と「ホンネ」としての天皇機関説という使い分けである。国民一般に対しては、絶対君主としての天皇が称揚され、支配にあずかるエリート内部では立憲君主が申し合わせとなっていたとされる。

枢密院での伊藤の言説は、まさにこのような顕教・密教論を裏書きしているように見受けられる。それが、伊藤の築こうとした国家のかたちとみなして間違いないのだろうか。それに答えるためには、もう少し伊藤の憲法制定作業を内在的に立ち入って観察する必要がある。

## 憲法調査と「国制」の発見

伊藤の憲法や立憲体制への関心には長い歴史があるが、彼が直接憲法制定に携わるようになったのは、いわゆる明治一四年政変の後である[15]。明治一四（一八八一）年に勃発したこの政変は、明治政府内でイギリス流の議院内閣制の採用を画策した大隈重信とその一派を政府外に追放し、プロイセンに範をとった欽定憲法主義を来るべき憲法の方針としたものとして、明治憲法史の転換点となったものである。すでに言及したように、この時、国会開設の勅諭が同時に発せられ、明治二三（一八九〇）年までに憲法を制定し議会を開設することが、いわば公約された。政変の代価として、藩閥政府の方も憲法の制定に本腰を入れなければならなくなったのである。

政府の輿望を担って、憲法起草の責任者として担がれたのが伊藤だった。この時、伊藤には憲法制定に定見がなく、自信を喪失していた。もっとも、伊藤が自ら制憲作業をリードせずとも、すでに政府内には井上毅という卓越した法制官僚がおり、伊藤はただ担がれていればよかったのだが、憲法の起草は大久保利通や木戸孝允から直々に信託された自分の専管事業であるとのプライドが彼にはあった。事態を打開すべく、伊藤はヨーロッパに旅立つことになる。立憲主義の本国で憲法調査をおこない、箔づけを図ろうとしたのである。

明治一五（一八八二）年三月から約一年半、伊藤は欧州諸国を巡回する憲法調査をおこなった。とはいえ、主たる目的地はドイツであった。藩閥政府内部でのプロイセン主義の採択にあわせて、彼はまずベルリンに向かった。

しかし、ベルリンでの調査は芳しくなかった。彼がついたベルリン大学の憲法学教授ルドルフ・フォン・グナイストは、随員の回想によれば、一行の調査に冷淡であった。伊藤自身も、「頗る専制論」と日本への通信でその印象を語っている。[16] グナイストは、議会を開設しても予算の審議権を与えてはならないという極端な言辞すら漏らし、伊藤を驚愕させた。その背景には、当時のドイツにおける議会政治の混迷があった。ドイツの識者には、議会制度のような厄介なものを無理して導入せずとも、アジアはこれまで通り専制主義でいった方がうまくいくだろうとの親切心もあったのであろう。伊藤は、ドイツ皇帝からも同じ助言を聞くことになる。[17]

このように頼みの綱であったベルリンでの調査には暗雲が立ち込めていた。伊藤が焦眉を開くことができたのは、ベルリンでの調査の合間に訪れたハプスブルク帝国の首都ウィーンにおいてである。ウィーン大学の国家学教授ローレンツ・フォン・シュタインと面談した伊藤は、啓示を受けたかのように、憲法制定に関し大確信を得た旨日本に向けて喧伝することになる。彼が受けた啓示とはどのようなものだったのか。

この点については、シュタインが狭義の憲法学者ではなかったことに留意する必要がある。彼は自らを国家学者と自己規定しており、一九世紀後半のドイツ公法学における実証主義の流れを激しく攻撃し、行政学や社会学、経済学といった社会科学全般の知見を総動員員した壮大な国家学体系を築こうとした人物だった(18)。

伊藤にも彼はそのような見地から講義した。すなわち、シュタインが伊藤に伝授したことは、どのような憲法を書くべきかということではなく、憲法というものが国家の全体的な存立構造の中でどのように位置づけられ、またどのような機能をもつものなのかという認識だった。シュタインから得た教示を、伊藤は次のように書き記している。

縦令如何様ノ好憲法ヲ設立スルモ、好議会ヲ開設スルモ、施治ノ善良ナラサル時ハ、其成迹見ル可キ者ナキハ論ヲ俟タス。施治ノ善良ナランヲ欲スル時ハ、先其組織準縄ヲ確定セザル可カラズ。組織準縄中、尤不可欠モノハ宰臣ノ職権責任官衙ノ構成官吏ノ遵奉ス可キ規律及其進退任免、試験ノ方法、退隠優待ノ定規等ニシテ、〔中略〕之レアルヲ以テ帝室ノ威権ヲ損セス、帝権ヲ熾盛ナラシムルヲ得ルト云モ可ナリ。スタインノ講談中ニモ、憲法政治ノ必要不可欠モノハ、帝家ノ法、政府ノ組織及ヒ立法府組織ノ三箇ニシテ、此一ヲ欠ク立君憲法政治ニアラスト。三箇ノ組織定法能ク確立シテ並ヒ行ハレテ相悖ラサルノ極ヲ結合スル者、則憲法ナリト。由之観之、政府ノ組織行政ノ準備ヲ確立スル、実ニ一大要目ナリ(19)。

「どんなに良い憲法を作っても、またどんなに良い議会を開いても、実際の政治がうまく運ばなければ意味がない」。そして、実際の政治がうまく機能するためには、政府の組織を固め、行政を確立することが何よりも重要だと喝破する。これにとどまらず、伊藤は「憲法ハ大体ノ事而已ニ御座候故、左程心力ヲ労スル程ノ事モ無之候[20]」とか、「一片之憲法而已取調候而モ何ノ用ニモ不相立儀ニ御座候[21]」などと繰り返し日本に書き送っている。憲法には政治体制の概略的なことだけが書いてあればよい、憲法はそれだけでは一片の紙にしか過ぎず、大切なのはそれを効果的なものとする行政の働きなのだというわけである。伊藤の調査は、「憲法」調査という看板とは裏腹に[22]、行政の調査、さらに言えば憲法と行政を包摂した国制の調査に重きが置かれることになるのである。

この時の滞欧調査には、もうひとつの重要な成果があったと思われる。それは、日本における議会政治の移植についての確信である。この時期、憲法を制定するとは、議会政治の導入を意味していた。議会を開設し、選挙で選ばれた国民の代表を国政に参与させるということが、憲法制定の眼目であった。伊藤の憲法調査も、欧州における議会政治の実際を視察し、その運営の妙について聴取することに大きな目的があった。しかし、前述のように、主としてドイツにおいて伊藤の一行は、議会政治の導入にネガティブな意見を聴くことになる。その理由が、単に日本人の文明度に対する懐疑に起因するものではないということも示唆しておいた。今少し、この点を敷衍しておこう。

伊藤がヨーロッパ、特にドイツ語圏の諸国でつぶさに観察したことは、議会政治が袋小路にはまっていることだった。ベルリンの地ではちょうどその頃、帝国議会で審議されていたたばこ専売の問題で政府は窮地にあり、宰相ビスマルクもさじを投げ、どこかに引きこもってしまうという状況であった。そのような事態はオーストリアにおいても同様であり、そもそもそこでは議会は機能不全に陥っており、現実の政治は皇帝による緊急勅令の連発によっておこなわれていた。滞欧中の覚書に、「帝王ハ……此器械〔国家〕ヲ運転シテ、百事凝滞ナカラシムルノ主宰者ナリ、故ニ時トシテハ之ニ油ヲ差シ、又ハ釘ヲシムル等ノ抑揚ナカル可カラズ」と記されているのは、オーストリアのことを指してのものだと考えられる(23)。

注意すべきなのは、このように議会政治の混迷を実見したにもかかわらず、伊藤の中で議会制度の導入について迷いの生じた形跡がないことである。むしろこの点について、彼は日本での議会開設に手応えをもったようである。ドイツ帝国議会の議員選挙は、世界でも逸早く男子普通選挙を採用していた。ビスマルクはそうすることで、諸々のラント〔領邦〕から構成される連邦的構造を克服し、帝国の国民的一体性を創出しようとしたのであるが、結果的には階級対立の議会内へのストレートな投映をもたらしてしまった。急進的な制度改革は有効に機能しない。そのように伊藤は感じ取ったのであろう。議会制度を開いても、国民の政治参加は漸進的になされるべきというのが、伊藤の得た教訓だった。

また、議会制度がうまく機能するためには、国民的な同質性が必要であることも伊藤は感得した。オーストリアの議会が混乱していたのは、当時のハプスブルク帝国の多民族、多宗教、多言語という事情があった。そのようななかで、合議制度を運営することには困難があった。オーストリアの帝国議会は、容易に民族対立のるつぼと化したのである。

以上のことから、伊藤はむしろ日本では議会政治に有利な条件があると思い至った。つまり、オーストリアと異なり、日本には国民的同質性が高い。それは幕末維新期、さらに言えば江戸時代の海禁体制から醸成されたものである。他の東アジア諸国に対する小中華意識や西洋列強に対する攘夷観に基づき、日本には国民的な単一意識が高いレヴェルで形成されていた。また、漸進的に国民の政治参加を進めれば、ドイツのような階級対立に議会が支配されることも防げるだろう。漸進主義ということも、征韓論政変以降、日本の指導者層に共有されていたものだった。

このようにして、伊藤は憲法の制定に大きな自信をもってヨーロッパから帰国した。その自信とは、①憲法を相対化する国制という視座、②議会政治を機能させる条件(国民政治の可能性)への開眼、この両者からなるものと言える。

## 3 明治憲法の成立――伊藤の国家デザイン

### 憲法から国制へ

欧州での成果を胸に、伊藤は明治一六（一八八三）年八月、日本に戻った。以後伊藤は、明治一四年政変で策定された政府の立憲方針（井上毅による岩倉意見書）を換骨奪胎しながら明治日本の「国のかたち」＝明治国制をデザインしていくことになる。そのプロセスを概観しておこう。

帰国後の伊藤の問題意識は、議会制度をいかに免疫不全を起こすことなく、日本に移植するかということだった。既述のように、ドイツとオーストリアにおいて伊藤は、かの地の議会制度が機能不全に陥っている現状を目の当たりにしていた。ドイツでは早急な普通選挙制度によって階級対立が帝国議会の中に持ち込まれ、オーストリアでは民族対立によって議会政治は袋小路にあった。

だが、伊藤の中で、議会制度を導入し立憲政治を布くことへの躊躇が生じることはなかった。その背景には、日本国民の文化的一体性の強さという認識があったことは前述したが、もうひとつ無視できないものとして、シュタインから習得した行政の奥義が挙げられる。伊藤はシュタインの教えを、議会制度移植のための制度的インフラの構築へと昇華させていくのである。帰国後、伊藤は各種の行政改革に手を染め、国家の抜本的な制度改革を推し進めていくが、それらはすべてそのことを目的として遂行されたのだと言ってよい。

伊藤のおこなった改革とは、以下のようなものである。(24)

まず、宮中改革である。明治一七（一八八四）年三月に宮内卿に就任した伊藤は、宮内省機構を整備すると同時に、皇室財政の自立化を図る。伊藤はこのようにして宮中府中の別を確立しようとした。これより以前、天皇が直接政治をつかさどる天皇親政の運動が宮中の天皇側近グループから持ち上がっていたが、伊藤はその動きに終始反対していた。それを根絶し、天皇が独自の政治的意思をもった為政者として政権を左右するのを防ごうとしたのである。立憲君主制へ向けた布石である。

翌年には、官制の大改革という大がかりな行政機構の刷新がおこなわれた。ここで特に重要なのが、内閣制度の導入である。これによってそれまでの太政官制度に名実ともに終止符が打たれ、太政大臣および左右両大臣とその下になる参議たちという政府指導者層の重層構造が改められ、また、公家の家柄にかかわらず、国民であれば誰もが大臣の職に就き、政治のリーダーとなることが形式的に可能となった。

次に、大学制度の改革である。明治一九（一八八六）年に帝国大学という新たな高等教育体制が構築された。それは官僚のリクルート・システムの役割をもたせられる。行政を担う人的資源の再生産装置である。また、新設の帝国大学の法科大学内には、国家学会という学術組織が創設された。国家学会とは今日も東京大学大学院法学政治学研究科のスタッフを中心として組織されている法学政治学研究の殿堂であるが、創立当初、それは立憲国家を運営するための知を産出する機関として、伊藤の肝煎りで設けられたものだったのである。

明治二一（一八八八）年四月には、先に触れた枢密院が設置されている。これは当初、憲法典や皇室典範の草案を審議するために設けられたのであったが、伊藤はさらにそれを天皇の政治的行為のための諮問機関としても位置づけていた。政治から区別された宮中にいったん押し込められた天皇は、主権者として政治的意思形成をなす場合も、枢密院の場において、そこでの審議を通じてそれをなすべきものとされたのである。天皇の政治活動は、このようにして徹底的に制度化されたのであった。

以上のようにして、憲法調査から帰国後、伊藤のリーダーシップにより、国制の再編制が進んでいった。その果てに、明治二二（一八八九）年二月一一日、明治憲法が発布され、翌年には帝国議会が開設されるのである。こういった一連の有機的つながりの中に明治憲法は位置づけられる。そのつながりの全体を指して「国のかたち」と称することもできるだろうが、そもそも「憲法」の原語であるconstitutionとは、ものごとの成り立ちや構造を意味する言葉である。ドイツの政治学者ドルフ・シュテルンベルガーは、この点を指して、constitution（Verfassung）を「複雑な構成体」と称している。[25] 憲法調査から帰国後の一連の改革は、まさにそのような「複雑な構成体」としての国家の統治システムの総体（国制）を作り変える作業だった。その掉尾を飾るものとして、憲法の制定があったのである。

しかし、そのような複雑性のすべてを掌握した制度設計や制度構築を一気に達成することなど人知の及ぶところではないし、不可能であろう。そもそも複雑性と言うとき、単に制度の全体的な連関構造のみを指しているのではなく、時間性の側面も無視できない。時間の流れにあわせて、複雑に変遷するという動態的な問題である。

伊藤はこの点をわきまえていたと思われる。彼にとって、憲法の成立は、あるべき国制の完成なのではなく、来るべき国制へのスタートラインであった。明治二二（一八八九）年の時点で成し遂げられたのは、立憲体制へ向けてのデッサンだったのである。

### 主権者の造形――「表彰（Representation）」としての天皇

そのような全体としての国制の中で、天皇はどのように位置づけられていたのか。既述のように、伊藤は枢密院での憲法草案審議の劈頭、「我国ニ在テ機軸トスヘキハ独リ皇室アルノミ」として、「君権ヲ尊重シテ成ルヘク之ヲ束縛セサランコトヲ勉メタリ」と謳っていた。しかし、その一方で、同じ日の会議の別の発言では、「憲法ヲ創設シテ政治ヲ施スト云フモノハ君主ノ大権ヲ制規ニ明記シ其ノ幾部分ヲ制限スルモノナリ」とも述べ、「憲法政治ト云ヘハ、即チ君主権制限ノ意義ナルコト明ナリ」と断言していた。一体、伊藤は天皇の主権というものをいかに考えていたのか。

まず現実政治の場で伊藤が理想としたのが、政治的にアクティブな天皇でなかったことは間違いない。彼は、君主の恣意的な意思によって国政が左右されることを避けようとしていた。そのことは、憲法制定以前からの、また憲法施行後の彼の政治指導を考えあわせれば、容易に納得できる。憲法制定以前、伊藤は天皇親政を求める天皇側近の動きを封じ、宮中の制度化を図った[26]。そして、憲法の実際の運用においては、普段は政治への介入を慎むが、議会と政府の対立が袋小路に陥った際には中立的な立場から調停をおこなう裁定者となるよう天皇を仕向けた[27]。伊藤はそのように政治に深入りしないが、それとまったく没交渉でもない存在として、立憲君主を考えていた。

この一方で、伊藤はまた別の役割を天皇に期待していた。伊藤自身の言葉を引用しよう。明治三二（一八九九）年におこなわれた演説の中で、彼は次のように語っている。

一国と云うものは其国土と人民とを総て一つの風呂敷の中に包んだようなものである。之を代表、所謂レプレセント〔represent〕と云う字を使って居る。此れは正しく代表と云う字に当るが、私は日本の君主は国家を代表すると言わずして日本国を表彰する、表わすと云う字を使いたいと思う。決して代表ではない[28]。

ここで伊藤は、天皇は日本国の representation だと述べている。今日でもこの英語の日本語訳としては、自動的に「代表」の語があてられることが多いが、伊藤によれば、天皇に関して言えばそれは間違いであって、むしろ「表彰」と訳されるべきと説かれている。

もともとrepresentationには表現、描写、演出といった語義もあり、理念的なものを可視化するという意味合いを含んだ概念である。[29] 何らかの抽象的理念を象徴的に代表させ、現実的なものとして具現することが、representationのそもそもの意味である。王権というものは、まさにそのようなrepresentationにうってつけの制度だと言えよう。国家というものを一人の人格に代表的にシンボライズさせるものとして、王権はある。

伊藤が、天皇は日本国をrepresentする、表彰すると述べた時、彼は結果的にそのようなrepresentationの概念史的本質に迫っていたことになる。では、天皇をそのように定義することを通じて、彼は具体的に天皇に何を求めていたのか。

まず指摘できるのが、対外的表象性の強調である。そのことは彼が、先の引用に先駆けて、一国が外国と相対した時にはあたかも一個人が相対した時のようでなければならないとして、そのような「一個人」の役割を君主に求めていることから明らかである。[30]

他方で、伊藤の要請する天皇の表彰性には、もうひとつの含意があるものと考えられる。伊藤が欧州のキリスト教に該当する人心帰一の機軸としての役割を皇室に求めていたことを想起したい。[31] それは、言葉を換えれば、「国民統合の象徴」という意義に理解できよう。そしてこの点に、枢密院会議開会の辞の真意が根差していると考えられる。すなわち、伊藤がそこで強調したかったこととは、天皇が国民統合の象徴であるがゆえに政治的に全能な主権者として君臨できるということであり、逆に言えば、天皇は国民全体によって構成される国家という政治体（body politic）の一部である限りにおいて、そのような主権者たりうるということなのであろう。伊藤にとって天皇とは、何よりも国民国家としての統合性をシンボライズする政治的権威の象徴だったと言える。

以上のように、天皇の絶対的な主権者性とは、国民を統合した国家権力の絶対性のシンボルとして観念されていたと考えることができる。主権者たる天皇は、国家の主権を象徴（表彰）する存在なのであり、主権を行使する存在なのではない。天皇を表彰と形容するに先立って、主権者たる君主は主権の作用を委任するとして次のように論じられている。

王家の大権にあって分割すべからざる主権を如何にして活用するかと云うに、此作用に至っては即ち委任して以て事を行うのである。故に立法部を置くは立法に参与せしむるが為である。〔中略〕天皇の大権の一部の運用を以てして議会に之を扱わせるのである。行政もそうである。司法亦た然り。而して勿論派出の権である以上は主権が之を奪うことを得る訳であるが、妄に之を奪わぬと云うことを規定したのが即ち憲法である。(32)

以上をまとめると、伊藤にとって主権者たる天皇の地位とは、国家の諸々の権力作用を正当化する権威の源泉であり、そのような国家的権威をシンボライズするものだったということになる。枢密院での「天皇権力は束縛されない」との言、そしてそれを受けての明治憲法第一条の規定は、そのことの表現にほかならない。他方で、実際の権力の行使は、憲法の規定に従って各機関に委ねられ、立憲的に運用される（第四条）。伊藤において、天皇権力の無制約と立憲的規制は、国家主権の絶対性の象徴とその運用面での制約という意味において、決して矛盾したものとしては捉えられていなかったのである。

### 憲政への旋回

伊藤は、どんなに立派な憲法や議会をしつらえても、実際の政治がうまくいかなければ意味がないと考えていた。では、明治憲法のもとで、彼はどのような政治を理想視していたのだろうか。

この点を明示するものとして、憲法発布直後の明治二二（一八八九）年二月二七日に伊藤が皇族や華族に向けておこなった演説がある。そこには、来るべき立憲政治の理念が語られているので、その内容を紹介しておこう。まず引いておくべきは、次の言である。

> 国の人民の文化を進めなければならぬ。人民を暗愚にして置いては国力を増進することに於て妨げが有るゆえに、人民の智徳並び進ましめて、学問の土台を上げて国力を増進する基としなければならぬ。(33)

国の土台は国民の開化にあるということが謳われている。国民の教育水準を高め、知力・学問を向上させなければならない。国の独立のために不可欠なことはそれなのだという。「他国と競争して、以て独立の地位を保ち国威を損せぬ様にしなければならぬと云うには、人民の学力を進め、人民の智識を進めなければなりませぬ。其結果は一国の力の上に於て大いなる国力の発達を顕すと云うことは、自然の結果で有りましょう(34)」というわけである。学問・教育の進んだ開化した国民を政治の礎とし、それにあわせて政治の仕組みやあり方も変えていかなければならない。そのように伊藤は説いている。

さて、国力増進のために開化された結果、人民は政治的にどのような存在になるであろうか。伊藤は次のように論じる。長くなるが、味読の価値がある。

人民の学力、智識を進歩さして、文化に誘導さして参りますと、人民も己れの国家何物である、己れの政治何物である、他国の政治何物である、他国の国力何物である、他国の兵力何物であると云うことを、学問をする結果に就て知って来るので、其れが知って来る様になれば知って来るに就て、支配をしなければなりませぬ。若し其の支配の仕方が善く無いと云うと、其の人民は是非善悪の見分けを付けることの出来る人民で有るから、黙って居れと言って一国は治まるもので無い(35)。

すなわち、開化され、文化に誘導された国民というのは、支配する側にとっては両刃の剣なのである。そのような国民は、当然、自分たちの受けている支配がどのようなものであるか、国家のレヴェルがどうであるか、といったことを洞察し、また他国と比較してどうなのかということにまで考えをめぐらせて声を上げるようになる。そのように賢くなった国民にどう対処したらよいのか。伊藤は、もはやかつてのように「黙っていろ」と言って上から押さえつける政治はとりえないと断言する。後年においても、旧時のような「民はよらしむべし、知らしむべからず」を旨とした政治のあり方というのは、文明の政治・憲法政治のもとでは成立しえないと語っている(36)。その逆に、民に積極的に政治のこと、また国の現状について知らしめなければならないと述べる。そうやって国民に自分たちの考えを述べさせるのが、憲法政治だという。

そのようにして国民に自由に政治的な発言をさせつつも、それがゆえに政治が無秩序に陥ってはならない。この両者を調和させるために、どのような政治体制を布くべきか。それは、曖昧模糊でない政治体制だと語られる。

其普通の道理に従って開けた人民を支配する方法は何であると云うと、曖昧模糊の間に物を置くことが出来ませぬ。君主は則ち君主の位置に在って、君主の権を有って一国を統治しなければならぬ。臣民は臣民の尽すべき義務が明かにならなければならぬ。是れが憲法政治上に於て必要なることで有ります。(37)

かく述べたうえで伊藤は、憲法ができた今、君主の統治も各々の政治機関に委ねられ、それらの機関は憲法の規定に従って権力を行使しなければならないと弁じる。そのように権力の発動が曖昧模糊でなくなった支配の体制、すなわち公明正大な支配の仕組みが、憲法政治とされるのである。

以上のように、伊藤は憲法に基づいたこれからの政治のあり方を皇族・華族という国家のエリート層に対して諄々と説いた。憲法調査から帰国後、明治憲法の制定に至るまで、伊藤は憲法を相対化する行政の整備に従事し、憲法をひとこまとする国制の構築を推し進めた。この演説は、そのような国制がひとまず立ち上がった今、その中でどのような政治が運営されるべきかを指し示したものである。ひとことで言えば、伊藤は明治国制の中に憲政の精神を盛り込もうとした。憲法に保障された権利に基づいて国民が政治に参加するあり方であり、それが彼にとっての憲法政治であった。

従来、伊藤の憲法発布直後の演説と言えば、これに先立つ二月一五日に府県会議長たちを前にしておこなったものが有名である。これは『東京日日新聞』に筆記録が掲載され国民に広く周知されたが、その内容は時の首相黒田清隆がおこなった演説と同様、政府が政党から超然として施政をとることを公言した超然主義の宣言として、しばしば引き合いに出される。だが、注意深く全文を読めば、そこで語られていることは、「遽《にわか》に議会政府即ち政党を以て内閣を組織せんと望むが如き最も至険の事たるを免れず」との言からもうかがえるように、政党内閣の即時実行という急進論の否定である。逆に言えば、将来における政党内閣の実現には含みをもたせているのである。伊藤は、「政治をして公議の府に拠らしむるには充分の力を養成するを要す」とも述べており、政党に政権を委ねるには充分の力の養成が必要と考えていた。(38) この言葉を実践するかのように、彼は一〇年後に自ら政党政治の養成へ身を投じることになる。

## 4　進化する「憲法」——国民による政治へ

### 政党政治への転身？——立憲政友会の創設

伊藤には、独特の世界観がある。彼によれば、この世は絶えざる変遷のもとにある。「天地間之百事百物ハ転〔ジ〕、瞬間も止息スルコトナク一定之秩序中ニアリテ動作変遷スルモノ」(39)との彼の言がある。憲法秩序も例外ではない。問題は、憲法を取り巻く状況の変化にあわせて、その都度憲法を改正するべきなのか、ということである。

伊藤はそのようには考えなかった。憲法には「大体ノ事而已」を記し、時勢の変遷にあわせて柔軟に憲法を適用させていこうと考えていた。もとより、それは融通無碍ということを意味しない。伊藤には、この世の変化には「一定之秩序」があるともみなしていた。言い換えれば、一定の方向に従った進化の道筋があるということである。では、その方向とは何か。それは、憲法発布直後の演説で説かれていたような国民による政治、すなわち国民の参加に基づく政治である。

明治三三（一九〇〇）年、前年に一切の官職を辞して政府から飛び出していた伊藤は、野党の自由党と手を結び、それを基盤にして自らの政党、立憲政友会を創設する。藩閥政治家から政党政治家への転回を遂げたわけである。それは政界に激震を生ぜしめたが、伊藤にしてみれば、憲法制定当初からの一貫した歩みであったろう(40)。

では、伊藤はかつて自分が属していた藩閥政府を打倒し、政権を奪うために政党の結成に乗り出したのだろうか。結党時の伊藤の言動を追ってみると、それとは異なった企図が浮かび上がってくる。

明治三三年九月一五日、伊藤を党首（総裁）として立憲政友会が結成された。これに先立って、伊藤は以下のような新党設立の趣旨を公にしていた。それは、出陣式にふさわしい天下獲りのシュプレヒコールではなく、むしろ党員の自重と自粛を求めるものとなっている。伊藤はここで、この党が政権奪取のマシーンではなく、国民的調和のための公器たるべきことを訴えたのである。

凡ソ政党ノ国家ニ対スルヤ、其ノ全力ヲ挙ケ、一意公ニ奉スルヲ以テ任トセサルヘカラス。凡ソ行政ヲ刷振シテ、以テ国運ノ隆興ニ伴ハシメムトセハ、一定ノ資格ヲ設ケ、党ノ内外ヲ問フコトナク、博ク適当ノ学識経験ヲ備フル人才ヲ収メサルヘカラス。党員タルノ故ヲ以テ地位ヲ与フルニ能力ヲ論セサルカ如キハ、断シテ戒メサルヘカラス。地方、若クハ団体利害ノ問題ニ至リテハ、亦一ニ公益ヲ以テ準ト為シ、緩急ヲ按シテ之カ施設ヲ決セサルヘカラス。或ハ郷党ノ情実ニ泥ミ、或ハ当業ノ請託ヲ受ケ、与フルニ党援ヲ以テスルカ如キハ、亦断シテ不可ナリ。予ハ同志ト共ニ此ノ如キノ陋套ヲ一洗センコトヲ希フ。(41)

「党員タルノ故ヲ以テ地位ヲ与フルニ能力ヲ論セサルカ如キハ、断シテ戒メサルヘカラス」。すなわち、党員であるからという理由で、政府のポストが与えられるわけではないと唱えられている。「党ノ内外ヲ問フコトナク、博ク適当ノ学識経験ヲ備フル人才ヲ収メサルヘカラス」とあるように、行政のポストが与えられるには能力が必要とされた。閣僚とて例外ではない。そのことをわきまえずに、議会で多数を制した党のメンバーだからといって、我が物顔で官職を占奪するようなことは論外とされた。天下をとろうとして伊藤の下に集まった者たちにとっては、何とも気勢を殺がれる思いだったのではなかろうか。

このような政党観は、はっきりとした信念に基づくものだった。政友会結成に向けて伊藤が書き残したものをも考慮に入れると、そのことが明らかとなる。そもそも伊藤は、「党」の名を冠することを拒否した。読んで字のごとく、政友会は「会」であった。党の語は「朋党」を意識させ（「徒党を組む」の「党」）、東洋的な考え方ではネガティブな響きがあり、官界や実業界から人を募るためにも避けるべきだというのである。(42)

これは単なる名称の問題にとどまらない。「会」の名のもと、伊藤は従来の政党とは異質な政治組織を考えていたのである。伊藤が当初作成した新党の規約をみれば、そのことが明瞭となる。(43)そこではすでに、①大臣の選任は天皇の大権に基づくもので、党外から選出されているという理由でその内閣に反対すべきでないこと、②内閣は天皇輔弼の府であり、かつ責任政治の府であるので、党員が大臣に選ばれているからといって、党内から容喙すべきでないこと、③行政各部に適任の人材を配置するため、政党外からも公平に人選されるべきこと、といった政党内閣を牽制する方針がつづられている。

以上から明らかなように、伊藤が自ら政党政治家へと転身したことには、政党内閣の実現や政党政治の促進などと単純視できない別個の論理があったと考えられる。その論理とは何か。ここで先に引用した「党ノ内外ヲ問フコトナク、博ク適当ノ学識経験ヲ備フル人才ヲ収メサルヘカラス」との言葉を思い出しておこう。この宣言は、裏を返せば、政党がそのような「学識経験ヲ備フル人才」を見出し、育成して、政府に供給する場のひとつとなるべきことの要請としても読める。ひとことで言えば、伊藤にとって、政友会は「人才」の集う場であるべきだった。では、それはどのような「人」であり、「才」なのか。この点を明らかとするために、立憲政友会結成の前年、伊藤が日本各地を遊説して回った際に彼が語りかけたことを検証しよう。

## 政党政治から憲法政治へ

明治三二（一八九九）年の四月から一〇月にかけて、伊藤は断続的に中部地方、西日本、九州、北陸を回り、各地で演説をおこなった。すでに藩閥政府を飛び出し、政党結成が取り沙汰されていた時期であり、そのための下準備との憶測が巷間ささやかれていた。しかし、伊藤の演説内容を子細に検討してみれば、そこで語られていたのは、先にみたような政党政治の是正というトーンで一貫している。その代わりに彼が提示するのは、憲法政治というものである。(44)

憲法政治と聞けば、今日の憲法学では、立憲体制に関わる制度改革をおこなう政治プロセスを指して言うアメリカの憲法学者ブルース・アッカーマンの語法、(45)あるいは議会政治そのものが想起されるかもしれない。前者においては、憲法政治とは日常的な政治の営みとは区別される、憲法改正やそれに比肩されるような歴史を画期する〝大〟政治が念頭にある。また後者にあっては、議会制度を通じての国民の政治参加を根幹とし、議会政治は政党によって担われるものであるから、憲法政治とはつまるところ政党政治と同義となる。

それでは、伊藤は憲法政治をどのようなものとみなしていたのだろうか。結論から言えば、伊藤にとってそれは日常的な政治の営みであり、それを支える国民の姿勢にほかならなかった。エートスと言い換えてもいい。また、その意味で政党政治とも区別されるべきものだった。伊藤が憲法政治に込めた意義を解き明かしていきたい。

まず第一に、憲法政治とは君民共治の政治と説かれる。

憲法政治なるものは、上下の分域を明に劃して以て国民と君主の為すべきことと、君主の為すべきこと即ち君主の当さに行ふべき権利、国民の享有すべき権利を明にして而して之に次ぐに国政を料理する次第を以てしたものである。(46)

このように、憲法政治とは、まず何よりも天皇と国民が共同で国家の統治をおこなうという君民共治の原理として説かれる。このように述べるが、重点は国民の政治参加とその責任に置かれる。議会制度と国民の参政権は、欽定憲法によって天皇から下賜されたものである。「天子が下民に向つて綸言汗の如く布かれたものであるから、此れは万古不易、決して動かすべからざるもの」であり、つまり「憲法を以て与へられた所の此権利は決して奪はるると云ふことはない」(47)とされる。

欽定憲法ということからは通常、天皇が単独で憲法を国民に授与したものであり、国民の権利を抑制し、天皇の強大な政治的大権を留保したものとのイメージが導かれる。けれども伊藤にあっては、欽定憲法による国民の政治参加の権利と機会の保障という側面が強調され、しかもいったん下された権利は主権者ですら「妄に之を奪はぬ」ものとされるところに憲法の真価が求められているのである。

このように伊藤は、今や国民は天皇ですら侵すことのできない政治上の権利を保有しており、その権利を駆使して国家を盛り立てることが天皇に対する国民の義務であることを説いている。「国家なる観念の上に於て、憲法に条列してある所の権利を享有して国に対する所の義務を尽し、之を誤らぬやうに[48]」すること、それが今日の勤王の道なのである。かくして、「何時までも睡つて居つてはならぬ、睡つて居れば国に対して義務を尽くすことが出来ぬ[49]」として、国民の政治的覚醒が呼びかけられる。

立憲制度とは、このように国民の政治化を前提としている。他方で、その目的はそのように政治的に覚醒した国民の秩序化であり、前述の君民共治という政治様式の実現とされる。「憲法政治の主眼たる目的は……一国を統治遊す所の天皇と国を成す所の元素たるべき人民とが相調和して睦しくしやうと云ふのが目的である[50]」と説かれ、君民の宥和こそ憲法政治の目的であり、精神をなすものにほかならないとされる。

このように、宥和と統合こそ伊藤の立憲国家観が帰着するところであったが、それは何も天皇と国民の間のことに限られない。「立法部とか或は行政部とか云ふものの間は詰り調和が出来なければ——憲法の運用と云うことも其調和に依って出来るのであって、何時でも齟齬して往けば国歩の進行仕方はないことになる[51]」と説き、政府と議会の調和も呼びかけられる。そして、この観点から、伊藤は政党のあり方について批判の矛先を向けるのである。

伊藤のみるところ、現下の政党政治は「敵討の政治[52]」に堕している。源平や新田足利の争いを髣髴とさせる体たらくであり、国民調和の政治という観点からは大いに問題がある。「日本帝国の議会をして、矢来を結った所の敵討場の如くされては堪らぬ[53]」としたうえで、彼は次のように呼びかけている。

凡そ政党なるものは、一国の政治上の利害に就いて人々みな其の観念を有って居る。それが同説の人が集って、即ち党派なるものを組織すると云うに過ぎぬのであって、殊更に今の政党の如く源平や、新田足利の争うたが如き争いをすると云うことは、此文明の政治、憲法政治の下に於て其仕方方法が過ぎると思う。政党なるものはも一少し軽く見なければならぬ。余り政党者流も自ら見ることが重も過ぎるし、他より之を見る者も亦た重も過ぎて居る。政見の異同は到底多数の国民であるから免れぬけれども、今のような政党と云うものの観念が強過ぎて来ると、遂に源平の争を見たような

ことになって、誠に国家の為めに望ましからぬことと考へる。(54)

「政党なるものはも一少し軽く見なければならぬ」とされる。「既に議会がある以上政党の分立することは已むを得ぬ」。(55)しかし、その一方で、政治とは「始終動いて行くものであるから、此れは利害に依って見るより外はない、利害で見る時には、昨年は非と云ったものも今年は是と云わなければならぬかも」(56)しれないものである。敷衍すれば、固定した教義を護持してそれをもって現実を裁断するのではなく、変動常なき内外の環境を見据えて状況主義的に判断し行動することが政治の本質とされる。したがって、その時々によって変遷する国家の利害という見地に立てば、派閥を築いたり政党を結んだりして自らの友軍を固めるよりも、昨日の敵といかにつるむことができるかが、政治的な思慮ということになる。伊藤は、憲法政治における譲歩の精神を説いて言う。

英吉利の憲法政治はなぜ斯の如く能く往て外の所は能く往かんかと云って聞いて見ると、取も直さず英吉利人は譲歩の心が強い。外は譲歩の心が少ない。譲歩の心の少ない者は憲法政治には不適当な人民である。(57)

以上のように、伊藤にとって憲法政治の真価は、国家を構成する諸勢力を宥和させ調和させることにあった。そのために、それらに均しく統治権参与の権限と手段を保障するところに立憲制度の妙は求められる。これとあわせて、制度を構成する各々のファクターには、それぞれ譲歩の精神が要請される。政党も例外ではない。むしろ、その要請がより一層妥当するのが政党であった。眼下の政党は政府や他党との間の抗争にかかずらわっているが、国民の政治参与と政治への責任の自覚を憲法政治の核心とみなす伊藤にとって、政党は国民と政治を媒介して国民の諸利害を調整すべき存在として刷新される必要があった。この信念を実行に移すために、伊藤は自ら政党の結成へと乗り出したのである。

## 5　伊藤博文の遺産

### 協働の原理としての立憲主義

以上、明治憲法の制定者である伊藤博文の憲法思想について詳論してきた。これまで論じてきたことを確認しておこう。

伊藤は、君民共治の政治を実現するためのシンボルと制度的枠組みとして憲法を制定した。天皇への主権の帰属を明確にする一方で、国民の権利を保障し、国民を国政に参加させる仕組みとして、憲法は導入された。

このような伊藤の憲法理解に大きな影響を与えたのは、ヨーロッパでの憲法調査であり、特にウィーンでのシュタインの教えを通じて、彼は憲法を補完するもうひとつの国家の構成原理としての行政に開眼し、行政と憲法を総合した国制(constitution)の改革をおこなうとの考えに達した。帰国後、憲法制定に先立って彼が遂行した諸々の行政改革はその実践だった。

他方で、伊藤はそのようにして構築した国制に盛り込むべきは、憲政だとみなしていた。憲法を通じての国民政治の理念と運動である。シュタインの国家学の重心が行政による憲政の相対化に置かれていたのに対し、伊藤においては憲政の理念に基づいた議会政治へと漸進的に移行していくことが憲法施行後の課題とされた。伊藤にとって、憲法とは、憲政とは、国制とは、すなわちconstitutionとは、進化するものとして捉えられていたのである。

その背景には、独特の世界観があった。伊藤は、天の下変わらざるものなしと考えていた。憲法秩序も不断の変遷にさらされている。もっともそこには進化の道筋というものがあった。それは政治の民主化である。既述のように、伊藤は国民が主体となった政治へと徐々に移行させていくことを図っていた。そのことを彼は憲法発布直後から明言していたのであり、憲法が施行されてから一〇年後には自らそのために立憲政友会という政党を立ち上げる。

もっとも、政友会創立には、政党政治とは区別される憲法政治の実現という企図があった。伊藤にとって憲法政治とは、様々な政治的アクターが譲歩の精神でもって国家的な調和をもたらす政治のあり方を意味していた。政党が単なる党派的利害の代弁者となることは忌避されたのである。党派心を抑制し、議会の場で他党や政府と対話するためのメディアとなることが政友会には期待されたのである。

以上のような伊藤の憲法実践には、立憲主義の捉え方について、一つの示唆を与えるものがあるように思われる。それは、参加型民主制と代議制を立憲主義のコアとする捉え方である。立憲主義と言えば、通常、権力の分立と抑制による国民の権利の保障を主眼とするものとして定義される(58)。しかし伊藤にあっては、立憲主義とは、国民に政治参加の権利を保障し、そのための制度としての代議制議会を設けるということであった。そこには、国民の政治参加の原理と運動として憲政（constitution）を捉えるシュタイン国家学の影響が介在している。シュタインの憲政概念の背景には、一九世紀前半におけるヨーロッパ各国でのナショナリスティックな立憲運動（一八四八年革命）があり(59)、それは当時の日本にとっても国会開設を求める自由民権運動の展開によって無縁ではなかった。

シュタインと異なり、伊藤は憲政に軸足を置いた国制を構想した。そこには、憲法政治に対する伊藤の強い思いがある。変動常なき世界に政治が対処していくには、行政のみならず国民の知見と活力の導入が必要とされる。それらを結節する場が議会にほかならない。そのような統治のプロセスを可能にする政治の実践を絶えずおこなっていくことが、伊藤にとっての立憲主義の課題であった。すなわち、その時々の問題状況にあわせて、合理的な秩序を漸進的に作っていく協働の原理と作用としての立憲主義である[60]。constitute とは、「創る」という意味である。立憲主義（constitutionalism）には、国民が政治に参画し自分たちの政治的共同体の秩序を不断に作り出していく営みという含意ももたせることができよう[61]。国家権力の抑制も、そのような参加を通じて初めてその意義を全うするものであろう。

### 憲法改正論議への示唆——憲法の威厳性の復権？

最後に、もう一度憲法草案の枢密院審議における伊藤の発言に立ち返ってみたい。そこで伊藤は、天皇の主権は無制約であると言いながら、憲法政治とは君主権制限の意義だと矛盾した言辞を弄した。これまでこのような明治憲法の相反する性格の理解にあたっては、顕教・密教の比喩が用いられてきた。国民に天皇制信仰を植えつけ、天皇統治を正当化するための顕教としての天皇主権説と天皇の統治権を国家主権の中に解消し官僚による統治を正当化する密教としての天皇機関説である。

そのような従来の理解に対して、本章では伊藤の所論を首尾一貫した憲法論として読み解こうと試みた。そして、国家の主権の絶対性と不可分性をシンボリックに体現する「表彰」としての天皇と実際の運用のレヴェルにおける権力の立憲的統制が伊藤の真意であったことを確認した。伊藤は国家権力の存立のためには、それを正当化する象徴的作用とその運用を秩序づける法治主義がともに不可欠であると認識していたのである。

ここで参考にしたいのが、憲法における「機能する部分（efficient parts）」と「威厳をもった部分（dignified parts）」を区別するイギリス憲法の考え方である。ワルター・バジョット（Walter Bagehot）は、有名な『イギリス憲政論』において、次のように論じている。

まず憲法は、簡明な機能する部分を有している。それは、ときおり、また必要な場合には、これまでに実験済みのどの統治機構よりも簡単に、容易に、そしてよりよく機能することができるのである。つぎに同時にこの憲法は、歴史的な、複雑な、そして威厳のある演劇的部分をもっている。これは、はるか昔から受け継がれてきたもので、民衆の心をとらえるとともに、目に見えないが、絶大な力によって、被治者大衆を動かしているのである。(62)

ここでバジョットが論じているのは、イギリスの国制には統治を実効的におこなう機関と国家に威厳性を与える機関とがあるということである。前者を担うのが議会であり、後者を体現するのが君主ということになろう。

バジョットの議論は、イギリスの国制上の機関の性格規定をおこなったものと言えるが、これを憲法の機能論に転用することもできるのではなかろうか。すなわち、憲法には二つの機能がある、統治を実効化する機能と国家に威厳性を与える機能である、と。そうした場合、バジョットの区分はより一般的な憲法理論へと転化させることができるように思われる。憲法の実効化機能とはいわゆる統治機構論のオーソドックスな課題である。これに対して、威厳化機能とは国家存立の前提となる国民を統合する機能である。(63)

伊藤の念頭にあったことは、このような憲法の二つの機能だったのではなかろうか。つまり、彼はまず第一に、憲法の威厳的要素の構築を目指した。憲法による統合作用である。被治者大衆たる国民を国家に統合し、その一体性を高めて国威を発揚するための機能を伊藤は憲法に期待した。そのためのシンボルとして掲げられたのが、主権者としての天皇である。天皇権力の無制約とは、国家への権力の一元化ということにほかならず、その前提には天皇を基軸とする国民の統合という裏づけが必要だった。

このようにして国民統合による国家的権威の確立を図った後で、伊藤は憲法の実効化の完遂に腐心した。憲法に基づき、政治を円滑に運営するための仕組みとプラクシスである。ここで中心となるべきは、国民の代表によって構成される議会であり、そのために伊藤は政党政治の善導を目指して、立憲政友会の創立に乗り出していく。

しかし、この点において伊藤が明治憲法に託した構想は不完全に終わった。政党政治はその後進捗し、大正期には政党内閣制の慣行の成立をみるも、昭和に入るとそれは党派的な利害政治に堕し、国民からの支持を失ってしまう。国民大衆、政党、議会、内閣、官僚、宮中、軍部といった国家を構成する各アクターの関係も調和を欠き、憲法に基づいた国政の運営は破綻をきたす(64)。伊藤が思い描いた憲法政治は、絵空事に終わったのである。

以上のように、明治憲法は威厳化作用の樹立には奏功したが、実効化作用の実現には失敗した。翻って日本国憲法を考えてみれば、そのもとで日本の政治は憲法の実効化という点で長足の進歩を遂げたと言える。議院内閣制による国政の運営は憲法上明記され、また制度的にも定着している。政体についての共通見解を欠いた明治憲法とはコントラストをなす(65)。

その一方で、日本国憲法のもとで威厳性の要素はどのように観念されているのだろうか。明治憲法とは異なり、日本国憲法は主権者の顕現の問題を忌避してきたように思われる。主権作用のシンボル的表出の問題であり、国家の統合性・一体性の演出と言ってもよい。今日の憲法体制について言うならば、国民が主権者であることを想起・確認するための契機である。

バジョットは先の引用の中で、憲法の威厳的要素を「演劇的部分」(theatrical parts)とも形容しているが、日本国憲法のもとでも、威厳(dignity)を付与するための政治の場における演劇的演出は、国民主権を確認し、国家に統合をもたらすものということになろう。日本国憲法上、そのような「威厳のある演劇的部分」として考慮されうるものがあるとすれば、憲法改正の国民投票はそのひとつに他ならない。それを通じて、主権者たる国民は憲法の信認か改正かの判断をおこなうことによって自らの国制に尊厳を与え、それに統合性を付与することになる。特に、日本国憲法下で初めて憲法改正の国民投票がおこなわれた場合、それは欽定憲法史観と名実ともに訣別して国民主権に立脚した立憲体制を選択したという意義をもつことになろう。もっとも、そうであるためには一つの条件を忘れてはなるまい。それは、その国民投票が、憲法政治の理念である譲歩と妥協に基づく調和の精神にのっとり、この国を担うというできるだけ幅広い政治的立場の協働の所産たりうることである。(66)

註

(1) 明治憲法の制定過程について網羅的に叙述した記念碑的著作として、稲田正次『明治憲法成立史』上・下(有斐閣、一九六〇〜一九六二年)、日本国憲法については、佐藤達夫『日本国憲法成立史』第一巻〜第四巻(有斐閣、一九六二〜一九九四年)。両憲法を通じての歴史の流れをコンパクトに概観したものとして、大石眞『日本憲法史〔第二版〕』(有斐閣、二〇〇五年)。

(2) 小西豊治『憲法「押しつけ」論の幻』(講談社、二〇〇六年)、古関彰一『平和憲法の深層』(ちくま新書、二〇一五年)。

(3) その点を正当に評価し、中庸のとれた日本近代の憲法史的・政治史的論述をおこなった逸早い例として、ジョージ・アキタ（荒井孝太郎・坂野潤治訳）『明治立憲政と伊藤博文』（東京大学出版会、一九七一年）、鳥海靖『日本近代史講義』（東京大学出版会、一九八八年）を参照。
（4）井上毅、伊東巳代治とともに伊藤のもとで明治憲法の起草にあたった金子堅太郎によれば、伊藤は憲法起草の方針のひとつとして、「憲法は帝国の政治に関する大綱目のみに止め、其の条文の如きも簡単明瞭にし、且つ将来国運の進展に順応する様伸縮自在たるべき事」と訓示したという。金子堅太郎『憲法制定と欧米人の評論』（日本青年館、一九三八年）、一二〇頁。
（5）憲法学の立場からこの点の問題性について論究しているものとして、西村裕一「憲法改革・憲法変遷・解釈改憲――日本憲法学説史の観点から」駒村圭吾・待鳥聡史編『「憲法改正」の比較政治学』（弘文堂、二〇一六年）を参照。
（6）前注（1）に掲げた文献のほか、西修『日本国憲法はこうして生まれた』（中央公論新社、二〇〇〇年）や、古関彰一『日本国憲法の誕生』（岩波現代文庫、二〇〇九年）など。
（7）『枢密院会議議事録　第一巻』（東京大学出版会、一九八四年）一五七頁。引用に際して、適宜句読点を付し、旧字体を新字体に変えた。以下同。なお、拙編『伊藤博文演説集』（講談社学術文庫、二〇一一年。以下『伊藤博文演説集』として引用する）一八頁も参照。
（8）同右。
（9）前注（7）『枢密院会議議事録　第一巻』、一七三頁。
（10）同右、一七六頁。
（11）同右、二一七頁。
（12）同右、二一七～二一八頁。
（13）久野収・鶴見俊輔『現代日本の思想』（岩波新書、一九五六年）、一二六頁。なお、国家を芸術作品に比定した時、当のブルクハルト自身は、日本語の語感とは異なり、国家を造出するイタリア・ルネサンス期の領邦君主たちの芸術的手腕を称揚してかく述べたのではない。ブルクハルトは、国家なるものが本質的に人工的で非自然的なものとの考えから国家を Kunstwerk＝人為品と形容したのである（この点を考慮してか、最近の新井靖一による翻訳では、「精緻な構築体としての国家」と訳されている。ヤーコプ・ブルクハルト（新井靖一訳）『イタリア・ルネサンスの文化』（筑摩書房、二〇〇七年）。このこととの関連では、ブルクハルトが「国家体制は作ることができる、すなわち現存の諸勢力と趨勢を算定することができるという大きな近代的謬見」と記していることも参照（同書、一〇四頁）。

(14) 久野・鶴見、前注（13）、一三二頁。

(15) 以下の論述については、特に断りのない限り、本書（序章～終章）と、拙著『伊藤博文』（中公新書、二〇一〇年）を参照。

(16) 一八八二（明治一五）年五月二四日付松方正義宛伊藤博文書簡、春畝公追頌会編『伊藤博文伝』中巻（原書房、一九七〇年）、二七二頁。

(17) 八月二八日にドイツ皇帝と陪食した際、伊藤は「朕は日本天子の為めに、国会の開かるゝを賀せず」との「意外の言」を聞いている。一八八二（明治一五）年九月六日付松方正義宛伊藤博文書簡、春畝公追頌会編、前注（16）三一四頁以下。

(18) シュタインの国家学については、拙著『ドイツ国家学と明治国制』（ミネルヴァ書房、一九九九年）、および Kazuhiro Takii, Savignynähe und Savignykritik, in: Stefan Koslowski (hrsg.), *Lorenz von Stein und der Sozialstaat*, Nomos, 2014, S. 42-63 を参照。

(19) 『続秘録』、四六～四七頁。

(20) 前注（19）、四五頁。

(21)『秘録』、三〇七頁。
(22) そもそも、伊藤の滞欧憲法調査は、constitution の訳語として「憲法」の語が公定される機縁になったと指摘される。小嶋和司『憲法学講話』(有斐閣、一九八二年)、二頁。
(23) 前注(21)、三〇八頁。
(24) 明治憲法の制定に至るまでの伊藤による国制改革の詳細については、坂本一登『伊藤博文と明治国家形成』(吉川弘文館、一九九一年)、ならびに瀧井、前注(18)を参照。
(25) Dolf Sternberger, *Verfassungspatriotismus*, Insel Verlag, 1990, S. 24.
(26) 坂本、前注(24)参照。
(27) 伊藤と天皇の関係については、伊藤之雄『明治天皇』(ミネルヴァ書房、二〇〇六年)。
(28)『伊藤博文演説集』、一六九頁。
(29) この点を勘案して、アカデミズムの世界では、「表象」とか「再現前」などと訳されることもある。和仁陽『教会・公法学・国家』(東京大学出版会、一九九〇年)、一七一頁以下参照。
(30)『伊藤博文演説集』、一六九頁。
(31) そのように皇室を宗教に模したからといって、伊藤が天皇崇敬を国教化しようとしていたわけではない。一八七九(明治一二年)年に儒教道徳に基づいた教育改革の提言が元田永孚ら天皇側近によってまとめられた際、伊藤はこれに敢然と異を唱え、「一ノ国教ヲ建立シテ以テ世ニ行フカ如キハ、必ス賢哲其人アルヲ待ツ。而シテ政府ノ宜シク管制スヘキ所ニ非サルナリ」と述べている(春畝公追頌会編、前注(16)、一五二~一五三頁)。すなわち、政府なるものは徹底的に世俗化されたものとして宗教から中立的な立場をとるべきこと、宗教的真理はその道の賢哲の出現に任せ、政治がそのような真理の創造に関与すべきではないとされているのである。

(32)『伊藤博文演説集』、一六八頁。
(33) 同右、四三頁。
(34) 同右、四三〜四四頁。
(35) 同右、四四頁。
(36) 同右、一八九頁。
(37) 同右、四四頁。
(38) この演説については、『伊藤博文演説集』、二二頁以下に全文が翻刻されている。
(39) 一八八九(明治二二)年八月四日付井上馨宛伊藤博文書簡、国立国会図書館憲政資料室蔵『井上馨関係文書』三〇三―一。
(40) 立憲政友会の創立については、前注(15)の拙著『伊藤博文』第四章を参照。
(41)「政友」第一号(一九〇〇年)、一〜二頁。
(42) 春畝公追頌会編『伊藤博文伝』下(原書房、一九七〇年)、四四六〜四四七頁。
(43) 国立国会図書館憲政資料室『伊藤博文関係文書』書類の部一六六。前注(15)の拙著『伊藤博文』、一七八頁も参照。
(44) この意味で、この時の伊藤の巡遊は、「憲法行脚」と称することができる。拙稿「伊藤博文の憲法行脚」RATIO四号(二〇〇七年)、一七四頁以下参照。また、前注(15)の拙著『伊藤博文』、第三章も参照。
(45) アッカーマンの議論については、さしあたり、長谷部恭男『憲法とは何か』(岩波書店、二〇〇六年)、一一六頁以下を参照。Bruce Ackerman, *We the People 3 vols.*, Belknap Press, 1991-2014 は、そのような「憲法政治」の観点からアメリカ憲法史における転換期を詳述した大著である。

(46) 東京日日新聞編『伊藤候演説集　第三』(日報社、一八九九年)、八二頁。

(47) 『伊藤博文演説集』、二九一頁。

(48) 東京日日新聞編、前注(46)、九七頁。

(49) 『伊藤博文演説集』、二九一～二九二頁。

(50) 同右、二一〇～二一一頁。

(51) 同右、一〇四頁。

(52) 同右、二一八頁。

(53) 同右。

(54) 同右、二一九頁。

(55) 同右、二三七頁。

(56) 同右、二二八頁。

(57) 同右、一〇五頁。

(58) 立憲主義の歴史と意義について省察した最近の重要な業績として、佐藤幸治『立憲主義について』(左右社、二〇一五年)。同『世界史の中の日本国憲法』(左右社、二〇一五年)も参照。

(59) Martin Kirsch/Pierangelo Schiera (hrsg.), *Verfassungswandel um 1848 im europäischen Vergleich*, Duncker & Humblot, 2001.

(60) 本章では触れられなかったが、伊藤は一九〇七(明治四〇)年に軍政の立憲的統制を目指した制度改革に身を投じた。同時期の韓国統監就任も、韓国に駐留する日本軍を文民の立場で統制することに一つの大きな眼目があった。このような一連の改革の試みを筆者はかつて「明治四〇年の憲法改革」と称した。拙稿「明治四〇年の憲法改革」大石眞先生還暦記念『憲法改革の理念と展開　下巻』(信山社、二〇一二年)、六四九頁以下参照。前注(15)の『伊藤博文』、第五章、第七章も参照。「憲法改革」という捉え方についての憲法学からの批判的考察については、西村、前掲注(5)を参照。もっとも、歴史学の徒としては、そこでの憲法の価値づけや規範内容はあらかじめ強靭に措定されすぎており、かえって現実社会の構成能力を失っているように思われる。

(61) このような捉え方は、松井茂記の唱えるプロセス的憲法観とも親和性をもつと考えられる。松井茂記「「ほっといてくれ」の憲法学から「みんなで一緒にやろうよ」の憲法学へ」紙谷雅子編『日本国憲法を読み直す』(日本経済新聞社、二〇〇〇年)、八四頁以下参照。

(62) バジョット(小松春雄訳)『イギリス憲政論』(中央公論新社、二〇一一年)、一四頁。

(63) ルドルフ・スメントの統合理論が想起される。Vgl. Rudolf Smend, Verfassung und Verfassungsrecht, in: ders., *Staatsrechtliche Abhandlungen und andere Aufsätze*, Duncker & Humblot, 1995. スメントの統合理論は、国家への国民の統合を絶えざる循環として把握するものであり、永久運動の装いを呈している。それは政治の過剰をもたらすものとの警戒感を筆者などは抱く。政治の場にもハレとケがあるとするならば、統合はハレであり、またそれにとどまるものとして理論構成された方がよいように思われる。この点、多少文脈を異にするが、伊藤が政治と自治を峻別し、政治の領域を限局しようとしていることは示唆に富む。『伊藤博文演説集』、二〇八頁。

(64) その経緯と実相について、伊藤之雄『昭和天皇と立憲君主制の崩壊』(名古屋大学出版会、二〇〇五年)。

(65) 今日では、国会におけるいわゆる「ねじれ」現象を機に、日本国憲法における衆参両院間の権限配分の不十分さによって立法の停滞が生じたことの認識から、参議院改革が憲法改正の一つの論点として浮かび上がってきている。井上武史は、憲法で見直すべき「最大の問題は、参院の選挙制度と強すぎる権限をどうするか」であると述べている（「論点スペシャル　憲法改正どう進める」読売新聞二〇一五年一一月三日）。さらに、大石眞「両院制運用への展望」北大法学論集六三巻三号（二〇一二年）、一〇六頁以下も参照。

(66)　そのためには、国会での憲法改正の発議が、与党のみならず少なくとも野党第一党との共同でなされることが望ましい。国民の〝選良〟が、通常の政争や政局を棚上げにして改正案を問い、それに応えるかたちで国民投票がなされれば、それは日本国憲法が依拠する国民主権に実質を与え、憲法に画竜点睛を施すものとすらなろう。憲法の樹立は、国民的な〝神話〟の創成でもある。次の神話は、この憲法は国民が様々な政治的利害を乗り越えて作られた協働の産物、となるべきである。憲法改正が、新たな「押しつけ憲法」をもたらすことは避けなければならない。

# あとがき

「憲法は慣習やね」、というのが今は亡き国際政治学の泰斗・高坂正堯氏の口癖だったという（佐藤幸治『憲法とその〝物語〟性』、五六頁）。イギリス政治に造詣の深かった氏ならではの述懐である。周知のように今日にいたるまでイギリスでは単一の成文憲法典は存在しておらず、慣習法までふくめた各種の法規範が「実質的意味の憲法」として機能している。だが、この言葉を伝える佐藤幸治氏も書いておられるように、ここにはもっと深い含蓄があるような気がする。

すべて法は慣習法として成立する、と喝破したのは本文でも触れた歴史法学の祖サヴィニーであった。サヴィニーが強調したのは、法が人間を取り巻き規定する様々な環境の一部であり、人間の作為を越えた自生的秩序に属するものであるということだった。法律家にとってまず必要とされるのは、そのようなものとしての法を「生き生きと観照すること(lebendige Anschauung)」である。

だからといって、彼以後のドイツ法学が安易な宿命論に服したのではない。歴史法学の薫陶を受けたイェーリングは、『権利のための闘争』からも窺えるように、人間の主体的な「権利＝法」実現の活動を強調した。進化論の信奉者でもあった彼にとって、人間は環境に規定されながらも、主体的にそれと対処していこうともする存在であった。法とは、このような人間と環境の間を媒介する作用としてもとらえられる。サヴィニーの至言、「法の本質は、ある特定の側面から眺めた人間の生活そのものである」も、本来そのように理解されるべきであろう。

明治憲法も例外ではない。それは国際的・国内的環境の対応として成立し、その背後には当時決して安泰とはいえなかったそのような内外の環境のなかへと憲法に国運を託して歩みだした幾多の人びとの姿があった。彼らによる立憲作業の営為と体験が、その後の日本人の政治的営みに軌道を敷いたのである。そしてその軌道のうえで生起し繰り返された事象が慣習化し制度化して、憲法を補い、あるいは変容させていく。改正という断絶があっても、そのような明治憲法制定以来の憲法慣習がわれわれの時代と無縁であるわけではないだろう。ましてやそのうちのいくつかは紛れもなく、「日本の国民が達成した成果」（行政改革会議『最終報告』）であるはずだ。以上は、本書の論旨とは無関係な筆者の独白だが、この本を執筆しながらしばしば口をついてきたものでもある。

一橋大学の山内進先生（西洋法制史）からの御紹介で、講談社選書出版部の所澤淳さんが連絡を取ってこられたのは、筆者がウィーンに留学していた一九九八年の初めだったと思う。明治憲法についての通史的な読み物を書かないかとのお誘いを受けたが、明治制憲史には稲田正次、大久保利謙、尾佐竹猛、小嶋和司、清水伸、鈴木安蔵といった諸碩学によって営々と積み重ねられてきた目の眩むばかりの伝統がある。筆者の如き若輩者がそこに打って出るなど土台無理だと当初気後れしていたが、所澤さんと話をしているうちに、西洋文明の受容と変成の歴史という視角から明治憲法成立史を書くことができるのではないか、それならばこれまでの研究史に何がしか付け加えられるものがあるかもしれない、そう考えて引き受けてみることにした。

しかしいざ準備をはじめてみると、それはやはり蛮勇であることが身に沁みてわかった。お話を頂いてから今日までの六年近くの間は、別著の刊行、現任校への赴任とそこでの授業の準備、研究集会の開催などが重なり、本書ばかりに時間を費やしてきたわけではないが、筆者の頭から本書の計画（と完成の不安）が離れたことはなく、まさに苦吟と煩悶の日々であった。ようやくそこから自由になるとの思いで今「あとがき」を記しているが、振り返ってみれば、この期間は新しい学問的ステップへと筆者を導いてくれるものであったことも疑いがない。本書で示した方法、論点、考証はいずれも未完成の荒削りなものである。今この時点でそれらを開陳し、いったん筆者の手元から解き放つことに逡巡がないわけではないが、読者諸賢からの厳しい批判を受けたうえで、今後これらのトルソを理論的・実証的に研磨させていきたいと念願している。

メチエへの執筆という貴重な機会を与えてくださったのは、前述のように山内進先生である。御推挙いただいてから何年たっても一向に本が出版されないことで、先生の折角の御厚意を裏切る結果となってしまったかもしれない。しかも、ようやくできあがった代物は、同じくメチエから出された先生の名著『北の十字軍』とは質量ともに及ばないものである。だが、とにかく何とか刊行にこぎつけられたことを御報告し、御寛恕を乞う次第である。

また、本書の成立については、筆者の学問的道場ともいえる三つの同学の士の集まりの場、比較法史学会、憲法史研究会、二〇世紀と日本研究会の存在に触れないわけにはいかない。そこで授かった直接間接の刺激と励ましは、常に筆者を奮い立たせ、新たな気持ちで本書の執筆へと向かわせてくれた。それぞれの学会・研究会を主宰されている京都大学大学院法学研究科の河上倫逸先生（西洋法制史）、大石眞先生（憲法学）、伊藤之雄先生（日本政治外交史）にこの場を借りてお礼申し上げたい。特に伊藤先生は、研究会の場で本書の骨格を報告し、そしてそれを研究会の成果論文集である伊藤之雄・川田稔編『二〇世紀日本の天皇と君主制』（吉川弘文館、二〇〇四年）に発表する機会を与えてくださった。先生からはことあるごとに「メチエはまだ書けないのか」と叱咤鞭撻を頂戴したが、それは、やはり講談社から出された先生の雄渾な御高著『政党政治と天皇（日本の歴史第二二巻〕』の圧倒的存在感と相俟って、筆者にとって何にも代え難いプレッシャーであり、そして駆動力であった。

最後に、この本の構想のさなか一緒になった妻美佐子は、新婚にもかかわらず本書の準備と執筆のため慌しい生活に終始する夫に愛想を尽かさぬばかりか、最終原稿に目を通し、思わぬ誤りのチェックをしてくれた。本書の刊行を最も待ち望んでくれていたのは、彼女と前述の所澤さんであろう。本書の最初の読者である二人に、心から感謝したい。

平成一五年一一月三日　現行憲法公布の日に

瀧井一博

# 文庫版あとがき

本書は、二〇〇三年に講談社選書メチエの一冊として刊行された拙著『文明史のなかの明治憲法――この国のかたちと西洋体験』の文庫化である。文庫で再刊するにあたって、原著執筆後に発表した拙稿二篇（「大久保利通と立憲君主制への道」『神園』第二六号〔二〇二一年〕、「日本憲法史における伊藤博文の遺産」駒村圭吾・待鳥聡史編『「憲法改正」の比較政治学』〔弘文堂、二〇一六年〕所収）を加え、増補版として上梓することにした。

原著は、第二回角川財団学芸賞と第四回大佛次郎論壇賞を受賞するという栄に浴した。当初、「あとがき」に、この本は「新しい学問的ステップへと筆者を導いてくれるもの」との予感を記したが、大げさにいえば、その公刊によって筆者の学者人生は大きく変わった。

もともと筆者は、西洋法制史を専攻していた。本書でも登場する一九世紀の国家学者ローレンツ・フォン・シュタインについて著した博士論文が、最初の単著である（『ドイツ国家学と明治国制』ミネルヴァ書房、一九九九年）。だが、大学院で、大石眞先生の日本憲法史と伊藤之雄先生の日本政治史の演習にも参加していたことで、日本と西洋の交流と比較を一次史料にのっとって考察するという研究関心を植えつけられてもいた。その後、縁あって、京都大学人文科学研究所日本部の助手に採用され、否が応でも日本史の業績を積まねばならなくなった。

そのようななかで、かねて私淑していた一橋大学の山内進先生の御紹介で、当時講談社選書メチエの編集者だった所澤淳さんが、明治憲法についての本を書かないかと話を持ってこられた。天の配剤とはこのことかと今でもしみじみ思う。学問的な越境を果たし、目の前に何か未開の沃野があるような感触はあっても、具体的に歩を踏み出す覚悟がつかない。当時の筆者はそのような境遇だったように思う。それに対して、とにかく書いてみよとの一押しを与えてもらった。その結果出来上がった本によって、自分はいつしか明治憲法の専門家と目され、それに連なる人々を研究している。もとの西洋法制史の研究に立ち戻り、それに立脚した著述をものしたいとの願望も頭の片隅にあるが、今は、原著が蒔いてくれた種を育てていくことが自分の課題である。

実際に、芽吹いた種によって、筆者は思ってもみなかった課題へと導かれている。原著はその後、日本人による人文社会科学の著作を英訳して国際的に発信する長銀国際ライブラリーの一冊に採択され、二〇〇七年に *The Meiji constitution: the Japanese experience of the West and the shaping of the modern state* (translated by David Noble, I-House

Press, 2007）として英語版が出版された。明治憲法の英語の本が出ても、読む人なんていったい世界に何人いるのかと自嘲的に思ったりもしたが、英語で出版することにより世界が開けるという現実を知りもした。

英語版の刊行後、海外の思いもかけぬ同学の士からお声がけがあり、学会や講演に招待されることが増えた。最近も、『イギリス国民の誕生』（名古屋大学出版会、二〇〇〇年）で日本でも馴染みのプリンストン大学教授の歴史家リンダ・コリー氏の近著 Linda Colley, *The gun, the ship and the pen: warfare, constitutions and the making of the modern world* (Profile Books, 2021) において、拙著の英訳が何度も言及されているのに接した。コリー氏の本は、一八世紀から一九世紀までの立憲主義運動を非西洋圏への波及を見据えてグランドパノラマのように描き出したグローバルヒストリーの大作である。その最終章は明治憲法に当てられており、そのなかで拙著が参照されている。英語による日本の人文知の正確な発信と国際的な議論空間の構築の必要に思いを強くした（コリー氏が筆者の姓名を逆に取り違えているのは御愛嬌）。

そのようななかで、特に感慨深いのは、コロナ禍の二〇二〇年一一月にオンラインで開催された日本の議会制一三〇周年を記念する国際シンポジウムに招かれて基調講演を行ったことである。この催しは、ドイツ日本研究所とタイのチュラロンコン大学の共催で実現したもので、登壇者のなかで日本人は筆者のみだった。しかも、報告者の多くは、日本研究の専門家ではなく、ドイツ、タイ、中国、フィリピン、インド、ポーランド、エチオピアといった多彩な国々でそれぞれの立場から議会制や政治思想、また実際に民主化運動に従事している人たちが集い、英語でディスカッションするという得難い経験だった。そもそも、日本の議会制一三〇周年を考える企画が当時日本の学界であったとは寡聞にして存じ上げず、にもかかわらず多様なバックグラウンドをもつ研究者による国際シンポジウムが開かれたこと自体が驚きだった。*

その時に、エチオピアの研究者から、「なぜ日本はもっと自分の経験を世界に伝えないのか」と問われたことを思い出す。よく考えれば、日本は議会という外的な制度を移植し、それを何とか定着させてきた。二〇世紀に入ると、議会に勢力を有する政党が政権を担うということは当然視され、憲政の常道とされた。他方で、一九三〇年代には議会政治の腐敗と全体主義の台頭という世界の趨勢の例外ではなく、日本も議会制の機能不全に陥った。そして、戦後、議会政治の再興を果たしているが、今日再びポピュリズムや権威主義に直面し、その意義を問われるという世界共通の課題に直面している。

そのような立憲主義のあり方を考えるグローバルな知識創造のために、明治以来の日本憲法史も何がしかの貢献ができるのではないか。少なくとも、そのような関心から明治憲法を眺めている人が世界の各地に散在していることを知り得たのは、本書を執筆したことが機縁となって開かれた新たな境地である。改めて、本書の原著を刊行する機会を与えてくれた講談社選書メチエ編集部（当時）の所澤淳氏の最初の呼びかけに感謝の念を新たにしている。

今回、増補版としてちくま学芸文庫から再刊することにより、また新たな学問的出会いが生まれることを念願している。再刊とはいえ、いつもながら多くの方々から御厚意を得た。何よりも、専門家としての見地から眼光紙背に徹するように原稿を読み、思わぬ間違いを直してくれた齊藤紅葉氏と西田彰一氏にこの場を借りて謝意を表する。お二人のおかげで、本書はよりいっそう改善されたうえで世に問うことができる。また、最後の段階では、筑摩書房の校閲の方からも誤記を指摘していただいた。言うまでもないが、なお残っている誤りがあるとしたら、それは全て筆者の咎である。末筆だが、筑摩書房の松田健氏からは多大な御支援と御協力をいただいた。篤く御礼申し上げたい。松田氏の御理解がなければ、文庫版の刊行など思いもつかなかった。

令和五年二月　草野の仮寓にて、くべた薪の火に当たりながら

瀧井一博

＊このシンポジウムの概要については、下記のリンク先を参照。
https://www.dijtokyo.org/event/symposium-on-the-occasion-of-the-130th-anniversary-of-the-opening-of-the-japanese-parliamentglobal-views-of-japanese-parliamentarism-in-the-late-19th-and-early-20th-centuries/

# 人名索引

## A-Z


Beasley, William G.　100
Chevallier, Jean-Jacques　241
Huber, Ernst Rudolf　172
Kirsch, Martin　343
Koslowski, Stefan　340
Kraus, Elisabeth　238
Lokowandt, Ernst　237, 238
Redlich, Joseph　175
Schiera, Pierangelo　343
Schmidt, Vera　176
Schwade, Arcadio　176
Streissler, Erich W.　175
Streissler, Monika　175


## あ行


アウルス・マンリウス　22
青木周蔵　80, 101, 124, 137-139, 163, 165, 172
赤塚行雄　99
アキタ，ジョージ　257, 264, 339
秋山好古　240
麻田貞雄　97
アダムス，フランシス・オッティウェル　57
アッカーマン，ブルース　326, 342
荒井孝太郎　339
新井靖一　340
荒川邦蔵　239
有賀長雄　202
有栖川宮熾仁親王　110, 113, 163, 201
アレント，ハンナ　292
アンソン，ウィリアム　248, 249
イェーリング，ルドルフ・フォン　93-95, 105, 246, 347
家永三郎　14, 24, 26
家永豊吉　263
池田宏　171
石井紫郎　237, 238
石井孝　57, 58, 101
泉三郎　67, 97, 98
板垣退助　108, 109
井田譲　141, 143, 173
伊藤真一　100
伊藤隆　257, 264
伊藤博邦　340, 341
伊藤博文（春畝）　21, 23, 25, 27, 41-44, 46, 48, 51, 53-61, 63, 65, 79, 80, 84, 90, 93, 100, 101, 105, 107, 108, 110-124, 126-142, 144-147, 149, 152, 154-174, 176-184, 190, 191, 197-201, 204, 205, 208, 214, 215, 223, 224, 234, 236, 237, 239, 242, 245, 253-258, 261, 262, 264, 267, 280, 292, 297, 299, 300-337, 339-344, 351
伊東巳代治　116, 118, 134, 145, 162, 168, 172, 176, 190, 214, 242, 339
伊藤之雄　236, 292, 341, 344, 349, 352
稲田正次　123, 170, 171, 238, 264, 338, 348
イナマ＝シュテルネッグ，カール・テオドール・フォン　175

井上馨　61, 101, 113, 114, 117-119, 133, 142, 144, 152, 171-173, 201, 204, 233, 234, 239, 240, 242, 243, 294, 342
井上毅　14, 26, 113, 115, 116, 118, 122, 123, 155, 179, 181, 190, 191, 204, 236, 239, 256, 305, 311, 339
井上武史　344
今井一良　99
入江貫一　264
岩井忠熊　175
岩倉具定　116
岩倉具視　23, 25, 27, 28, 30, 35-39, 45, 46, 48-53, 58, 63, 64, 66, 67, 76, 82, 96-100, 103, 107-110, 112-117, 119, 122, 144, 155, 168, 170, 171, 173, 177, 186, 187, 200, 229, 235, 245, 255, 256, 268, 277-279, 288, 289, 291, 294, 311
ヴィッテ，バルトルト　237
ウィルソン，ウッドロー　263
ヴィルヘルム一世　129, 130, 155, 306, 340
ヴィルヘルム二世　213
ヴィルデンブルッフ，ハインリヒ・エミン・フォン　207
植木枝盛　196
上山安敏　26
梅溪昇　265
江藤新平　107, 108
大石眞　170, 191, 222, 236, 237, 242, 338, 343, 345, 349, 351
大内宏一　172
大岡育造　195
大久保利謙　97, 98, 171, 293, 348
大久保利通　25, 27, 29, 35, 36, 44, 46, 48, 53, 56, 58, 59, 62-67, 79, 86-93, 95, 97-99, 101, 102, 104, 105, 107, 112, 114, 229, 256, 267-284, 287-289, 291-295, 305, 351
大隈重信　15, 61, 109, 114, 122, 123, 154, 155, 168-171, 195, 203, 256, 305
太田昭子　103
太田雅夫　263
大津留厚　174
大淵和憲　246, 262
大森鍾一　118, 171
大山梓　242
大山巌　201, 207
大山敷太郎　99
岡内重俊　40
岡義武　238, 243
尾崎三良　58
尾佐竹猛　171, 238, 348
オスマン，ジョルジュ＝ウジェーヌ　229
小野梓　122, 123, 171
小幡圭祐　294

## か行

海江田信義　222, 226
賀古鶴所　239
柏村信　99, 101
堅田剛　239
勝田孫弥　294
勝田政治　105, 292, 295
加藤政之助　238
加藤陽子　219, 241
金井圓　99
金森誠也　237
金井延　202
金子堅太郎　174, 175, 190, 191, 201, 245, 246, 248, 251, 253, 254,

262-264, 339
樺山紘一　241
紙谷雅子　344
ガル，ロタール　172
川勝平太　98
河上倫逸　171, 349
河島醇　116, 140, 141, 145, 162, 172
川瀬美保　174
川田稔　239, 349
北畠道龍　202
木戸孝允　25, 27, 28, 35, 36, 46-48, 53, 58-67, 79-86, 90-93, 95, 97, 99, 101, 103, 104, 107, 112, 114, 124, 170, 256, 275, 276, 293, 305
木場貞長　134, 135, 141, 161, 162
九鬼隆一　172
グナイスト，ルドルフ・フォン　80, 124-130, 132, 133, 140, 141, 155, 162-166, 172, 176, 213-219, 227, 231, 236, 238, 241, 246, 306
久野収　303, 339, 340
久保断三　99
久米邦武　40-42, 51, 52, 63, 64, 66-71, 73, 74, 76-80, 83, 90, 99-101
グリグスビー　168
クルメツキ，ヨハン・フォン　222-227, 242, 246
黒田清隆　110, 113, 198, 201, 207, 321
高坂正堯　20, 346
肥塚龍　195
コーイング，ヘルムート　17, 26
小坂千尋　239
小嶋和司　236, 341, 348
古関彰一　338, 339
五代友厚　110
後藤象二郎　163, 201
小西豊治　338
ゴブレ，ルネ＝マリー　202, 203, 205, 208, 209, 238, 240
小松宮彰仁親王　165, 166, 180, 201, 213-215, 236
小松春雄　344
駒村圭吾　339, 351
コリー，リンダ　353

## さ行

西園寺公望　116, 162, 175
西郷隆盛　82, 86, 87, 104, 108
西郷従道　201, 204
齊藤紅葉　293
サヴィニー，フリードリヒ・カール・フォン　124-126, 346, 347
坂井榮八郎　174
坂井雄吉　237, 238
坂根義久　172
坂本一登　154, 170, 171, 177, 236, 341
佐々木克　105, 293, 294
佐佐木高行　39, 44, 45, 47-51, 53, 55
佐々木有司　26
指原安三　237, 238
佐藤幸治　19, 20, 26, 237, 343, 346
佐藤誠三郎　270, 271, 292
佐藤孝　173
佐藤卓己　238
佐藤達夫　338
佐藤八寿子　238
三条実美　117
シーボルト，アレクサンダー・フォン　163, 176
シーボルト，フランツ・フォン

163, 164, 167, 168, 176
塩野七生　26
シジウィック，ヘンリー　246-248
品川弥二郎　101
柴田三千雄　241
司馬遼太郎　20
島津斉彬　269
島津久光　269
清水伸　172, 173, 175, 348
志水速雄　292
下村富士男　57, 101
初宿正典　237
シュタイン，ローレンツ・フォン　21-23, 26, 140-156, 158, 160-163, 172, 173, 175, 176, 179, 180, 182, 200-202, 213, 219-222, 236, 241, 242, 246, 249, 250, 254, 255, 264, 306, 307, 311, 332, 333, 340, 351
シュテルンベルガー，ドルフ　313, 341
昭憲皇太后　187, 188, 290
荘田平五郎　202
昭和天皇　344
末岡精一　162
杉浦弘蔵→畠山義成
杉孫七郎　99, 101
杉山孝敏　101
鈴木一州　26
鈴木安蔵　298, 348
周布公平　234, 235, 243
周布政之助　234, 235
スプリウス・ポストゥミウス・アルプス　22
スペンサー，ハーバート　168, 246, 250, 251, 264
スメント，ルドルフ　344
ソロン　22

## た行

ダイシー，アルバート　246, 247
高田早苗　195
高野岩三郎　298
高橋秀直　28, 30, 31, 65, 98, 102, 293
多田好問　171
田中彰　67, 97, 99
田中不二麿　240
田中光顕　243
谷干城　201
ツェルナー，エーリヒ　174
鶴見俊輔　303, 339, 340
ティボー，アントン　125
寺崎遜　239
寺島宗則　90
トウェイン，マーク　175
トビ，ロナルド　98
鳥海靖　104, 105, 170, 339
鳥尾小弥太　202

## な行

長井純市　239, 242
長尾龍一　175
中川宮朝彦親王　269
永積洋子　98
長野桂次郎　44, 53, 99
中野実　179, 236
中村赳　206, 240
中村雄次郎　239
中山寛六郎　215, 238, 239, 241-243
西修　339
西川長夫　67, 70, 97, 102
西徳二郎　102, 104

西村裕一　339, 344
ニッシュ，イアン　97
新渡戸稲造　11-13, 15, 16, 18, 26
乃木希典　202
野村靖　242


## は行

ハーバーマス，ユルゲン　196, 197, 238
芳賀徹　67, 97, 98, 103
バジョット，ワルター　335-337, 344
長谷部恭男　342
畠山義成（杉浦弘蔵）　63, 64, 80
塙次郎　167
塙保己一　167
馬場恒吾　298
浜下武志　98
林田亀太郎　237
林董　100, 239
速水融　98
原奎一郎　240
原敬　183, 208, 239, 240, 242
坂野潤治　339
ビスマルク，オットー・フォン　87-90, 96, 130-132, 157, 159, 172, 213, 249, 309
平賀義質　39-41
平佐是純　239
平田東助　116, 165, 166
平塚篤　340, 341
広沢安任　289
広橋賢光　116
フイスティング，ベルンハルト　163
フィッシュ，ハミルトン　56
ブーランジェ，ジョルジュ　211, 212, 229, 241
福井憲彦　241
福沢諭吉　68, 78, 102, 103, 110, 143, 173, 268
福地源一郎　117-119, 171
伏見宮貞愛親王　166, 213-215
船田享二　26
プブリウス・スルピキウス・カメリヌス　22
ブラウネーダー，ヴィルヘルム　174
ブラウン，シドニー　103
フランツ・ヨーゼフ一世　158-160, 174, 175, 183
ブラント，マックス・フォン　58
古市公威　239
ブルクハルト，ヤーコプ　303, 340
フレシネ，シャルル・ド　209, 210, 240
フロケ，シャルル　211, 212, 240
ブロック，モーリス　80
ベラー，スティーヴン　174, 175
ペリー，マシュー　32
ベルツ，エルヴィン　192, 194, 237
ベルツ，トク　237
ホームズ，オリバー　246, 250-252
ホール，ウィリアム　98
細谷貞雄　238
堀口修　236
本間清雄　143, 173


## ま行

牧野伸顕　101
待鳥聡史　339, 351

松井茂記　344
松方正義　127, 129, 136, 171, 172, 174, 200, 201, 204, 240, 243, 340
松原致遠　101, 102
松宮秀治　102
三浦梧楼　103
御厨貴　238, 239
三島通庸　201
皆川宏之　174
三好退蔵　116, 134-136, 139, 163
陸奥宗光　147, 201, 243, 263
村上淳一　105
村田新八　40
村松剛　100
明治天皇　27, 30, 60, 111, 113, 117, 129, 178, 186-190, 202, 237, 274-277, 288-290, 292, 293, 303, 312, 313, 315, 327, 340, 341
メッケル，クレメンス　206, 207
メンガー，カール　175
モール，オットマール・フォン　187, 237
モッセ，アルベルト　132, 133, 140, 163, 164, 215, 237, 238
モッセ，ゲオルゲ（ジョージ）　238
モッセ，リーナ　237
元田永孚　341
森有礼　60, 61, 79, 101, 165, 166, 190, 235, 302
森戸辰男　298
森川潤　239
モルトケ，ヘルムート・カール・ベルンハルト・フォン　87

## や行

山内進　96, 98, 105, 347, 349, 352
山県有朋　23, 25, 118, 165, 166, 172, 177, 199-204, 207-213, 215, 217, 219-236, 238-243, 254, 256-262, 264, 265
山口尚芳　27, 48, 63
山口蓬春　35, 36, 49
山崎直胤　116, 162
山下重一　264
山田顕義　103, 144, 172-174, 243, 265, 302
山田正行　238
山室信一　239, 240
吉井友実　87, 104
芳川顕正　240, 242, 243
吉田正春　116, 141, 171
吉野作造　123, 140, 172

## ら行

ラートゲン，カール　192, 194
リヴィウス　22, 23, 26
リンツビヒラ裕美　174
ルドルフ（オーストリア皇太子）　80, 93, 175, 306, 344
ルボン，アンドレ・ジャン・ルイ　248
ロェスラー，ヘルマン　155, 241
ロリマー，ジェームズ　98

## わ行

若山儀一　99
渡辺洪基　103
和仁陽　341

本書は二〇〇三年一二月一〇日に、講談社から刊行された『文明史のなかの明治憲法』を増補し文庫化したものである。

戦国乱世を生きる力　神田千里

土一揆から宗教、天下人の在り方まで、この時代の現象はすべて民衆の姿と切り離せない。「乱世の真の主役としての民衆」に焦点をあてた戦国時代史。

三八式歩兵銃　加登川幸太郎

旅順の堅塁を白襷隊が突撃した時、特攻兵が敵艦に突入した時、日本陸軍は何をしたのであったか。元陸軍将校による渾身の興亡全史。（一ノ瀬俊也）

わたしの城下町　木下直之

攻防の要である城は、明治以降、新たな価値を担い、日本人の心の拠り所として生き延びる。城と城のようなものを歩く著者の主著、ついに文庫に！

東京の下層社会　紀田順一郎

性急な近代化の陰で生みだされた都市の下層民。落伍者として捨て去られた彼らの実態に迫り、日本人の人間観の歪みを焙りだす。（長山靖生）

独立自尊　北岡伸一

国家の発展に必要なものとは何か――。福沢諭吉は生涯をかけてこの課題に挑んだ。今こそ振り返るべき思想を明らかにした画期的福沢伝。（細谷雄一）

賤民とは何か　喜田貞吉

非人、河原者、乞胸、奴婢、声聞師……。差別と被差別の根源的構造を歴史的に考察する賤民研究の決定版。『賤民概説』他六篇収録。（塩見鮮一郎）

増補 絵画史料で歴史を読む　黒田日出男

歴史学は文献研究だけではない。絵巻・曼荼羅・肖像画など過去の絵画を史料として読み解き、斬新な手法で日本史を掘り下げた一冊。（三浦篤）

滞日十年（上）　ジョセフ・C・グルー　石川欣一訳

日米開戦にいたるまでの激動の十年、どのような外交交渉が行われたのか。駐日アメリカ大使による貴重な記録。上巻は１９３２年から１９３９年まで。

滞日十年（下）　ジョセフ・C・グルー　石川欣一訳

知日派の駐日大使グルーは日米開戦の回避に奔走。下巻は、ついに日米が戦端を開き、１９４２年、戦時交換船で帰国するまでの迫真の記録。（保阪正康）

荘園の人々　工藤敬一

人々のドラマを通して荘園の実態を解き明かした画期的な入門書。日本の社会構造の根幹を形作った制度を、すっきり理解する。（高橋典幸）

東京裁判　幻の弁護側資料　小堀桂一郎編

我々は東京裁判の真実を知っているのか？　準備されたものの未提出に終わった膨大な裁判資料から18篇を精選。緻密な解説とともに裁判の虚構に迫る。

一揆の原理　呉座勇一

虐げられた民衆たちの決死の抵抗として語られてきた一揆。だがそれは戦後歴史学が生んだ幻想にすぎない。これまでの通俗的理解を覆す痛快な一揆論！

甲陽軍鑑　佐藤正英校訂・訳

武田信玄と甲州武士団の思想と行動の集大成。大部から、山本勘助の物語や川中島の合戦など、その白眉を収録。新校訂の原文に現代語訳を付す。

機関銃下の首相官邸　迫水久常

二・二六事件では叛乱軍を欺いて岡田首相を救出し、終戦時には鈴木首相を支えた著者が明かす、天皇・軍部・内閣をめぐる迫真の秘話記録。（井上寿一）

増補　八月十五日の神話　佐藤卓己

ポツダム宣言を受諾した「八月十四日」や降伏文書に調印した「九月二日」でなく、「終戦」はなぜ「八月十五日」なのか。「戦後」の起点の謎を解く。

日本商人の源流　佐々木銀弥

第一人者による日本商業史入門。律令制に端を発する供御人や駕輿丁から戦国時代の豪商までを一望し、日本経済の形成を時系列でたどる。（中島圭一）

考古学と古代史のあいだ　白石太一郎

巨大古墳、倭国、卑弥呼。多くの謎につつまれた日本の古代。考古学と古代史学の交差する視点からその謎を解明するスリリングな論考。（森下章司）

江戸はこうして造られた　鈴木理生

家康江戸入り後の百年間は謎に包まれている。海岸部へ進出し、河川や自然地形をたくみに生かした都市の草創期を復原する。（野口武彦）

**増補 革命的な、あまりに革命的な**　絓《すが》秀実

「一九六八年の革命は「勝利」し続けている」とは何を意味するのか。ニューレフトの諸潮流を丹念に跡づけた批評家の主著、増補文庫化！（王寺賢太）

**考古学はどんな学問か**　鈴木公雄

物的証拠から過去の行為を復元する考古学は時に歴史的通説をも覆す。犯罪捜査さながらにスリリングな学問の魅力を味わう最高の入門書。（櫻井準也）

**戦国の城を歩く**　千田嘉博

室町時代の館から戦国の山城へ、そして信長の安土城へ。城跡を歩いて、その形の変化を読み、新しい中世の歴史像に迫る。（小島道裕）

**性愛の日本中世**　田中貴子

稚児を愛した僧侶、「愛法」を求めて稲荷山にもうでる貴族の姫君。中世の性愛信仰・説話を介して、日本のエロスの歴史を覗く。（川村邦光）

**琉球の時代**　高良倉吉

いまだ多くの謎に包まれた古琉球王国。成立の秘密や、壮大な交易ルートにより花開いた独特の文化を探り、悲劇と栄光の歴史ドラマに迫る。（与那原恵）

**博徒の幕末維新**　高橋敏

黒船来航の動乱期、アウトローたちが歴史の表舞台に躍り出てくる。虚実を腑分けし、稗史を歴史の中に位置付けなおした記念碑的労作。（鹿島茂）

**朝鮮銀行**　多田井喜生

植民地政策のもと設立された朝鮮銀行。その銀行券等の発行により、日本は内地経済破綻を防ぎつつ軍費調達ができた。隠れた実態を描く。（板谷敏彦）

**百姓の江戸時代**　田中圭一

百姓たちは自らの土地を所有し、織物や酒を生産・販売していた――庶民の活力にみちた前期資本主義社会として、江戸時代を読み直す。（荒木田岳）

**近代日本とアジア**　坂野潤治

近代日本外交は、脱亜論とアジア主義の対立構図により描かれてきた。そうした理解が虚像であることを精緻な史料読解で暴いた記念碑的論考。（苅部直）

**増補 海洋国家日本の戦後史**　宮城大蔵

戦後アジアの巨大な変貌の背後には、開発と経済成長という日本の「非政治」的な戦略があった。海域アジアの戦後史に果たした日本の軌跡をたどる。

**日本の外交**　添谷芳秀

憲法九条と日米安保条約に根差した戦後外交。それがもたらした国家像の決定的な分裂をどう乗り越えるか。戦後史を読みなおし、その実像と展望を示す。

**世界史のなかの戦国日本**　村井章介

世界史の文脈の中で日本列島を眺めてみるとそこには意外な発見が！　戦国時代の日本はそうとうにグローバルだった！　（橋本雄）

**増補 中世日本の内と外**　村井章介

国家間の争いなんておかまいなし。中世の東アジア人は海を自由に行き交い生計を立てていた。私たちの「内と外」の認識を歴史からたどる。　（榎本渉）

**武家文化と同朋衆**　村井康彦

足利将軍家に仕え、茶や花、香、室礼等を担ったクリエイター集団「同朋衆」。日本らしさの源流を生んだ彼らの実像をはじめて明らかにする。（橋本雄）

**古代史おさらい帖**　森浩一

考古学・古代史の重鎮が、「土地」「年代」「人」の基本概念を徹底的に再検証。「古代史」をめぐる諸問題の見取り図がわかる名著。

**大元帥 昭和天皇**　山田朗

昭和天皇は、豊富な軍事知識と非凡な戦略・戦術眼の持ち主でもあった。軍事を統帥する大元帥としての積極的な戦争指導の実像を描く。　（茶谷誠一）

**江戸の坂　東京の坂（全）**　横関英一

東京の坂道とその名前からは、江戸の暮らしや庶民の心が透かし見える。東京中の坂を渉猟し、元祖「坂道」本と謳われた幻の名著。　（鈴木博之）

**つくられた卑弥呼**　義江明子

邪馬台国の卑弥呼は「神秘的な巫女」だった？　明治以降に創られたイメージを覆し、古代の女性支配者たちを政治的実権を持つ王として位置づけなおす。

ちくま学芸文庫

# 増補《ぞうほ》　文明史《ぶんめいし》のなかの明治憲法《めいじけんぽう》

## この国《くに》のかたちと西洋体験《せいようたいけん》

二〇二三年三月十日　第一刷発行

著　者　瀧井一博（たきい・かずひろ）

発行者　喜入冬子

発行所　株式会社　筑摩書房
東京都台東区蔵前二―五―三　〒一一一―八七五五
電話番号　〇三―五六八七―二六〇一（代表）

装幀者　安野光雅

印刷所　株式会社精興社

製本所　株式会社積信堂



ISBN978-4-480-51174-4 C0132